啓明舎が紡《つむ》ぐ

小学国語
読解の応用

【4年～6年向け】

読んでおきたい16のテーマ！
国語の醍醐味《だいごみ》をたのしもう！

1. ノート不要の書き込み解答式
2. 無理なく力がつく記述対策
3. 納得のいくていねいな解説

みらい

啓明舎
『紡ぐ』
シリーズ

最新テーマに完全対応

小学国語
読解の応用
（4年〜6年向け）

目次

INDEX

I

II

III

解答・解説（別冊）

●おことわり●

本テキストでは、題材にした文章のオリジナリティに配慮し、原文の表記を尊重しました。そのため、学校で習うかなづかいや漢字、送りがなと表記が異なる場合があります（例・気持↔気持ち）。著しいものには＊をつけました。

ノート不要の書き込み解答式

本書の特長

1 受験頻出テーマの徹底攻略。

2 ノート不要の書きこみ解答式。

3 知的好奇心と情感を養う厳選された素材。

4 様々なタイプの記述問題を網羅。
ポイントを定めた記述力がぐんぐんアップ。

5 わかりやすくていねいな解説。

小学国語
読解の応用
Ⅰ

第Ⅰ期

1 生き物の不思議

学習のねらい ▼生命の神秘にふれる。

次の文章を読んで、下の問いに答えなさい。字数制限のある問題では句読点や記号も字数にふくみます。※印をつけたことばについては、本文の後に〈注〉があります。

「イモ洗《あら》い文化」という「文化」がある。京大の※霊長類《れいちょうるい》研究グループが宮崎県幸《こう》島の野生ザルを調べているうちにわかったことだ。あるとき一匹《ぴき》のサルがイモを洗って食べた。すると、このサルの属《ぞく》する群《む》れにだんだん真似《まね》をするものがふえ、ついには群れ全体がイモを洗ってたべるようになった。この島のサルは「イモを洗う」という①高級（？）な習慣を身につけるにいたったのである。

これにちょっと似《に》て、ノウサギには「マメガラ文化」とでもいうような現象がみられる。北大農学部動物学教室の森樊須《もりはんす》氏らはエゾノウサギの※防除《ぼうじょ》対策《さく》を研究しているうちに次のようなことがわかった。

日高山麓《ろく》の人里ちかくに住むノウサギは、マメガラ（大豆《だいず》を収穫《しゅうかく》したあとの、サヤのついた枯《か》れ木）が大好きだ。これをまとめて畑に積んでおくと、ノウサギがつぎつぎと盗《ぬす》んでたべてしまう。ノウサギの防除には、きらいなもので寄《よ》せつけない方法と逆《ぎゃく》に、「ネコにマタタビ」のような、［あ］でおびきよせて捕《つかま》える方法もあっていいはずだ。このマメガラなどはいいかもしれない。そこで苫小牧《とまこまい》営林署《しょ》丸山造林事業所では、これを支笏《しこつ》湖周辺の林でためしてみようと、マメガラをトラック一ぱい運んできた。［い］、期待は全くはずれた。②ノウサギたちは、マメガラのあるところまで寄ってくるくせに一口もかじらず、付近にあるヤナギなどの自然の木を

問1　［あ］に入る三字のことばを文中からさがし、書きぬきなさい。

【解答欄：大好物】

問2　［い］・［う］・［お］に入ることばを次の中からそれぞれ一つずつ選び、記号で答えなさい。

ア　だが　　イ　だから　　ウ　しかも　　エ　つまり

【解答欄：い ア　う イ　お ウ】

問3　［え］にあてはまる表現を次の中から一つ選び、記号で答えなさい。

ア　キツネにつままれる　　イ　急がば回れ
ウ　サルも木から落ちる　　エ　バカのひとつ覚え

【解答欄：エ】

問4　――線部①「高級（？）な習慣」で、（？）がつけられているのはなぜですか。その理由として最も適当なものを次の中から一つ選び、記号で答えなさい。

ア　「イモを洗う」サルよりも、洗わないで食べるサルのほうが高級だから。
イ　「イモを洗う」という習慣は、人間の世界では決して高級な習慣ではないから。
ウ　人間から見ると高級な習慣でも、サルの世界にあてはまるとはかぎらないから。
エ　サルにとっては高級な習慣でも、他の動物たちにあ

食っている。□う日高の場合はマメガラのような「高級料理」になれて、うまいことを知っているのに、支笏湖あたりの畑もない山奥《おく》では、警戒《けいかい》して手をつけないのだ。マメガラ文化は今後ここでも広がるだろうか。

これは「文化」といえるのかどうか、ノウサギには「とめ足」という妙《みょう》な性質がある。この夜行性の動物は、夜明けちかくに寝《ね》ぐらをみつけて泊《と》まるとき敵《てき》の目から足跡《あと》をくらますため、一度グルリと円をえがいてもとのところへもどり、ちょっと逆もどりしてからポンと横にはねて足跡の軌《き》道をはずす。さらに同じようなことを三回から五回くらいもくりかえし、最後に泊まり場所へはいるのである。

ノウサギにとっては大変かしこいつもりでやっているのだろうが、「□え」とはまさにこのことだ。これが習性になっていることを猟師《りょうし》に知られてからは、こんな円がえがいてあれば必ず□③という証拠《こ》になってしまった。（中略）

もっぱら追われる身だから、ノウサギはいろんな点で逃《に》げるには便利な体だ。目を開いたままで眠《ねむ》るし、その目は見るものに両目の焦《しょう》点を同時にあわせる必要がなく、敵が視《し》界にはいりさえすれば、すぐわかる。耳はとくに鋭《するど》く、逃げる時もときどき立ちどまっては耳をたてて、敵の様子を音でさぐる。日中の寝床《ねどこ》は木の根元や草かげだが、吹雪《ふぶき》のときには雪穴もつくる。繁殖《はんしょく》は主として春と夏の間に少なくとも二回以上で、一回平均二、三匹の子を産む。子ウサギは生まれたときからフサフサした毛があるし、目も開いていて、二日もすれば簡《かん》単にはつかまらないくらい走る。半月たてば一人だちだ。とにかくすべては早く逃げるのに都合よくできている。足が長くて行動範《はん》囲も広い。冬は白く、夏は※暗褐《かっ》色の保護色だが、たまたま根雪が遅《おそ》い冬などは⑤白変わりが早すぎてオタオタすることがある。

この④「弱き者」が、このごろ激《げき》増して山林に大被《ひ》害をあたえている。とくに冬は、積雪のため高いところまでノウサギの口がとどくし、食うものは樹木ばかりになるからひどい。口のとどくかぎり、表皮を環《かん》状に食って、木の成長を数年遅《おく》らせたり、

てはまるとはかぎらないから。　ア ウ

問5　——線部②について。ノウサギたちはマメガラを一口もかじらないとありますが、その理由について説明した次の文の□に、適当なことばを指示にしたがってそれぞれ入れなさい。

支笏湖の周辺のノウサギがマメガラに□A のは、□B ので□C いるためだ。

・□A・□C に入る語句を六字以内でそれぞれ文中からさがし、書きぬきなさい。
・□B に入れるのに最も適当なものを次の中から選び、記号で答えなさい。

ア　マメガラにあきている
イ　マメガラのうまさをしらない
ウ　マメガラは口にあわない
エ　マメガラより高級な食べ物が好きな

A 手をつけない　C 警戒して　B エ イ

問6　□③ に入る内容を十字以上十五字以内で考えて書きなさい。

ノウサギが近くい密んでいる

枯らしたりする。小さい木などは幹をカマで切ったようにかみ切ってしまう。[お]食う目的ではなく、ただ単にかみ切ることが多いのだからひどい。カラマツは大好物で、しかも植林面積が最大だから、もっとも大きな被害をうけている。（ただし北海道にカラマツのような人工林をつくること自体が問題だが。）一九五五（昭和三〇）年ごろ、札幌《さっぽろ》の道立農業試験場が岩内《いわない》に果樹分場を作ったら、植えるかたっぱしから苗《なえ》がかじられて、分場の存《そん》続があやぶまれたことがある。

　こんなにノウサギがふえた原因は、第一に※伐《ばっ》採のためノウサギの住みよい雑木林《ぞうきばやし》がふえたこと。第二に戦時中道内だけでも年に九万匹とって防寒用に※供出されていたのが中止になり、いまの猟師はこんな安値の皮（一枚一〇〇円）を相手にしないこと。第三にキツネ・タヌキ・テン・フクロウなどの天敵が激減したことだ。天敵が減った原因は、とりすぎたことのほかに、野ネズミ退治の毒ダンゴも重大な影響《えいきょう》を与《あた》えたのではないかと、いま問題になっている。

（本多勝一『きたぐにの動物たち』より）

〈注〉※霊長類……ほ乳類のうち、最も高等なグループ。人類やサル類
※防除……害を予想し、これに対する処《しょ》置をしておくこと
※暗褐色……黒っぽい茶色
※伐採……木を伐《き》りとること
※供出……ほとんど強制されて政府にさし出すこと

問7　――線部④「弱き者」と似た意味で使われている表現を十字以内で文中からさがし、書きぬきなさい。

もっぱら追われる身

問8　――線部⑤「このごろ激増して」とありますが、文中では激増した理由をいくつ紹介していますか。漢数字で答えなさい。

三

問9　本文の内容に合っているものには○、合っていないものには×と答えなさい。

1　エゾノウサギの防除対策は、努力の成果があらわれ、ひとまず成功した。

2　「マメガラ文化」は、ノウサギの集団がかならずもっている特ちょうである。

3　キツネやタヌキなどが減ってしまったため、ノウサギは生きやすくなっている。

4　ノウサギの子は成長するのが早いので、敵からにげるのには有利である。

5　ノウサギは「とめ足」をすることで、すべての敵から身を守っている。

1	2	3	4	5
×	×	○	○	×

2 自然を観察しよう①

学習のねらい ▼人間を取り囲む世界を知る。

次の文章を読んで、下の問いに答えなさい。字数制限のある問題では句読点や記号も字数にふくみます。

沖縄《おきなわ》から東京にむかって飛行機にのっているときのことです。まどから外をながめていたわたしは、海のなかからもりあがるようにしてある①緑の島に目をとめました。峰《みね》は切り立ち、谷は入り組み、まわりはサンゴ礁《しょう》の海にかこまれています。

ここにはどのくらいの生命体があるのだろう。この島がひとつの惑《わく》星のように思えてきました。水にうかぶ小さな地球だとわたしはかんじたのです。

その島の名を屋久島《やくしま》といいます。

あれから何年もたってしまったのですが、ようやくわたしは屋久島に上陸することができました。雨がふっていました。九州でいちばん高い、標高一九三五メートルの宮之浦岳《みやのうらだけ》が中央にそびえる屋久島は、まわりの海から湿気《しっけ》をあつめるため、雨が多い島なのです。②一か月に三十三日雨がふるとさえいわれています。

この雨は、命のみなもとです。（中略）

③「魚は森につく」

むかしの人は海と森の関係をこう表現しました。森がよければ水がたくさんわきだし、海をきれいにします。するとそこに魚があつまってくるのです。

森のなかの源流の一滴《てき》から命ははじまります。微《び》生物がいれば、それは昆《こん》虫のえさになり、昆虫は魚に食べられます。小さい魚は大きい魚のえさになり、大きい魚も卵《たまご》や稚《ち》魚のときにはもっと大きな魚に食べられてしまいます。

問1　――線部①「緑の島」について次の問いに答えなさい。

(1)　「緑の島」とは何ですか。

(2)　「緑の島」がたとえを使って言いかえられている部分を、文中から十字ちょうどで書きぬきなさい。

問2　――線部②「一か月に三十三日雨がふる」とはどのような表現ですか。次の文の[A]は文中から五字以内で書きぬき、[B]は後のア～エの中から選び、記号で答えなさい。

屋久島が[A]であることを[B]表現。

ア　からかった　イ　つよめた

ウ　うやまった　エ　いつわった

A

B

問3　――線部③「魚は森につく」とはどのようなことを言っていますか。それがよくわかる連続した二文を文中からさがし、はじめと終わりの五字ずつを書きぬきなさい。

～

問4　――線部④「これ」の指す内容を文中のことばを使ってまとめなさい。

食べる食べられるの関係が、生物の世界ではくさりの輪のように森のなかから海までつづいているのです。④これを食物連鎖《しょくもつれんさ》といいます。

⑤すべてのはじまりは森なのです。

わたしは漁船にのせてもらいました。海があれないかぎり毎日沖にでている漁師は、ぽつりとこんなふうにつぶやきました。

「むかしはねえ、島全体に緑があふれていて、はげているところなんかなかったとです。いまは開発だ道路工事だといって、つぎはぎだらけでしょうが。海岸にはびっしり松が生えておった。その松めざして、トビウオが産卵《らん》によってきたとですたい。」

トビウオがむれをなし海をまっ黒にそめて浜に産卵におしよせたものでしたが、いまはもうそんな光景は見られません。島の自然は確実にかわっているのです。

海岸の松がかれたのは、マツクイムシが原因となっています。ふせぎようがないほどたくさんかれるので、植物の世界にも大きな変動の波がおしよせているのだという人もいます。

河口《かこう》には魚やエビがたくさんいます。おだやかなながれの河口は、川でもなく海でもないところです。川と海のさかいなのです。

満ち潮《しお》になって海の力が強くなると、海の水が上流にむかっていきます。引き潮になると川の力が強くなり、海の水はうしろに引いて、川の水が河口にやってきます。その水のうごきとともに、海の魚や川の魚がいったりきたりします。どちらでも生活できる魚もいます。時間によって水の状態がかわることにより、少しでも多くの生物がくらせるようにできているのです。時間によってすみ分けをしているといってもよいでしょう。

海水と淡《たん》水のまじるところを汽水域《きすいいき》といいますが、⑥そこには魚が多いのです。人の力ではとてもつくれない、自然のバランスといえます。

（立松和平『縄文杉に会う』より）

生物たちの中で食べる食べられるという争いが行われていて、森から海までつづいていること。

問5 ——線部⑤「すべてのはじまりは森なのです」とはどういう意味ですか。次の中から選び、記号で答えなさい。

ア　自然界におしよせる大きな変動が森でもはじまっているのだということ
イ　川の源流は森のなかにあり、食物連鎖はすべてそこでおこなわれているということ
ウ　島全体が緑にあふれる森であるために、いろいろな生物が集まってくるということ
エ　森はすべての生命を育《はぐく》む神聖《せい》な場所だということ

エ

問6 ——線部⑥について、次の各問いに答えなさい。

(1)「そこ」とはどんなところですか。

海水と淡水のまざる汽水域

(2)「そこ」に「魚が多い」のはなぜですか。その理由を文中から「から。」につづくかたちで四十五字以内でさがし、はじめと終わりの五字ずつを書きぬきなさい。

時間によっ ～ できている

2 自然を観察しよう②

学習のねらい ▼人間を取り囲む世界を知る。

次の文章を読んで、下の問いに答えなさい。字数制限のある問題では句読点や記号も字数にふくみます。※印をつけたことばについては、本文の後に〈注〉があります。

山の高さによって植物の種類がかわります。これを植物の垂直《すい》分布といいます。下は亜《あ》熱帯でも、二千メートル近い宮之浦岳《みやのうらだけ》頂《ちょう》上あたりは亜寒帯で、北海道の北部と同じ気象条件となります。

屋久島《やくしま》は、［　①　］のです。

カシやシイやツバキやサザンカなど、葉があつくて表面がてかてかし、冬になってもかれておちない樹《じゅ》木を、照葉樹とよびます。屋久島では標高百メートルから千メートルのあいだが、照葉樹林帯となります。

東アジア全域《いき》から日本列島の半分をおおっていた照葉樹林は、人にきられていまやもうほとんどのこっておらず、屋久島が世界最大となってしまいました。ドングリをたくさんみのらせる照葉樹林は、サルなどの動物には生きる場所なのです。

②屋久島でいちばん大切なのはこの照葉樹林なのだという人はたくさんいます。森のなかからなにかに見つめられているようにかんじることがあります。かすかなけはいのほうを見ると、シカの視《し》線と出会います。ヤクシカです。

「サルニ万。シカ二万。人二万。」

むかしからつたわっていることばです。屋久島でくらすということは、野生とともに生きるということなのです。

問1 ［　①　］に入る内容として最も適当なものを次の中から選び、記号で答えなさい。

ア 日本列島の太平洋がわと日本海がわとおなじような気候のちがいがある

イ 日本列島を垂直に立てたとおなじくらいに、気候がかわる

ウ 北がわは雨が多く、南がわは太陽がよく照る

エ 亜寒帯の地域も亜熱帯の地域もある点が北海道の北部と似ている

問2 多くの人が――線部②のように言う理由を考えて書きなさい。

問3 ――線部③とありますが、「植物の種類」はどう変わったのですか。文中のことばを使い、Aは五字程度、Bは十字程度で書きなさい。

［　A　］から［　B　］に変わった。

山道をすすんでいくと、森の風景がかわっていくことに気づきます。③植物の種類に変化がおこったのです。

葉がほそながくて一年じゅう緑色の針葉樹と葉がひろく冬になればかれておちる広葉樹の混交林《こんこうりん》になりました。いろんな種類の樹《き》にまじって、ひときわ大きな屋久杉があります。いっぱんに樹齢《れい》千年以上のスギを屋久杉とよび、それ以下を小杉といいます。千年たたないと大人《おとな》にならないという意味なのです。

屋久杉という特別の種類があるわけではありません。④スギは日本の特産種で、どこに生えているスギでもおなじものです。屋久島は雨が多いので、水をこのむスギには生きやすい環境《かんきょう》です。花崗岩《かこう》でできているので土が少なく、とぼしい栄養しかありません。そだちがおそいために、※緻密《ちみつ》で脂分《しぶん》の多い材質になり、くさりにくく強いのです。

木目のつんだいい材木がとれるので、屋久杉は五百年ほどまえから［A］伐採《ばっ》されてきました。大きなままで材木をはこびだすことができないため、刃物《は》で手わりにされ、人の背《せ》にかつがれていったのです。かんたんにわれる樹がいい材だとされました。

現在《ざい》のこっている屋久杉の多くに、ためし切りのあとがついています。いい材かどうかをしらべたのです。屋久杉の多くがねじれたりまがったり異様《い》な形をしているのは、［⑤］樹がのこされたということです。

大きな樹がたおされるのは、まわりの樹にとっては⑥チャンスがまわってきたということです。森の上にあながあき、太陽の光がはいってきます。大きくそだつ空間ができたのです。

江戸時代に伐採された切りかぶのまわりに、りっぱなスギがそだっています。たおれた巨木《きょぼく》の上にたねがおち、こやしとなってわかい樹をそだてる倒木更新《とうぼくこうしん》は、いたるところで見ることができます。

人間のものとはちがう時間が、森にはながれているのです。人間にとっては永遠

問4 ——線部④とありますが、文中ではスギを①「縄文杉」②「屋久杉」③「小杉」と呼《よ》び分けています。それぞれどのようなスギをこう呼んでいるのですか、文中のことばを使って書きなさい。

①	②	③

問5 ［⑤］に入る語句として最も適切なものを次の中から選び、記号で答えなさい。

ア　切り倒せない大きな　　イ　木目のつんだ

ウ　刃物で手わりにされた　　エ　材木に適さない

問6 ——線部⑥とありますが、どのようなチャンスがまわってきたのですか。次の［A］・［B］にあてはまることばを文中から五字程度で書きぬきなさい。

［A］をうけ、［B］チャンス。

A	B

とでもいうべき時間です。（中略）

樹の根や岩でできたきゅうな山道を、一歩一歩とからだをはこびあげていきます。自分もこの地球の上にいるひとつの命なのだというよろこびが、からだのおくからわいてきます。

[B]、わたしは巨大な生命にだかれたようにかんじました。きりのなかを歩いてきたため、わたしは縄文《じょうもん》杉とよばれている屋久島で最大の杉のすぐまえにきているのだと気づかなかったのです。歳月《さいげつ》をきざんだこぶだらけの幹の上で、えだが腕《うで》をひろげるようにひろがっていました。

「会いにきました。」

思わずこんなことばがわたしの口からでました。遠い遠い時間をこえて生きながらえている命と、わたしはむきあっているのです。一説によると、樹齢は七千二百年ということです。これがどんな時間なのか、想像するだけで気が遠くなります。

⑦「縄文杉にはもう会いにいかない。」

屋久島にすむわたしの友人は、縄文杉を愛するあまりこんなことをいいます。かれのいうとおり、縄文杉はかなしそうでもあります。

[C]うっそうとした森で、ほかの樹との区別がつかないほどえだがしげりあったなかに、縄文杉はあったといいます。たくさんの人がやってきてまわりの樹や草はきられたりかれたりし、いまでは縄文杉だけがぽつんと立っているのです。縄文杉は一本の樹だけで森のようではありますが、[D]さびしそうです。根もとを人にふまれ、風や雨や雪が直接あたるようになって、縄文杉は弱っています。さらしものになってかわいそうだと表現をする人もいます。

縄文杉がことばを話すとしたら、どんなことをいうでしょうか。ことばにならない声を、わたしたちは聞かねばなりません。

（立松和平『縄文杉に会う』より）

〈注〉※ 緻密……細かくて整っていること

A	B
太陽の光	大きくそだつ

問7 ——線部⑦は、どのような気持ちからの発言ですか。次の中から最も適切なものを選び、記号で答えなさい。

ア 大勢の人が縄文杉を見に行くようになり、自分だけの縄文杉ではなくなってしまったことに対する怒《いか》り

イ 大勢の人が縄文杉を見に行くようになり、縄文杉が持つ魅《み》力が薄《うす》まってきたことを残念に思う気持ち

ウ 大勢の人が見に行くことで自然環境が変わり、縄文杉が弱っていく姿を見るのをつらく感じる気持ち

エ 大勢の人が見に行くことでかなしい思いをしている縄文杉をなんとかはげましたいと思う気持ち

ウ

問8 [A]～[D]に入ることばをそれぞれ選び、記号で答えなさい。

ア ふいに　イ やはり
ウ さかんに　エ かつては

A	B	C	D
ウ	ア	エ	イ

問9 ——線部、縄文杉の声を想像して書きなさい。

なぜ、私一人だけにしたんだ。

マナーを守る／身勝手

3 まとめ1

学習のねらい ▼総合演習

次の文章を読んで、下の問いに答えなさい。字数制限のある問題では句読点や記号も字数にふくみます。※印をつけたことばについては、本文の後に〈注〉があります。

チョウをはじめ、すべての昆《こん》虫は変温動物であるから、体温は[①]。真夏になって気温が三十五度ということになれば、昆虫の体温も、確実にそこまで上がっている。けれど、それだけではない。日なたと日かげでは気温は同じだが、日なたのほうが暑い。いうまでもなく、太陽からの※輻射《ふくしゃ》熱を浴びるからである。体温が輻射熱を吸収《きゅうしゅう》すれば、そのぶんだけまた体温が上がる。そこで日射《ひざし》が強いときは、昆虫の体温は気温プラス十度にもなるだろう。気温が三十五度もあったら、ほんとうに冗談《じょうだん》ごとではなくなるのである。

[A]、これはじっとしていての話である。②このうえ、筋肉を動かして飛びまわったりしたら、いったいどういうことになるか、想■《あ》もつこうというものだ。

そこで、真夏の日中になると、多くの昆虫、とくに輻射熱を吸収しやすい黒い虫は、日かげに入って休んでしまう。じつは、昆虫でもわれわれと同じく体温が三十五度付近にあるのが、筋肉《きんにく》の収縮《しゅく》そのほか体の働きにとってはいちばんよい条件であるらしい。しかし、じっさいに気温が三十五度あったら、体温はそれよりはるかに上がって、致《ち》死的になってしまうのだ。

そのようなわけで、多くの昆虫の一日の時間の使いかたは、重大な■《い》限をうけてくる。真夏になると、彼《かれ》らはまだ気温がさほど上がらず、日射も強くない朝か、す

問1 [A]～[D]に入ることばとしてふさわしいものを次の中からそれぞれ選び、記号で答えなさい。

ア たとえ　イ さらに　ウ けっして　エ もし

A	B	C	D

問2 [①]に入る内容として最も適切なものを次の中から一つ選び、記号で答えなさい。

ア 気温に関係なくたもたれている
イ 気温に関係なく様々に変化する
ウ 気温が上がればどんどん上がる
エ 気温が上がればわずかに上がる

問3 ――線部②とありますが、筋肉を動かして飛びまわった場合、昆虫はどのような状態になると考えられますか。次の中から最も適切なものを選び、記号で答えなさい。

ア 体温の上昇をさけるため日かげに入って休む。
イ 体温が非常に高くなり、死にいたる場合もある。
ウ 体温が三十五度近くなり体を動かしやすくなる。
エ 体温が上がるのをふせぐため、体が日光を反射する色になる。

問4 ――線部③「熱帯」について、次の各問いに答えなさい。

(1) 「熱帯」とはどのような気候の場所ですか。文中のことば

こし日が傾《かたむ》きだして涼《すず》しくなった夕方にしか活動できない。そこで、春や秋には、日中を中心として一日一回の活動期があるところを、夏には日中を避《さ》けて一日に二回の活動期をもつようになる。

けれど、早朝から夕方まで猛烈《もうれつ》に暑く、日射も強い③熱帯になると、こんな逃《に》げかただけではとてもだめである。それで熱帯の昆虫は、その対策《さく》を講《こう》じることを迫《せま》られる。その解決の手段は、派《は》手に美しくなることだ。ピカピカ光る衣装《しょう》を着て、できるだけ日光を反射してしまうことである。熱帯の虫が美しいのは、彼らの美的感覚のためではなく、火あぶりの刑《けい》を避けるためなのだ。

温帯や寒帯では、低温という問題もまた重要である。B 気温十五度であったら、虫の体温も十五度にしかならない。これでは活動したくても、ほとんどできない。このような体温だと筋肉はゆっくりとしか働かないから、ノロノロ動くことはできても、活発に飛びまわることなどは無理である。餌《えさ》も食えぬ[illegible]おそれても逃げられぬ。（中略）

温帯を北へのぼれば、また高地へゆけば、[illegible]ると、C 日中でも気温だけでは虫は[illegible]って暖《あたた》めあうというが、虫た[illegible]北方の昆虫たちにと[illegible]となる。[illegible]⑤[illegible]た。その結果、[illegible]の上にたって自らを飾《かざ》チ[illegible]ウの姿《すがた》からうかがうことができる。まず、さ[illegible]雅な翅《はね》と、ふかふかした毛皮に体を包んだウスバシロ[illegible]ある。北海道大雪山のウスバキチョウもこの仲間だ。（中略）

[illegible]ベット、中東からヨーロッパにかけてすんでいるシリアアゲハやタイスアゲハ。その沈《しず》んだ地色と黒の縞《しま》模様は、実にシックな柄《がら》である。朝鮮《せん》北部のホソ

を使って、二十字以内で書きなさい。

(2)「熱帯」にくらすチョウのからだのとくちょうを文中のことばを使ってまとめなさい。

(3)「熱帯」にくらすチョウが(2)のようなとくちょうを持つのは何のためですか。文中のことばを使って十五字以内で書きなさい。

問5 ――線部④とありますが、「太陽の情けをうける」とはどういうことですか。次の中から最も適当なものを選び、記号で答えなさい

ア 昆虫どうしで暖めあうことができるように太陽の力をかりること

イ 体温が低いと活動できないので体を暖めるために太陽とだきあうこと

ウ 太陽の力で虫たちが活動しやすいあたたかい気温にしてもらうこと

エ 太陽の光によって活動しやすい体温にまで暖めても

オチョウとヒメギフチョウ、中国奥《おく》地のシボリアゲハも同じ系列のコスチュームを着ている。そのいずれも、太陽の熱を吸《す》う真に暖かい色なのだ。

熱帯の光り輝《かがや》くチョウたちと、この地味な北国のチョウたちとは、[⑥]のちがいからではなく、要するに[⑦]の問題でこのようにちがった衣装をまとうようになったのである。だが、そのどちらも美しい。

（日高敏隆《としたか》『昆虫という世界』より）

〈注〉※　輻射熱……一点からまわりへ放射する熱

らうこと

問6　——線部⑤とありますが、北の国のチョウや虫たちに共通するからだのとくちょうを文中のことばを使って書きなさい。

問7　[⑥]・[⑦]に入ることばを文中からさがし、書きぬきなさい。⑥は漢字四字、⑦は漢字二字とします。

⑥

⑦

問8　■あ〜うに入る漢字をそれぞれ選び、記号で答えなさい。

あ　ア　象　イ　像　ウ　造　エ　雑

い　ア　制　イ　成　ウ　製　エ　性

う　ア　間　イ　観　ウ　完　エ　感

あ　い　う

分野別ワンポイント講座 その1 接続詞の補充問題

空らんに「しかし」や「だから」などのつなぎことば（接続詞）をあてはめる問題はほぼパターンが決まっています。接続詞の役割を覚えておきましょう。

順接
だから
すると
それで
したがって
そこで

逆接
しかし
だが
ところが
けれども

例示
たとえば

説明
つまり
すなわち

転換
ところで
さて
では

並立・添加
また
しかも
そして

選択
または
あるいは
それとも

見わけ方

・順接 A だから B → AはBの理由
・順接 A すると B → AにつづいてBのことが起きる
・逆接 A しかし B → BはAと逆の内容
・例示 A たとえば B → BはAの例
・説明 A つまり B → BはAの言いかえ
・転換《かん》 A さて B → AとBで話題が変わる
・並《へい》立 A また B → AとBを並べて挙げる
・添《てん》加 A しかも B → Aの上にBが加わる
・選択《たく》 A あるいは B → AかBのどちらか

問題を解くときは、見わけやすいものからあてはめていきます。選択肢《し》の中に例示（たとえば）や逆接（しかし）がある場合、これらから決めていくと、残りの空らんにあてはまるものを選ぶのが楽になります。

★例文を暗記して、それぞれの接続詞の役割を覚えましょう。
・ケーキをもらった。そこで ぼくはよろこんだ。（順接）
・ケーキがある。しかし くさっている。（逆接）
・おみやげはケーキ、たとえば チーズケーキがいいな。（例示）
・ケーキがある。ところで これはだれのだろう？（転換）
・ケーキがある。しかも おいしい店のだ。（添加）
・ケーキがある。そして クッキーもある。（並立・添加）
・ケーキ、つまり 洋菓子《がし》だ。（説明）
・ケーキ または クッキーが選べます。（選択）

4 男の子の気持ちって?

学習のねらい ▼少年の成長とめざめを追体験する。

次の文章を読んで、下の問いに答えなさい。字数制限のある問題では句読点や記号も字数にふくみます。※印をつけたことばについては、本文の後に〈注〉があります。

博士《ひろし》（あだなは「ハカセ」）は小学五年生の男の子。今の小学校には、三年生のときに転校してきました。二年経《た》った今でも、仲の良い友達はいませんが、釣《つ》りを通じて、同じクラスのサンペイ君と親しくなりました。

福ちゃんは、体が大きくて堅《かた》太りで、それなのに※敏捷《びんしょう》で、いつもお日様の匂《にお》いがした。自分が強いのを自慢《まん》するわけではなく、面倒《どう》見がいい。例えば男子と女子が一緒《しょ》にドッジボールをする時、強い球から女子を護《まも》ってあげたりするのはいつも福ちゃんだった。成績《せき》が良いというだけで学級委員長にされてしまった博士は、福ちゃんが協力的だと何事もうまく進むことに最初から気づいていた。①その福ちゃんがなぜかサンペイ君だけには手厳《きび》しいのだ。（中略）

午前中の授《じゅ》業は平穏《おん》に過《す》ぎ、給食の列に並《なら》ぼうとした時、「よお」と肩《かた》に手を掛《か》けられた。福ちゃんが博士を見ていた。

「ハカセはどっちだべ」と囁《ささや》いた。その目がかなり暗く光っているのに博士は気づいた。

問1 ——線部①「その福ちゃん」とありますが、「福ちゃん」はどのような人物ですか。次の文の［　］に入ることばを文中から二十五字以内でさがし、はじめと終わりの五字ずつを書きぬきなさい。

［二十五字以内］がいい男の子。

□□□□□～□□□□□

問2 ——線部②「こんな日」について説明した次の文の［1］・［2］に入ることばを、★より後の文中からそれぞれ五字前後でさがし、書きぬきなさい。

ここが、自分の［1］だと感じられず、［2］で過ごす苦しい日々。

1	2

「どういう意味？」

「おれにつくのか、ナカタの仲間なのか」

「サンペイ君とは、友達だよ。サンペイ君は嘘《うそ》つきじゃないよ」

どうして福ちゃんには分からないのだろう。サンペイ君は本当はすごいのだ。それをみんなに分かってもらえればいいのに。

「そうか、わかった」

福ちゃんはあっさりと席に戻《もど》っていった。

でも、その時からの、福ちゃんの行動ときたら、あっさりしたもの、なんてもんじゃなかった。

クラス中をまとめて、博士とサンペイ君をのけ者にしたのだ。当時、博士は「村八分」という言葉を知らなかったし、また「ハブる」という言葉もまだなかった。だから、ただ、現《げん》象として、誰《だれ》からも話しかけられず、こちらから話しかけても無視《し》されるということだった。（中略）

★博士は一人きりだった。
相変わらずクラスのみんなとは話せなかったし、サンペイ君も博士と視線が合うのを避《さ》けていた。だから、学校では一人きり。以前にもまして、たくさんの本を読み、いろいろ考えたり、煮詰《につ》まったり。

ぼくがいるべき場所はここじゃない。そんな感覚がよみがえってきて、お腹《なか》の中をぐるぐると巡《めぐ》っていた。

それでも、なんとか耐《た》えられた。一人でいることに耐えることって、ひょっとするとサンペイ君が博士に教えてくれたちょっとした技術《ぎじゅつ》かもしれなかった。博士は家の近くの川で釣りをすることを覚えたし、自宅《たく》の水槽《そう》でタナゴも飼《か》い始めた。友達がいなくても、本と釣り竿《ざお》があればそれなりに満ち足りていられたのだ。

釣りっていい。つらいことを忘《わす》れられる。

問3 ――線部③「とてもがんばっている」とありますが、クラスの女子はどのようなことに対して「がんばっている」と感じているのですか。次の文の[A]・[B]に入ることばを文中からそれぞれ五字以内でさがし、書きぬきなさい。

クラスのみんなから[A]ていて、[B]だろうに、博士たちが休まず学校に来ていること。

A	B

問4 ――線部④「福ちゃんにはなし」とありますが、「福ちゃん」は今、クラスの女子からどのように思われているのですか。文中から十四字でさがし、書きぬきなさい。

どうして釣りを始めたのか聞かれたら、たぶん博士はそう答えただろう。冬だから寒くて、博士は鼻水をたっぷり垂《た》らしながらも、川に出るのはやめなかった。

②博士はこんな日が、ずっと続くのを覚悟《ご》していた。中学ではさすがにそんなことないだろうけど、小学校の間はこのままなのだ。覚悟すれば、しっかりとした気分でいられた。

でも、変化というのはいつも突《とつ》然だ。二月十四日、バレンタインデーの朝、いつものように登校して教科書を机《つくえ》に移《うつ》そうとすると、中からごそりと小さな包みが二つ、三つ落ちた。

最初はなんのことか分からなかったのだが、すぐに理解《かい》して博士は顔がかーっと熱くなった。きっと耳たぶの先まで赤かったに違《ちが》いない。チョコレートなのだ。博士は自慢じゃないけれど、これまでもらったことがなかった。それが今年に限《かぎ》って、いくつももらえるなんて。机の中に手を入れてさぐってみると、最初に落ちたやつだけではなく十個《こ》以上はありそうだった。

紙の感触《しょく》が指先にあって、博士はそれを引っ張《ば》り出した。封筒《ふうとう》だった。

〈大窪《くぼ》君と中田君③はとてもがんばっていると思います。そんけいします。女子のみんなからチョコレートをおくります〉

視線を上げると、小林委員長がこっちを見て、リスみたいな大きな前歯を出して笑っていた。

そういうことだったのか。女子全員が博士のことを励《はげ》ましてくれたのだった。

「今年は④福ちゃんにはなしだって。去年は十個以上もらっただろ。ショック大きいぜ」

斜《なな》め後ろの男子が[⑤]打ちしてきた。えっ？　と耳を疑《うたが》った。博士にわざわざ話しかけてきたのだ。福ちゃんを見ると確《たし》かにうなだれた感じだったけど、それ以上に博士は話しかけられた、という事実に戸惑《まど》った。

問5 [⑤]に入る体の部分を表すことばを漢字で書きなさい。

問6 ――線部⑥「胸がチクリと痛んだ」のはなぜですか。その理由として最も適当なものを次の中から選び、記号で答えなさい。

ア　福ちゃんが謝らないために、サンペイ君と博士の関係も悪くなってしまったから。
イ　サンペイ君だけが、クラスのだれとも話をしなくなってしまったから。
ウ　小林委員長の発言で、クラスの雰囲気《ふんいき》がもとどおりになってしまったから。
エ　サンペイ君がすべてのことでやる気をなくしてしまったようだから。

「あたしたちは仲間はずれをつくるような男子にはチョコあげないからね！」小林委員長が大声で言うと、どっと笑いが起きた。

クラスを成り立たせている力学がコトリと小さな音を立てて組み替《か》わる。その日から、誰も博士に話しかけるのをためらわなかったし、福ちゃんも謝《あやま》りこそしなかったけれど、また以前のように博士を扱《あつか》うようになった。

すべては元通りだった。博士が、サンペイ君と親しくなる前とまったく同じ。

サンペイ君は、誰とも話をせず、授業中もただずっと窓《まど》の外を見ていた。博士はそのごわごわした後頭部を時々見ては、⑥胸《むね》がチクリと痛《いた》んだ。
⑦になったばかりの昼休み、博士は例によって一人で本を読んでいた。
昼休みが半分過ぎたことを告げるチャイムが鳴った時、廊《ろう》下をあわただしく走る足音が聞こえてきた。

「ハカセ君、急いで来てくれないか」

息を弾《はず》ませた声に振《ふ》り向くと、サンペイ君が教室の入口のところに立っていた。

突然のことで驚《おどろ》いたのが一番だったけれど、⑧同時にすごくうれしくて、博士は「いいよ」と立ち上がった。

「とにかく急いで来るのだ。ハカセ君は是非《ぜひ》見に来るべきなのだ」

ちょっと⑨高飛車で、なのに憎《にく》めない、言葉を交わさなくなる前とまったく同じサンペイ君だった。

後をついていく時、サンペイ君の服にあちこち泥《どろ》がついていることに気づいた。

サンペイ君は校舎《しゃ》を出て、まっすぐに瓢箪《ひょうたん》池に向かった。池のほとりには釣り竿が投げ出されていて、大きな※網《あみ》が水の中に半分浸《ひた》してあった。泥にまみれた取っ手をむんずと摑《つか》み、持ち上げると、水が飛び散るのも構《かま》わずに大きく振《ふ》って博士の前に差し出した。

博士の目は網の中に吸《す》い寄せられた。黒っぽい銀色の魚が、木漏《こも》れ日を反射《しゃ》し

問7 ⑦に入ることばとして最も適当なものを次の中から選び、記号で答えなさい。

ア 一月　イ 三月
ウ 八月　エ 十一月

問8 ――線部⑧「同時にすごくうれしくて」とありますが、何がうれしかったのですか。最も適当なものを次の中から選び、記号で選びなさい。

ア サンペイ君が博士に声をかけてくれたこと
イ サンペイ君がヌシを釣ったこと
ウ サンペイ君に釣った魚を見せてもらうこと
エ サンペイ君がとてもうれしそうにしていること

ながら力強く身をくねらせていた。

「ヌシなのだ。水がぬるんで、やっと釣れたのだ」

いつものように淡々《たんたん》と言おうとしているけど、どことなく声がうわずっていた。

「すごい……」博士はひとこと言って黙《だま》り込《こ》んだ。

本当にすごいと思った。サンペイ君はずっと「ヌシ」のことを話していたけれど、ここまで大きく立派《ぱ》なものだなんて想像《ぞう》していなかった。

ゲンゴロウブナ。たしか、そうだ。顔の後ろから背《せ》びれにかけてこんもりと盛《も》り上がったたくましい形をしていて、なによりも大きかった。たぶん、五十センチ近くはあるんじゃないだろうか。サンペイ君や博士の体の幅《はば》よりもずっと大きい。

サンペイ君は嘘をつかない。博士はなんだかじーんとしてしまって、その場に立ちつくした。遠くで午後の授業が始まる五分前のチャイムが鳴っていたけれど、そのチャイムの意味さえ気がつかなかったほどだ。

「さあ、ハカセ君、そろそろいくのだ」

サンペイ君はたも網を水に戻して、服に付いた乾《かわ》いた泥を払《はら》った。

⑩「ねえ、サンペイ君、この魚どうするの」博士は熱のこもった口調で言った。

「そうだな。放課後まではこうしておくとして、とりあえず飼ってみるかもしれないな。でも、飼いきれないなら※魚拓《たく》を取るのだ。こいつは魚拓を取るのに値《あたい》するのだよ。おじさんが帰ってきたら見せなければならないのだ」

「みんなには見せないの」

「なぜ、そんな必要があるのだい。ぼくはヌシを釣っただけで満足なのだ」

博士は小さくため息をついた。サンペイ君はいつもそうだ。

近くに銀色のバケツが転がっていた。博士はそれで池から水をくみ取り、たも網を上げて中にそいつを落とした。バケツはいかにも小さかったけれど、体を少し丸めるようにしてなんとか収《おさ》まった。

問9　――線部⑨「高飛車」の読みをひらがなで答えなさい。また、それはどのような様子を表すことばですか。最も適当なものを次の中から選び、記号で答えなさい。

ア　きどってすました様子
イ　まじめできちょうめんな様子
ウ　負けずぎらいでがんこな様子
エ　いばっていてえらそうな様子

読み	記号

「なにをするのだね、ハカセ君」

サンペイ君が少し慌《あわ》てた口調で言った。

「いいから、いいから」

博士はバケツを持って走り始めた。水がちゃぷちゃぷ撥《は》ねて指に触《ふ》れ、冷たいのになぜか気持ちよかった。

サンペイ君はほら吹《ふ》きじゃない。本当にすごいんだ。

心の中でつぶやきながら、ぐんぐん走った。


（川端《ばた》裕《ひろ》人《と》『今ここにいるぼくらは』より）

〈注〉※ 敏捷……すばしこい
※ たも網……魚をすくう小形の網
※ 魚拓……釣った魚の表面に墨《すみ》をぬり、和紙に形を写し取ったもの

問10 ——線部⑩「『ねえ、サンペイ君、この魚どうするの』博士は熱のこもった口調で言った」とありますが、このとき博士は、この魚をどうすればよいと考えていましたか。その理由も明らかにしながら説明しなさい。

※書き直し用

第Ⅰ期

5 コトバの神秘①

次の文章を読んで、下の問いに答えなさい。字数制限のある問題では句読点や記号も字数にふくみます。※印をつけたことばについては、本文の後に〈注〉があります。

学習のねらい ▼日本語を客観的に考察する。

新聞記事の見出しに

「農業してみませんか」

とある。ハテ、すこしおかしい、と感じる人がすくなくないであろう。[A]記事を書いた人はそういう反応（ア）を期待し、それで注目されると①読んで使ったことばである。おかしいと感じるのは、「農業する」ということばが、②熟《じゅく》していないからである。「農業をする」ならなんでもない。「を」を抜《ぬ》かすから違《ちが》った響《ひびき》になる。同じことで、すこしもカマ（イ）わない場合もある。

「旅行をする」

「旅行する」

のどちらも普《ふ》通の言い方で、後の方がすこし※口語《こうご》的である。

「勉強をする」

「勉強する」

も同じである。「散歩（を）する」「努力（を）する」「案内（を）する」「卒業（を）する」「サイン（を）する」「練習（を）する」などのことばでは、「を」を＊落《おと》した言い方が多くなっている。「を」があると、重い感じである。すこしずつ「を」がすくなくなってきているようである。しかし、

問1 ――線部ア～キのカタカナは漢字に直し、漢字は読みをひらがなで書きなさい。

ア	イ	ウ	エ	オ	カ	キ

問2 [A]～[D]に入ることばとして最も適当なものを次の中からそれぞれ選び、記号で答えなさい。ただし、一つの答えは一回ずつしか選べません。

ア ましてや　イ あるいは　ウ まったく　エ もちろん　オ あえて

A	B	C	D

問3 ――線部①、②、③、⑦のことばの文中での意味として最も適当なものをそれぞれ選び、記号で答えなさい。

① 「読んで」

ア 理解して
イ 見通して
ウ 思いこんで
エ 計画して

② 「熟していない」

ア 文法的にまちがっている

「あと、お茶しませんか」

などとなると、③多くの人の耳にひっかかる。若《わか》い人はそう思わないから当たり前のように口にする。これまでなら

「お茶にしませんか」

と言うところだが、ウクラベてみると、④両者では微妙《びみょう》な※ニュアンスの差がある。前の方はコーヒーなどを飲むとき、エ後者はすわって日本茶をすすりながらオ一服するのを連想する。新しいお茶の飲み方に対して「お茶にしませんか」ではしっくりしないという気持《きもち》がはたらいて、［B］「お茶する」と言い始めたのかもしれない。

親子で一日遊んできた母親が

「しっかり親子しちゃった」

と言った。⑤「親子する」という言い方は、「農業する」や「お茶する」というのと違って、それに当《あた》ることばがない。「親子をする」では意味をなさない。新しいカゾウゴというべきである。これまでは親子が仲《なか》よくすごすというようなことをあらわすことばがなかったのである。

同じような新しい言い方に

「友だちする」

というのがある。これは

「友だちにする」

でもなければ、［C］

「友だちになる」のでもない。友だちとしてつき合っているのを言うのである。

「なにしてますか」

「学生してます」

というのも、これまでにない表現である。「学生です」というのとはやはり感じが違う。

こういう名詞にすぐ〝する〟がつづくことばが若い人の間でふえている。〝を〟が

イ　ことばとして完成していない
ウ　新しすぎる
エ　なじみ、認められるところまでいっていない

③「耳にひっかかる」
ア　印象的で忘れられない
イ　不自然な感じをあたえる
ウ　わかりにくい
エ　聞こえはするが、心に伝わってこない

⑦「破格」
ア　型やぶりで目新しさがあること
イ　流行語となった原因
ウ　思っているよりも高い評価を得ること
エ　日本語の乱れのはじまり

①	②	③	⑦

問4　——線部④「両者」とは、何を指しますか。文中のことばを使って答えなさい。

問5　——線部⑤「親子する」を言いかえている部分を文中から十字以内でさがし、書きぬきなさい。

ついていたのが落ちた「食事する」「調査する」「議論する」とは違って、ちょっと言いかえが困難《なん》な語法である。⑥こういう言い方のもっとも早い例は五十年※に橋田邦《くに》彦という文部大臣が

「科学する心」

ということを言い出し、それが流行語のようになったことであろう。※名詞のすぐあと〝する〟のつくことばは、すでにいくつもあげたように珍《めずら》しくないのだが、それらの名詞にはいずれもどこか動きがふくまれている。〝科学〟にはそういう動きの感じられないのに〝する〟をつけたのが⑦破格《はかく》であった。

「お茶する」の〝お茶〟には〝旅行する〟くらいの動きは感じられないことはないが、「学生する」「友達する」「OLする」などはもともとは動きはないはずだが、近ごろの、学生、友達、OLは活動的であるから、旅行なみに扱《あつか》ってもよいというのであろうか。どこまでこういう新しい表現がふえていくのかと心配する人もあるが、若い人の間の流行である。［D］、そのうちにキ下火になるかもしれない。

電話についてのことばがおもしろい。（中略）

「電話をする」

というのと

「電話する」

というのがあって、後者の方がふえてきている。「を」が入るとすこしまどろっこしいと思うのか。落した言い方が優勢《ゆうせい》である。その勢いに押《お》されたのか、これまでは〝する〟のつかなかった名詞にまでつくようになったと見ることができる。

（外山滋比古《とやましげひこ》『ことばと人間関係』より）

〈注〉※ 口語……ここでは日常の話しことばをさす

※ ニュアンス……意味・音色・色調などの、言い表しようのない感じ

※ 五十年……昭和五十年（一九七五年）

※ 名詞……物やことがらの名を表すことば

問6 ――線部⑥「こういう言い方」とはどういう言い方ですか。文中のことばを使って説明しなさい。

［　　］

問7 この文章で筆者は、名詞にすぐ「する」のつくことばを二種類あげていますが、二つの間のいちばんのちがいは何だと考えられますか。次の中から選び、記号で答えなさい。

ア 熟しているかいないか。
イ 名詞の意味に動きがふくまれているかいないか。
ウ 「を」がついていたのが落ちたのかそうでないのか。
エ 若い人の間で流行しているかいないか。
オ 「を」が入るとまどろっこしいかどうか。

［　　］

第Ⅰ期

5 コトバの神秘②

学習のねらい ▼日本語を客観的に考察する。

次の文章を読んで、下の問いに答えなさい。字数制限のある問題では句読点や記号も字数にふくみます。※印をつけたことばについては、本文の後に〈注〉があります。

イギリス人に日本語を教えていた時のことである。

「先生！『腰《こし》を掛《か》ける』というのはどうすることですか？」と聞く。こんなことも知らないのかと、私は椅子《いす》を引き寄《よ》せて腰を掛けてみせたら、彼は「先生は尻《しり》を掛けました、腰を掛けてはいません」と言う。［A］そう言えばそうだ。

日本語では、肉体に関して［B］はっきり言わないことがある。『膝枕《ひざまくら》』と言うが、[1]カンセツのあるごりごりしたところを枕にして寝《ね》るわけではない、股《また》を枕にして寝ることだ。『[2]小耳にはさむ』は小さい耳で聞くのではなく、ちょっと耳にとめることだ。『[a]□□を振《ふ》る』は大きな手を振るのではなく、手を大きく振ることだ。『[b]□○□をさされる』も、人間には鶏《にわとり》などと違《ちが》って後ろむきの指はない。後ろから指をさされるの意味だ。

日本語はよく論理的※ではないと評価される。アメリカへ行って理髪《はつ》屋へ入り、『頭を刈《か》ってください』と言って驚《おどろ》かれたという話がある。たしかに頭を刈ったら頸《くび》から上がなくなってしまうだろう。あれは頭を刈るのではなく髪を刈るのだ。『昨日[3]病院へ行って注射して来た』と言ったら、ドイツ人に「君は誰《だれ》に注射を打ったんだ？」と聞かれたそうだ。なるほど『注射して来た』のではなく注射してもらって来たのだ。写真屋に行って写真を撮《と》ってもらったことも「写真を撮った」と言うのが一般《ぱん》

問1 ══線部1～6のカタカナは漢字に直し、漢字は読みをひらがなで書きなさい。

1	2
3	4
5	6

問2 ［A］～［C］に入ることばを次の中から選び、記号で答えなさい。［C］は二か所あります。

ア しかし　イ あまり

ウ なるほど　エ また

A	B	C

問3 ──線部a「□□を振る」・b「□○□をさされる」にあてはまることばを本文を参考にして、□には漢字、○にはひらがなを入れて答えなさい。

a	b

問4 ──線部①の■・□に入る漢字一字をそれぞれ答えなさい。

■	□

的である。

我々は『提灯《ちょうちん》に火をつけた』と普通《ふ》に言うが、ドイツ人は「提灯の蠟燭《ろうそく》に火をつけた」と言うそうだ。

①『お湯を沸《わ》かす』、『飯《めし》を炊《た》く』は変だ。あれは「■を沸かす」、「□を炊く」だ、というのは※弥次喜多《やじきた》の膝栗毛《ひざくりげ》に出てくるのでよく話題になる。この類《たぐい》のことは多く、ヤキュウで『ホームランを打つ』は投手の球を打ってホームランになったと言うべきことになる。（中略）

一般に日本人は短く言おうとすることが多い。

食堂に入って、「こちらは何になさいますか」と聞かれ、「ぼくはウナギだ」と答える。別にウナギのような髭《ひげ》の生えた男でなくてもそう言う。（中略）同じようなものに「あそこの店の寿司《すし》はうまいよ」と言わずに、「あそこの寿司屋さんはうまいよ」と言うことがある。

先に触《ふ》れたドイツ人が理屈《くつ》っぽいことは、「ぼくは昨夜実験室に行ったが誰《だれ》もいなかった」と言うと、「お前がいたじゃないか」と言うそうだ。ドイツ人はその場合「 ② 」と言うのだそうだ。

アメリカ人に日本語を教えている時に③こんな質問が出た。昨日、本屋へ行って、「漱石《そうせき》の『坊《ぼ》っちゃん』はありますか」と聞いたら、「ございませんでした」と言われた。『坊っちゃん』がないのは現在《ざい》の話です。それなら「ございません」というのが正しいので、「ございませんでした」は間違いではないかと言うのである。④理屈で言えばたしかにそうだ。 C 、もし本屋が「ございません」と言ったら、言われたお客はあまりいい感じをもたないだろう。「ございませんでした」と言う方がいい感じをもつ。何故《なぜ》だろう。

ここに大切な問題がある。本屋さんはこういう気持《きもち》なのだ。「私のところでは当然『坊っちゃん』を用意しておくべきでありました。 C 、不注意で用意してございませんでした、申し訳ありません」と言って自分の不注意を詫《わ》びている、その気持

問5 13行目から19行目までのドイツ人の発言を参考にし、 ② に入るセリフをドイツ人になったつもりで考えて書きなさい（ドイツ語で書く必要はありません）。

問6 ――線部③「こんな質問」とありますが、質問の内容は直後の「昨日、本屋へ行って…」から始まりますが、どこまで続きますか。終わりの五字を書きぬきなさい。

問7 ――線部④について、「理屈で言えば」正しいのはなぜですか。次の中から最も適当なものを選び、記号で答えなさい。

ア 「ございません」というだけでは外国人には理解できないと思い、「ございませんでした」と言うことで特別扱《あつか》いをしたにちがいないから。

イ 「ございません」というていねいな表現だけでも意味がはっきりしないのに、さらに「でした」をつけるとていねいすぎて嫌味《いや》になるから。

ウ 「ございません」では何がないのかが明確だが、「ございませんでした」というとないのが「本」であるかどうかがわからなくなるから。

がこの「でした」に現れており、それをお客は汲《く》み取るのである。日本人は短く言おうとする一方、自分を責めて相手に謝ろうとする。それは常に相手を※慮《おもんぱか》る日本人の優《やさ》しさの現れではないかと思う。

お手伝いさんが台所でコップを手からすべり落として、コップが割れてしまったとする。⑤日本人はこのような時「私はコップを割りました」と言う。聞けばアメリカ人やヨーロッパ人は「コップ（グラス）が割れたよ」と言うそうだ。もし「私がグラスを割った」と言うならばそれは、グラスを壁《かべ》に叩《たた》きつけたか、トンカチか何かで叩いたような場合だそうだ。「私がコップを割りました」というような言い方をするのは、日本人にはごく普通の言い方であるが、欧《おう》米人には思いもよらない言葉遣《づか》いかもしれない。

これは日本人の責任感の強さを感じさせる。自分が不注意だったからコップが割れたので、割れた原因は自分にある。そういう意味では自分が壁に叩きつけたりしたのと同じである。そう思って「私が割りました」と言うのだ。そう思うと、この※簡潔《かんけつ》な言い方の中に日本人の素晴らしい※道義感が感じられるではないか。誰が言い出したか、教えたか分からないが、日本人にそういった気持を根付かせてくれたセンゾたちに謹《つつし》んで頭を下げたい。

（『'00年版　ベスト・エッセイ集』所収　金田一春彦の文章より）

〈注〉
※　論理的……議論の筋道が認められて納得がいく様子
※　弥次喜多の膝栗毛……十返舎一九（一七六五～一八三一）のこっけいな紀行小説「東海道中膝栗毛」。弥次喜多とは登場人物の弥次郎兵衛と喜多八のこと
※　慮る……思いやる
※　簡潔……短く要領をえている様子
※　道義……人のおこなうべき正しい道

エ　「ございません」というのならば、本がないことはわかるが、「でした」をつけたら、今は「ある」かもしれないことになるから。

□

問8　――線部⑤について、この時の日本人の気持ちをくわしく説明しているひと続きの二文をさがし、そのはじめと終わりの五字ずつを書きぬきなさい。

□□□□□～□□□□□

問9　本文の題名として最も適当なものを次の中から選び、記号で答えなさい。

ア　日本語のあやまり　イ　日本語のむずかしさ
ウ　日本語のこころ　エ　日本語の楽しさ

□

6 まとめ2

学習のねらい ▼**総合演習**

次の文章を読んで、下の問いに答えなさい。字数制限のある問題では句読点や記号も字数にふくみます。※印をつけたことばについては、本文の後に〈注〉があります。

小学校の四年のころ、夏休みの宿題に昆《こん》虫の標本をつくることが命じられた。私ははりきって虫をあつめた。はじめて昆虫採集の道具を買ってもらい、はじめて蝶《ちょう》を展翅《※てんし》した。そして自分の三箱ばかりの標本がかなりすぐれたものであることを疑《うたが》わなかった。

ところが夏休みが終《お》わってみると、みんなの標本のほうがもっとよかった。なかには博物館に並《なら》べても恥《は》ずかしくない標本があった。疑いもなくお父さんやお兄さんに手伝ってもらったのだろう。標本にはちゃんと名札までついていた。これはけしからぬことであった。私だってシオカラトンボとかモンシロチョウくらいの名前は知っていたが、見たことがない虫にまでみんな名前がついていようとは思わなかった。そういう名前が虫の写真と共にのっている本『昆虫図鑑《かん》』という書物《もつ》がこの世にあることを私は知った。

A　私の血の中にはくやしがる性質の血が多分にながれていたにちがいない。

B　私は①もっと立派な標本をつくり、ちゃんと名札をつけてやろうと考えた。

問1　（ 1 ）～（ 4 ）に入ることばとして適当なものを次の中からそれぞれ選び、記号で答えなさい。

ア　いっそう　イ　ようやく　ウ　せめて　エ　どうも

1	2	3	4

問2　――線部①「もっと立派な標本をつくり」とありますが、どうすることをさしていますか。次の中から最も適当なものを選び、記号で答えなさい。

ア　博物館に並べられるような立派な標本を、家族に手伝ってもらってでも作ること

イ　昆虫図鑑を調べ、誰《だれ》もがわかるような昆虫を並べた標本を、家族に手伝ってもらって作ること

ウ　夏休みの宿題で作った標本に、名札をあらたにつけて、もう一度学校に出しなおすこと

エ　自力で昆虫図鑑を調べ、さまざまな種類の虫を集め、みんなに負けないような標本を作ること

問3　――線部②について、この本のどのようなところが「役に立たな」かったのですか。文中のことばを使って書きなさい。

C　ところが私の父は息子《むすこ》が虫などを集めるのを好まなかった。
D　勉強の邪魔《じゃま》になるというのだ。
E　それでも横暴《おうぼう》な父はもっと勉強だけをしろと言った。
F　昆虫図鑑だって買ってくれはしなかった。

　私は自分の貯金箱をとりだした。『昆虫図鑑』は安くなく、平山修二郎著『原色千種昆虫図譜《ふ》』というのは三円三十銭《せん》だった。私の血の中にはケチな性《しょう》分が多分にまじっていたにちがいない。私の貯金箱にはそれ以上の銀貨や銅貨がはいっていたにもかかわらず、私は思いきって『図鑑』を買う決心がつかなかった。それで、私がようやくそれを買い求めたのは、それから丸一年以上たってのことだった。

　私は本屋へはいってゆき、並んでいる『原色千種昆虫図譜』を手にとったが、（　1　）できるだけきれいな本を買ってゆこうと考えた。カバーが汚《よご》れている奴《やつ》なんか買いたくなかった。横のほうに変《かわ》ったカバーをかけた本があった。それにも同じく『原色千種昆虫図譜』と印刷してあるので、私はこちらのほうが新版《ばん》なのだと思い、夢《む》中でそれを買い求めた。

　家へもどりワクワクしながら本をひらいてみると、（　2　）様子がおかしかった。たしかに美しい昆虫の写真がずらりと並んでいるのだが、見なれた虫の姿《すがた》がほとんどない。モンシロチョウやシオカラトンボさえも載《の》っていなかった。説明をよんでみると、たいてい台湾《わん》産や朝鮮《せん》産の昆虫なのだ。②これではあまり役に立たない。私は本をひっくりかえし、ようやくその表題が『原色千種続昆虫図譜』となっているのに気がついた。慌《あわ》てて続篇《へん》のほうを買ってしまったのだ。この打撃《げき》は大きかった。正篇を買いなおすことはとてもできなかった。私は「運がなかったのだ」と思い、私の昆虫熱は半分がたさめた。

　幸か不幸か、それからほどなく私は腎臓《じんぞう》病にかかった。かなり重いらし

問4　――線部③はどういう意味ですか。次の中から最も適当なものを選び、記号で答えなさい。
ア　腎臓病という重い病気にかかったことは子供の体にとっては負担《たん》が大きいという意味
イ　半年間も外に出られないということは子供にとっては我慢《がまん》がむずかしいという意味
ウ　食事が制限されることは、成長期をむかえた食べ盛《ざか》りの子供にとってはつらいという意味
エ　腎臓病の治療《りょう》のため食べることを一切禁じられることは、本当に大変なことだという意味

問5　――線部④「カレーライスの匂いのする日には涙がこぼれた」のはなぜですか。考えて答えなさい。

く半年間寝《ね》ていなければならなかった。腎臓病という病気は何《なん》にも食べられない。※蛋白《たんぱく》も塩気もいけないのだ。③これは子供の身にとっては大変なことである。④カレーライスの匂《にお》いのする日には涙《なみだ》がこぼれた。私の血の中には意地汚《きたな》い血はあまりながれていなかったにもかかわらず、それから私はイジキタナクなった。みんながさすがに気の毒がって、『昆虫図譜』の正篇を買ってくれた。

退屈《くつ》さが私を（　3　）その本に惹《ひ》きつけた。私はくりかえしくりかえし、表紙がすりきれるまで『昆虫図譜』をながめた。※原色写真の形態をあらかた見覚えてしまった。名前もおぼえた。さらにラテン語の学名までをかなり暗記した。私はその横文字をよむことができなかったが、大人がよんでくれた。それで私は、クロアゲハはパピリオ・プロテノール・デメトリウスといい、カブトムシはアロミリナ・ディコトムスということを覚えた。それは何が何やらわからないだけにいっそう面白かった。学問というものだってみんな初めはそんなものだ。⑤何が何やらわからないから人々はオヤオヤと思う。ところが、少したって少しわかったような気がするともう飽《あ》きてしまう。いつまでたっても何が何やらわからないと、これもやっぱり飽きてしまう。永久に何が何やらわからないのが一番面白いことなのに。

何月か『昆虫図譜』と寝ていたおかげで、私は虫の名を覚えた。なにかを覚えるということはそれほど大したことではない。それでも、（　4　）起きられるようになって縁《えん》側まで出てみたとき、私はその（　⑥　）。もう春であった。その春の陽光の中に、一匹の虻《あぶ》が宙《ちゅう》からつりさげられたようにじっと浮《う》かんでいた。綿《わた》毛のかたまりのような可愛《かわい》らしい虻である。一目見て私にはその名称《しょう》がわかった。ビロウドツリアブ。彼女《かのじょ》とははじめて出会った筈《はず》だのに、私はずっと以前からの※旧《きゅう》知のような気がした。むこ

問6 次の文を文中に戻す場合、文A～Fのうちどの文の後が適当ですか。A～Fの記号で答えなさい。

おどろいたことに、私はそのころ勉強ができた。

問7 1～40行目までで読みとれる「私」の性質を次の中からすべて選び、記号で答えなさい。

ア　意地汚い　　イ　負けず嫌《ぎら》い　　ウ　あまのじゃく

エ　あわてんぼう　　オ　ケチ

問8 ――線部⑤はどのようなことを意味していますか。最もふさわしいものを次の中から選び、記号で答えなさい。

ア　学問は最初はわけがわからないものだが、いつまでもわからないと筆者でも飽きてしまい、長続きしないということ。

イ　学問はずっと何が何やらわからないのがおもしろいものなのだが、多くの人は飽きてしまって長続きしないということ。

ウ　学問は何が何やらわからないと退屈してしまうので、最初からわかるものしか取り組まないのがふつうだということ。

エ　筆者でも学問は少し時間がたってわかってしまうと飽きてしまうが、ずっとわからなくても飽きてしまうということ。

うではそんなふうに思わなかったらしく、アッというまにどこかへ消えてしまった。しかし私にとっては、自分の住んでいる世界がいささかなりとも広くなったように感じられたのである。

（北杜《もり》夫『どくとるマンボウ昆虫記』より）

〈注〉※ 展翅……標本を作るために、昆虫などの羽を広げること
※ 蛋白……タンパク質のこと。さまざまな食物にふくまれる
※ 原色写真……もともとの色をそのまま再現した写真のこと
※ 旧知……昔からの知り合い

問9 （ ⑥ ）に入る表現として最も適当なものを次の中から一つ選び、記号で答えなさい。

ア 原因に気づいた　イ 知識を得た
ウ 効果を知った　エ 大変さにおどろいた

□

問10 本文の説明として正しいものを一つ選び、記号で答えなさい。

ア 少年時代に高価な昆虫図鑑を買うためにコツコツとお金をため、やっと手にした時の喜びをかざらずに述べている。
イ 常に病弱であった筆者が、病気とたたかいつつも、熱心に勉強にとり組んだ小学生時代をなつかしく思い返している。
ウ 「けしからぬこと」「驚いたことに」など、わざと大げさな表現を使うことで、ユーモアまじりに、自分の昆虫への関心や学問への興味について述べている。
エ 学問の取り組み方が他人と少しだけかわっていた筆者が、おだやかに、しかし鋭《するど》く現代の教育のあり方を論じている。

□

第Ⅰ期

7 オトメの気持ちって？

次の文章を読んで、下の問いに答えなさい。字数制限のある問題では句読点や記号も字数にふくみます。

学習のねらい ▼デリケートな少女の心を解き明かす。

のり子と聡《さと》子と世津《せつ》の三人は仲良しグループであった。グループのリーダーはのり子で、アメリカ育ちの世津に日本語指導《どう》をよくしていた。夏休みのある日、聡子は世津から、二学期からアメリカンスクールに転校することと、転校を決めたのはのり子との関係に嫌《いや》気がさしたからだということを告《つ》げられたが、のり子には内緒《しょ》にしていた。新学期になり、学校で初めて世津の転校を聞いたのり子は、転校の理由をたずねに世津の家に出かけた。その翌《よく》日からのり子は学校に来なくなり、気になった聡子はのり子の家を訪ねる。

自動ドアが開いた。聡子は両手をあげたままの姿勢《しせい》で、出てきたひとをチェックした。

「あっ……」

聡子は両手をあげたままで、のり子と見つめあった。

「久しぶり」

聡子が言うと、のり子はさっと顔をそむけて、歩きだしてしまう。

「のり子！」

問1 [1]～[5]に入ることばとして適当なものを次の中からそれぞれ選び、記号で答えなさい。なお、同じ記号は一度しか使えません。

ア いちいち　イ じろっと
ウ ちょっと　エ ぼそりと
オ のんびりと

1	2	3	4	5

問2 ――線部①・②の■に入る漢字一字をそれぞれ答えなさい。

①	②

問3 [③]に入れるのに適当な言葉をひらがな四字で答えなさい。

聡子はあわててあとを追った。

「なにしに来たの？」

のり子は、あとを追ってくる聡子を［　ー　］にらむ。

「会いにきたの」

「なんで？」

聡子はこたえにつまってしまう。なんでって言われても、うまく説明できない。カバンの中に先生から預かったプリントはあるけど、もちろんそれだけじゃない。

「私《わたし》って、迷惑《めいわく》なんでしょ。いっしょにいると、迷惑なんでしょ！」

聡子が黙《だま》ってると、のり子がつづけた。

「聡子だって、世津といっしょなんでしょ。私に助けてもらったり、手伝ってもらうたんびに、うざいって思ってたんでしょ。私といっしょにいるのは、私《し》立の中学に行くまでの辛抱《しんぼう》とか思ってるんでしょ」

聡子は、おもわず①[redacted]をふせた。やっぱりそうだったんだと、くちびるをかむ。思ったとおりだった。あの日、世津のお母さんは、のり子に本当のことを話してしまったのだ。それで、のり子は学校に来ようとしないのだ。

「聡子もそうなんでしょ」

のり子が立ちどまって、気まずそうな顔をしている聡子を、にらみつける。

「そうなんでしょ！」

のり子が聡子のシャツをつかんで、自分のほうにひきよせる。のり子の顔がすごく近くなって、その勢《いきお》いで、おもわず本音が出てしまう。

「うん」

のり子が一瞬《しゅん》泣きそうな顔を見せる。聡子は、大きく深呼吸《こきゅう》してつづけた。

「私、のり子が恐《こわ》くて、いつも本当のことが言えないんだ。だから、世津の転校

問4 文中の★印〜☆印の部分から読み取れる聡子の気持ちとして最も適当なものを次の中から選び、記号で答えなさい。

ア　のり子の言いなりになってばかりいたが、本当は嫌だったということを伝え、仕返しをしてやろうという気持ち。

イ　のり子のしていることはおせっかいにすぎないということに何とか気づいてほしいと必死で願う気持ち。

ウ　学校でひとりで過《す》ごさなければならないのはさびしいと、のり子にわかってもらおうとせっぱつまった気持ち。

エ　たとえ相手を傷つけたとしても自分の本当の気持ちをしっかりとぶつけようと強く心に決めている気持ち。

も知らんぷりしたし、嫌《きら》いでも、好きって言ったり、いやでも、いいよって言ってた……だから……」

　本音を話す聡子を、のり子が信じられないという顔で見つめていた。聡子はドキドキしていた。顔をはたかれるかもと覚悟《ご》した。

「だったら、なにしに来たのよ」

　のり子の低い声で、聡子は②[redacted]をくいしばった。

「帰ってよ！」

　のり子がいきなり聡子のシャツを離《はな》した。とっさのことにバランスをくずした聡子は、よろけて、そのまま③をついてしまった。

「本当は私のことなんて嫌いなのに、心配してるふりして、うちになんて来ないでよ！」

　のり子は③をついた聡子を見おろしていた。その顔は怒《おこ》ってるというより、かなしそうだった。
★「別に、心配なんてしてないよ」
　聡子は③をついたまま、手についた汚《よご》れをパンパンとたたいた。おしりや手より、胸《むね》が痛《いた》かった。

「友達ぶってるわけじゃないよ」

　自分で立ちあがって、スカートについたほこりをきちんとはらう。

「ただ、なんで学校に来ないのかなって思っただけだよ」

　もう、嘘《うそ》はやめようと思った。

「のり子って、うざいんだけど……。のり子が来ないと、私、ひとりなんだよね。休み時間とか、給食のとき、困《こま》るんだよね」

　正直に言おうと思った。

問5　——線部④「ビート板なしで泳いでみたい」とありますが、「ビート板なしで泳ぐ」とは、どのようなことのたとえとして使われていますか。わかりやすく答えなさい。

※書き直し用

「だから、明日は来てね」

のり子は、聡子をじっとにらみつけていた。泣くのをこらえるような目つきだった。

「掃除《そうじ》当番なんか代わってくれなくていいから。宿題もうつさせてくれなくていいから……明日は来てね」

聡子ものり子を見つめかえす。☆

そして、じゃあねと手をあげると、パッと身体をひるがえして、今来た道を、ひとりで戻《もど》っていった。［ 2 ］散歩する犬とおじいさんを追い抜《ぬ》いて、車がいないことをいいことに、信号を無視《し》して車道に飛び出す。立ちどまりたくなかった。ちょっとでも立ちどまったら、動けなくなりそうだった。

正直に言った。のり子はきっとますます傷《きず》ついた。

「そんなことないよ。私にはのり子が必要だよ。いないと死んじゃうくらい、寂《さび》しいから、はやく学校に来て！」

こう言えばのり子が喜ぶってわかってたのに、聡子は言わなかった。

だってもう、のり子の子分でいるのはイヤ。笑いたくないのに笑ったり、本当の気持ちとは、違《ちが》うことを言ったりするのも、イヤ。ビート板をつかって泳げば楽だけど、それじゃ本物のスイマーになれないのと同じ。もう嘘はイヤ。私はもう、④<u>ビート板なしで泳いでみたいんだ。</u>

聡子は行進するときみたいに、腕《うで》を大きくふって歩いた。⑤<u>そうでもしないと、足が止まってしまいそうだった。</u>腕を大きくふれば、足は動いて、ちゃんと前に進んだ。聡子の目の前に、ゆっくりと沈《しず》もうとしている、太陽が見えていた。

それから何日かたったあと、のり子が学校に来た。

のり子は、聡子とすれちがっても、ひとことも口をきかなかった。

問6 ——線部⑤「そうでもしないと、足が止まってしまいそうだった」とありますが、それはなぜですか。次の中から最も適当なものを選び、記号で答えなさい。

ア　のり子と和解を果たしたせいで、ひどくつかれていたから。
イ　のり子を傷つけたと思い、重苦しい気分になっていたから。
ウ　本当はのり子のもとに引き返して仲直りをしたかったから。
エ　自分がしたことが正しかったのか、自信を失っていたから。

［　　］

問7 ［A］～［C］に入ることばを次の中からそれぞれ選び、記号で答えなさい。なお、同じ記号は一度しか使えません。

ア　それとも　　イ　だけど
ウ　すると　　エ　つまり
オ　そして

A	B	C

休み時間になっても、ひとりでトイレに行くし、教室移動のときもひとりで移動していた。

給食の時間のことだった。のり子がいるので、聡子はもう、かりんちゃんたちにさそってもらえない。仕方がないので、聡子は自分の机《つくえ》を抱《かか》えて、のり子の席に近よった。［ A ］、⑥向かい合わせではなく、となりに机を置いた。

のり子はなにも言わなかった。聡子もなにも言わなかった。

他のグループの子たちは席を向かい合わせにして、楽しくおしゃべりして食べていた。［ B ］ふたりは、口をきかずに、もくもくとパンや牛乳《にゅう》を口に運んでいた。

そうしてふたりは、しばらくの間、給食の時間だけいっしょにいた。

ある日のことだった。理科の実験で、ふたり一組にならなければならなくなった。

［ C ］、のり子が聡子にすっと近よってきた。聡子はなにも言わなかった。のり子もなにも言わなかった。なにも言わないまま、ふたりはビーカーを用意したり、水槽《そう》にぬるま湯をいれたりする作業を始めた。

「聡子、もたもたしないで、スポイト持ってきてよ」

途《と》中、のり子の怒ったような声がとんだ。

「自分で行けばいいじゃん」

聡子はのり子の言いなりにはならない。

「私は今、氷の用意してるの」

「私だって、今、お湯とインクを混ぜてるんだもん」

聡子は負けなかった。

仕方がないので、ふたりはいろんなことをジャンケンで決めて、その実験をのりこえた。

問8 ――線部⑥「向かい合わせではなく、となりに机を置いた」のはなぜですか。その理由として、最も適当なものを次の中から選び、記号で答えなさい。

ア 向かい合わせに座《すわ》るとお互いの顔を見て話さなくてはならないので、のり子は照れくさかったから。

イ 聡子と顔を合わせるのは久しぶりだったので、のり子はどうふるまえばよいのかわからなかったから。

ウ となりに座れば、のり子と顔をあわせずにすみ、気まずくないと聡子は考えたから。

エ 面と向かって言えないことでも、となりに座れば素《す》直に話せるのではないかと聡子は期待したから。

［　　］

だからって、別に仲良くなったわけじゃなかった。

でもそれがきっかけで、いっしょにいるようにはなった。

休み時間にのり子が言う。

「聡子、図書室に行くよ」

「私は、パソコン教室に行きたい」

どっちの希望を通すかは、やっぱりジャンケンで決めた。

口を開けば、意見は違うし、お互《たが》いにむっとすることばかりで、にらみあったり、そっぽをむいたりするのに、いつもいっしょにいた。だって、ふたりでいるしかなかったから。

もちろん、ストレスがたまった。聡子はそのストレスを、土曜日にプールでお父さんをビシビシしごくことで、発散していた。

だけど、とうとうある日。聡子は［　3　］意見がぶつかることに疲《つか》れて、

「今日は私、どこでもいいよ。のり子の行きたいところでいいよ」

と言った。

「じゃあ、飼《し》育室に行く」

満足そうなのり子を見て、聡子は、意見がぶつからないって楽ちんだな、と思った。もう、のり子の言いなりでもいいやって思った。

次の日の休み時間。

⑦「今日は、私、どこでもいいよ」

のり子が［　4　］言った。

「昨日は飼育室につきあってもらったから」

のり子が、こんなふうに聡子の意見をきいてくれたのは、初めてだった。

「まあ、行きたいところがなければ、私が決めてもいいけどね」

問9　——線部⑦「今日は、私、どこでもいいよ」とありますが、のり子がこのように言った理由として最も適当なものを次の中から選び、記号で答えなさい。

ア　のり子の気持ちをよく理解してくれる聡子ならば、わざわざ口にしなくても自分が行きたいところをわかってくれるだろうと思ったから。

イ　お互いに意地を張《は》り合う中、聡子が自分の意見を聞いてくれたことで、時には相手の意見に耳を傾《かたむ》けてもいいのではないかと感じたから。

ウ　聡子の言いなりにはなりたくないが、とくに行きたいところも思いつかないし、聡子と意見の調整をすることに疲れてしまったから。

エ　自分の意見に逆《さか》らえない聡子に対して、たまに意見を聞いてあげれば、最終的には自分の言いなりになってくれると思ったから。

［　　］

⑧聡子の顔を見ようとしないのり子は、［　5　］照れてるみたいだった。

「じゃあ、教室にいる。で、ストーリーゲームしたい」

聡子はせっかくなので、自分のやりたいことを言ってみた。ストーリーゲームとは、国語辞典から単語をてきとうに十個《こ》選んで、その十個の単語をつかって物語を考えるというゲームだ。

「ええっ、ストーリーゲーム？」

のり子はこのまえ、国語の時間にやったそのゲームが、嫌いなようだった。

「今、休み時間なんだけどね。勉強する時間じゃないんだけどね。」

それでも聡子がゆずらないと、のり子はあきらめたように国語辞典をとりだした。

まず、お互いに辞典から五個ずつ単語を選ぶ。

聡子は、辞典から単語を選びながら思った。

正直だと、ぶつかってばかりで疲れる。嘘ばっかりだと、つまらなくてイライラする。でも、ときどき意見をゆずると、逆《ぎゃく》にゆずってもらえたりする。ビート板なしで泳ぐのって、むずかしい……。

「選んだ？」

のり子が辞典から顔をあげた。

「うん」

聡子が選んだ言葉は、果物《くだもの》、食器、靴《くつ》、苦痛《つう》、魔法《まほう》。

のり子が選んだ言葉は、森林、図書、開発、旅行、壁《かべ》紙。

「ああ、みごとにバラバラじゃん。こんなんで、どんな物語つくれっていうの」

のり子は文句を言いながらも、さっそくノートをひろげていた。そのあと、ふたりで必死になってつくった物語は、とんちんかんで、へんてこりんで、だけど

問10　——線部⑧「聡子の顔を見ようとしないのり子」とありますが、のり子が聡子の顔を見ようとしないのはなぜですか。四十字以内で答えなさい。

※書き直し用

それが面白くて、ふたりはつくってるあいだ、くすくす笑ってばかりいた。
⑨公立の中学に行って、またのり子と同じクラスになっても、悪くはないかな。
とんちんかんな物語を読みなおしながら、聡子はちょっとだけそんな気持ちになった。

（草野たき『ハッピーノート』より）

問11 ――線部⑨「公立の中学に行って、またのり子と同じクラスになっても、悪くはないかな」とありますが、このように聡子が感じた理由を、文章全体をふまえて説明しなさい。

※書き直し用

8 論理学コトハジメ

学習のねらい ▼**論理的思考の基礎を築く。**

次の文章を読んで、下の問いに答えなさい。字数制限のある問題では句読点や記号も字数にふくみます。※印をつけたことばについては、本文の後に〈注〉があります。

こんな問題を聞いたことがあるだろうか。

ある※クレタ島人が、「すべてのクレタ島人は嘘《うそ》つきである」と言った。さて彼《かれ》の言うことは「本当」だろうか、それとも「嘘」だろうか。

これはギリシャのエピメニデスという人物の言葉による※パラドクス（逆《ぎゃく》説、背《はい》理）で、論《ろん》理的には、「ウソだ」という答えも「本当だ」という答えもなり立たないとされている。なぜだろうか。

［A］、このクレタ島人は「嘘つき」であると答えるとする。すると彼の言葉は嘘なので、「すべてのクレタ島人は嘘つきでない」が正しいことになるが、ところが彼の言葉は「嘘」なのだから事実に反する。逆に、もしこのクレタ島人が嘘つきでないとすると、彼の「すべてのクレタ島人は嘘つきである」は真実ということになるが、するとやはり彼は嘘つきでないということと※矛盾《むじゅん》する。いったい、これはどう考えればいいのか。（中略）

この問題の「うーむ、どう考えればいいのか」と人の頭を悩《なや》ませる中心点、つまり、この問題が難《なん》問（アポリア）になっている根本の理由は、われわれが、誰《だれ》

問1 ――線部1・2を漢字に直したものとしてふさわしいものをそれぞれ選び、記号で答えなさい。

1 セイカク
【ア 性格　イ 正確　ウ 精確】

2 キカイ
【ア 機械　イ 器械　ウ 機会】

1	
2	

問2 ［A］～［C］にあてはまることばを次の中からそれぞれ選び、記号で答えなさい。

ア それとも　イ ところが
ウ まず　エ だから

A	
B	
C	

問3 ‖線部ア～ウの中には、「ない」を使うことがふさわしくないものが一つあります。それを記号で答えなさい。

かの言葉は「ほんとう」か「うそ」かのどちらかだと思い込《こ》んでいる、という点にある。ラッセルという哲学者《てつ》も典型的に①この考え方にはまりこんで、これを解《と》けない難問と考えてしまったのだ。

人の言うことは、すべて「ほんとうか嘘か」のどちらかだろうか。もちろんそんなことはない。例えば「私は二〇歳《さい》です」という言葉は、事実にかかわっているから、彼がじつは二〇歳でなく二一歳だったなら「嘘」ということになりうる（この場合も、彼がわざと※欺《あざむ》くつもりで言ったのでなければ、単なる「思い違《ちが》い」だと言うことも可能《かのう》だが）。★

「明日は晴れだよ」といった場合はどうか。これは「事実」にかかわるというより、予想あるいは意見なので、直接真偽《ぎ》※には関係しないと言える。さらに、②「人の人生は短い」はもっと真偽に関係なくなる。だから、すべての言葉が「ほんとう」か「うそ」かのどちらかだとは言えない。このことは誰にも分かるだろう。

［B］、クレタ島人の話では、その発言はたしかに「事実」に関する言葉のように見える。事実に関する※言表は「真偽」のいずれかであるとすれば、この言葉も「ほんとう」か「うそ」かのどちらかであるはずだ、と考えてよいことになる。しかしもっと注意して考えてみよう。

［あ］決してそんなことはない。［い］これは一応《おう》事実に関することだと言える。［う］仮《かり》に読者である君がクレタ島に行き、一人のクレタ島の住人に「クレタ島人はみんな嘘つきだよ」と言われたとする。［え］しかしそのとき君は、彼の言うことは「ほんとう」か「うそ」かのどちらかだ、と考えるだろうか。

君はどう考えるか。「この人は何を言いたいのだろうか、この島には観光客目当てにごまかしたり、ちょろまかしたりする商売人が多いので、親切心で警告《けい》してくれているのだろうか。［C］、なにかむしゃくしゃすることでもあって、自分の島の人間の悪口でもいいたいのだろうか。」他の可能性《せい》もあるが、まずそんな風に考えるだろう。

問4 ——線部①「この考え方」とはどういう考え方ですか。「〜という考え方」に続くことばを二十四字ちょうどで★までの文中からさがし、はじめと終わりの五字ずつを書きぬきなさい。

□□□□□ 〜 □□□□□

問5 ——線部②「『人の人生は短い』はもっと真偽に関係なくなる」とありますが、それはなぜですか。次の中から最もふさわしいものを選び、記号で答えなさい。

ア 人生は誰にとっても長いものだから。
イ 人生の長さは人によって異《こと》なるから。
ウ 人生は誰にとっても短いものだから。
エ 人生は長さを計ってはいけないから。

□

問6 ［あ］〜［え］の文は順序《じょ》が乱《みだ》れています。正しくならべかえ、記号で答えなさい。

□ → □ → □ → □

それだけではない。仮に君がきわめて真面目なセイカクで、彼が「ほんとう」を言っていないとそのまま受け取ったとして、しかしそのとき君は、彼が「クレタ島人はみんな嘘つきである」と言う以上、クレタ島人はあらゆるキカイにつねに必ず嘘をつく、と考えるだろうか。さらに、そうである以上彼がいま言っていることもまた嘘だということになる、と考えるだろうか。もしそう考えるとしたら、君は、何かの具合で頭のネジが外れてしまっているのだ。

　要するに、現実の言語では、あるクレタ島人が「すべてのクレタ島人は嘘つきである」と言ったとして、実際《さい》にここにいわれているようなアポリアやパラドクスを受けとって困《こま》るような人は一人もいないのだ。この問いが、パラドクスやアポリアと感じられるとしたら、実際多くの人がそう感じるわけだが、それは、実際の言語の使用では決して起こらないあることが、起こるかのように錯覚《さっ》するからである。つまりこれは、三次元（立体的）なものを二次元（平面）で表現《げん》することで作り出されるエッシャー※の騙《だま》し絵のようなもので、問題は、この錯覚を指摘《てき》することによって解明されるのだ。（中略）

③肝心《かん》なのは、実際にこういう場面にぶつかったとしてもわれわれは何も問題を感じないが、なぜそれをこうして文章にして示すと、見たようなパラドクスが生じるのか、という点だ。要するに、ここで④文章として分析《せき》される言語と、実際われわれが使っている言語では、言語の機能が違っている。どこが違っているのか。核《かく》心点は一つである。

　実際の言語では、われわれはまず、しゃべっている人がその言葉でいったい何を言おうとしているのか、をつかもうとして聞いている。それが実際の言語の構《こう》造《ぞう》上の本質《しつ》である。ところが、問題にされているような文章として示された言語では、われわれはその文章が「一般《ぱん》的に表示《じ》している意味」しかつかむことができない。ここに錯覚の根がある。（中略）

まとめると、現実の言語では、われわれは必ず「発話者の意」をつかもうとし

問7　——線部③「肝心」を言いかえた二字熟語《じゅく》を、次の漢字を組み合わせて作りなさい。

要　心　点　中　軽　重　真

問8　——線部④「文章として分析される言語と、実際われわれが使っている言語では、言語の機能が違っている」を説明した次の文の□に入ることばを文中からそれぞれ六字以内でさがし、書きぬきなさい。

文章として分析される言語は「1」を表現するが、実際われわれが使っている言語は「2」を表現する。

1	2

ており（このクレタ島人は何を言いたいのかな？）、そこでは何の問題も起こらない。しかし一般的な文章として分析された言葉では、「発話者の意」は消えてしまい、「一般的な意味」だけが現れる。この二つを混《こん》同することで、⑤クレタ島人の「話」は奇妙《きみょう》な謎《なぞ》となるのである。

（竹田青嗣《せいじ》『哲学ってなんだ―自分と社会を知る』より）

〈注〉※クレタ島……エーゲ海にある島

※パラドクス（逆説、背理）……この場合、みかけ上正しいように見えるが、実は誤《あやま》っている文

※矛盾……つじつまの合わないこと

※欺く……だます

※真偽……本当であるかいつわりであるかということ

※言表……言葉によってなされた表現

※エッシャー……騙し絵で有名なオランダの画家（騙し絵とは見る者に錯覚を与《あた》える絵のこと）

問9 ――線部⑤「クレタ島人の『話』」を筆者はどういうものだと述《の》べていますか。次の中から最もふさわしいものを選び、記号で答えなさい。

ア　錯覚を引き起こすもの
イ　矛盾した迷《めい》信
ウ　真っ赤な嘘
エ　実際の言語で表される事実
オ　真偽のいずれか

分野別ワンポイント講座 その2 説明文・論説文の読み方

説明文・論説文が苦手という人は多いことでしょう。しかし読み方の手順さえおさえれば、意外とすんなり読めるものです。

1 情報を集め、話題をつかむ

文章から情報を集め、本文の話題をつかみます。

★何について書かれているか
★どういう内容が説明されているか
★筆者はどういう立場で書いているか
★筆者は何を伝えたくて書いているか　など

2 文章の全体像をつかむ

1で集めた情報から文章の全体像をつかみます。集めた情報をまとめあげるのに必要なのが段落構成を考えることです。段落同士の関係を知ることで、文章の全体像が見えてきます。

段落構成の種類（意味段落）

★三段構成（序論・本論・結論）
序論…導入・問題提起
本論…説明や議論、証明
結論…本論から導き出される判断や意見・結び

★四段構成（起・承・転・結）
起…導入・問題提起
承…「起」の内容を受けて、説明や議論を展開する
転…「承」の内容をさらに展開したり、「承」をくつがえす内容を展開するなどして、問題が「結」に結びつくよう証明をする
結…「転」から導き出される判断や意見・結び

これらの型を頭に置き、それぞれの形式段落に何が書いてあるかを考えながら、形式段落をその内容で意味段落にまとめます。

3 文章の要旨《し》をつかむ

説明文や論説文の読解問題では、ほとんどの場合で本文の要旨（要点やだいたいの内容）に関する問題が出題されます。結論に注目し、本文の要旨を読みとりましょう。文章の展開の種類には次の三つの型があり、最初に結論を述べる場合もあります。

★最初に結論を述べ、その後説明や議論を展開する
★説明や議論を展開した後で最後に結論を述べる
★最初に結論を述べ、その後説明や議論を展開し、最後に結論をくり返してしめくくる

いずれにしても、結論は最初か最後にありますので、最初か最後を特に意識して読む必要があります。また、本文の中でくり返されるキーワードにも注意しましょう。

次の文章を読んで、下の問いに答えなさい。字数制限のある問題では句読点や記号も字数にふくみます。

学習のねらい ▼総合演習

小学校六年生の時だった。家庭科で調理実習の時間というのがあり、「目玉焼き」を習った。五～六人のグループごとに、コンロが一つ、フライパンが一つ。ジャンケンか何かで順番を決め、一人ずつ挑《ちょう》戦する。残りの四～五人から見守られる中、手際よく焼きあげるのは（　Ａ　）難《むずか》しい。モタモタしているうちにフライパンから煙《けむり》が（　Ｂ　）上がったり、白身がチリチリに焦《こ》げてしまったり……。そのたびににぎやかな笑い声。うまくいけば拍手喝采《はくしゅかっさい》。（　Ｃ　）自分の番が近づいてくると、ドキドキする。

私は、小さい時から手先がほんとうに不器用で、この日は朝から憂鬱《ゆううつ》だった。うまく焼けるだろうか、という以前の大問題――うまく割れるだろうか、という不安を胸《むね》に抱《いだ》きつつ、登校した。

すき焼きなどで生卵《たまご》を割るとき、私はよくぐちゃっと黄身をつぶしてしまう。もちろん、すき焼きなら支障はないのだが、目玉焼きの場合はちょっとまずい。ちょっとどころか、致《ち》命的である。ぐちゃっとなったらどうしよう……そればっかり気にしていたら、昨日は卵の夢を見てしまった。

不幸なことに私のグループは人数がやや多く、最後の私が（　Ｄ　）とフライパンの前に立つころには、他グループからの冷やかし組も集まってきて、すごいギャラリーになってしまった。

問1　（　Ａ　）～（　Ｄ　）に入れる語として適当なことばをそれぞれ選び、記号で答えなさい。

ア　だんだん
イ　なかなか
ウ　なみなみ
エ　もじもじ
オ　もうもう

A	B	C	D

問2　――線部①のように「私」がした理由として最も適当なものを次の中から選び、記号で答えなさい。

ア　涙であまりよく見えなくなってしまい、思わず力が入ってしまったため。
イ　プレッシャーを与え、自分を苦しめている卵に憎《にく》しみを持ったため。
ウ　卵をうまく割る自信が持てず、どうにでもなれという気持ちになったため。
エ　卵をうまく割るところをまわりの子どもたちに早く見せようと思ったため。

問3　――線部②は「私」のどのような様子をあらわした表現ですか。考えて書きなさい。ただし、文末は「様子。」と結ぶこと。

卵を割りそこねた子はまだいないらしいことが、さらにプレッシャーをかける。すっかり舞いあがってしまった私。①ええいとばかり卵をフライパンのふちに打ちつけ、そのままぐしゃっと握《にぎ》りつぶすような格好《かっこう》になってしまった。

わあっと湧《わ》きあがる声。こういう時、子どもは残酷《ざんこく》である。ピーピーと口笛を吹《ふ》く子もいれば、手を打ってはやす子もいる。その後どんな目玉焼きができあがったのか全く覚えていない。見届ける前に②私の目玉がうるんでしまっていた。

家に帰ってこの「事件」のことを母に話していると、また涙《なみだ》が出てくる。

③「落ち着いてやれば何でもないことなのに、ばかね、ほら、やってごらん」

笑いながらフライパンと卵を出してくる母。うわっもう見たくもないと思いながら、一緒《しょ》にコンロの前に立った。おそるおそる卵をフライパンのふちにぶつける。ぺちっと殻《から》にひびが入るだけで割れなかった。ぺちっぺちっぺちっ……うーん。Aもどかしくなっていきなり力をこめた瞬《しゅん》間、ぐしゃっ――またやってしまった。流れだす黄身を、④的な思いで見ている私に、明るく母が言う。

「さあ、おいしい炒《い》り卵を作ろう」

フライ返しを菜箸《さいばし》に持ちかえさせられて、ほら、ほら、早くかきまぜて、と急《せ》かされる。

「このへんでおしょう油を入れると、いい香《かお》りがするのよ」

できたての、ほわほわの、炒り卵。――おいしかった。負け惜《お》しみではなく、目玉焼きよりもずっと。なんだか元気が出てきて、もう一度やってみようかな、と思う。

「フライパンを火にかけているとあせっちゃうから、まずお茶碗《わん》に割ってごらん」

不思議なほど、楽な気持ち。今度は、うまくいった。

「もしここで失敗したら、オムレツにしちゃえばいいの」

ありあわせのハムとミックスベジタブルを混ぜてその場で母が焼いてくれたオムレツ。これがまたおいしかった。夢のように。

問4　――線部③と言った「母」の気持ちとして最も適当なものを次の中から選び、記号で答えなさい。

ア　何をやっても不器用な自分の子どもに対してあきれている。
イ　料理も満足にできない自分の子どもを情けなく思っている。
ウ　落ちこんでいる自分の子どもをなんとか励《はげ》まそうとしている。
エ　料理の基本をしっかり教えなければだめだと強く感じている。

問5　④に入れることばとして最も適当なものを次の中から選び、記号で答えなさい。

ア　現実
イ　本能
ウ　楽観
エ　絶望

⑤思えばあれが、母と一緒に台所に立って何かを習った最初のことだった。今でも生卵を割るときは、家庭科室での光景がふっと頭をよぎる。幼い心にうけた傷は深い。が、一方でこのできごとは、料理に興味を持つきっかけにもなった。⑥卵一個で母が見せてくれた魔《ま》法。

以来ちょこちょこ台所に入りこんでは、母の手つきを眺《なが》めるようになった。あたりまえに食べていた毎日のおかずが、新鮮《せん》に感じられたものである。折にふれ、母はいろいろなことを教えてくれた。

「お米は洗《あら》うんじゃないの。とぐって言うでしょう。磨《みが》いてつやを出すような気持ちでね」

しゃっかしゃっかと力を入れてといだお米と、水で洗った程度《てい》のお米とでは、炊《た》きあがりの味が全然違《ちが》う。（中略）

カレーライスの玉ネギは、甘《あま》みがでるまでゆっくり炒《いた》める。あくは丁寧《ていねい》にとる。

フライドポテトのじゃがいもは、揚《あ》げる前にさっと茹《ゆ》でておく。もやしのひげ根は必ずとる……。

その日その食卓で消えてゆくお惣菜《そうざい》に、手間ひまかけること。その苦労をことさらのように言うのではなく、むしろ嬉《うれ》しそうに話してくれた。あの母のにこにこ顔が、私を料理好きにさせたのかもしれない。

「ひたひたの水」「さっと炒りつける」「耳たぶぐらいの柔《やわ》らかさ」「ひと呼吸おいて火を止める」――料理の本にしばしば出てくるこういった表現は、初心者にはなかなかピンとこない。中学・高校時代、親子で台所に立つ時間の中で、だんだん感覚としてわかるようになった。

きんぴらごぼうを作りながら、私が生まれる前の夫婦喧嘩《げんか》の話を聞いたこともある。「きんぴらごぼうは嫌《きら》い？　って聞いたら、いや別にってお父さんは言ったのね。それなのに食卓《たく》に出したら一口も食べないのよ。ひどいと思わない？」「そのくせ、実は今食べようとしていたところだ。箸をつける順番までとやかく言うな、で

問6　――線部⑤から筆者はどのようなことを学んだと想像できますか。次の中から適当なものを二つ選び、記号で答えなさい。

ア　失敗したものを再利用することの大切さ
イ　失敗しても心を切りかえて取り組むことの大切さ
ウ　親子で力を合わせて工夫することの大切さ
エ　学校での実習よりも家庭で学ぶことの大切さ
オ　不器用という思いこみを捨てることの大切さ

問7　――線部⑥はどういうことですか。文中のことばを使って説明しなさい。

問8　――線部A「もどかしく」、B「他愛ない」の文中での意味として適切なものを次の中から選び、記号で答えなさい。

A「もどかしく」
ア　わざとらしく　　イ　じれったく
ウ　いそがしく　　エ　わからなく

すって」まことにB他愛ないエピソードである。夕食時、母と私の好奇の視線に気づく様子もなく、父は淡々《たんたん》ときんぴらごぼうを食べていた。もう夫婦喧嘩のことなど、忘《わす》れてしまったのだろう……。

料理以外のいろいろな話もした。ゆげの立つお鍋《なべ》の前なら、どんなことでもスムーズに相談できるような気がした。

母と娘《むすめ》が台所にゆっくり立つというような時間は、慌《あわ》ただしい今の社会の中で、どんどん少なくなってきているようだ。母親だって忙《いそが》しい。娘だって忙しい。デパートのおかず売場は充《じゅう》実しているし、おいしいレストランもたくさんある。けれど、⑦あの時間の豊かさは、何ものにもまさるものだった。一人暮《ぐ》らしも十年になろうとする今日このごろ、あらためて思う。

大げさに言えば、その国の文化のすべてが、台所にはある。食物の旬《しゅん》は、季節感を教えてくれる。材料を買うことは経済行為《い》である。生野菜のビタミン、緑黄色野菜のカロチン、乳製品のカルシウム……それぞれの栄養と働きを知ることは、身近な科学であり医学でもある。おせち料理や節句《せっく》のごちそうは、伝統行事を教えてくれる。季節や材料に応じた創意・工夫、またもりつけには、詩心・絵心が必要だろう。

固い言葉を並べてしまったが、こういった難しげなことを、まことにやさしく、お母さんの知恵として伝えられるのが、台所の魅《み》力なのだと思う。そしてそこでのコミュニケーションは、食卓へのコミュニケーションへとつながる。それが家族というものであろう。

福井の実家に帰省するとき、仕事で父が東京に来るとき、私はいつにも増していそいそと、食事の仕度をする。

元気な台所、にぎやかな食卓。私にとってそれは、生きていることの嬉しさ、豊かさを、最も感じさせてくれる場所の一つである。

（俵万《たわらま》智《ち》『りんごの涙』より）

B「他愛ない」

ア　たよりない　　イ　じゅうような

ウ　かわいらしい　エ　とるにたりない

A [　] B [　]

問9　——線部⑦とはどういう時間ですか。文中から十字以内でさがし、書きぬきなさい。

[　][　][　][　][　][　][　][　][　][　]

問10　本文の内容に合うものを次の中から二つ選び、記号で答えなさい。

ア　調理実習で目玉焼きを作るのに失敗したことが、その後の自信につながった。

イ　母に教えてもらって、それまでできなかった目玉焼きを上手に作ることができるようになった。

ウ　自分だけが卵を割ることに失敗し、みんなに笑われたために、その後学校へ行くのがいやになった。

エ　母は卵料理をはじめ、いろんな料理の作り方を教えてくれたので、私は料理に興味を持つようになった。

オ　台所での調理の時間には、文化の継承や家族のコミュニケーションといった大事な意味がある。

[　][　]

本を読もうよ！1

★第Ⅰ期で題材となった本の紹介★

	収められている本の題名	著作者名	出版社
1	きたぐにの動物たち	本多勝一	朝日文庫
2	縄文杉に会う	立松和平	講談社
3	昆虫という世界	日高敏隆	朝日新聞社
4	今ここにいるぼくらは	川端裕人	集英社文庫
5①	ことばと人間関係	外山滋比古	チクマ秀版社
5②	'00年版　ベスト・エッセイ集	金田一春彦	文芸春秋
6	どくとるマンボウ昆虫記	北　杜夫	新潮文庫
7	ハッピーノート	草野たき	福音館書店
8	哲学ってなんだ―自分と社会を知る	竹田青嗣	岩波ジュニア新書
9	りんごの涙	俵　万智	文春文庫

▼とにかく本を読んでみよう

「本を読むとどんないいことがあるの？」

テレビやマンガやゲームなど、みなさんの身の回りには楽しいことがたくさんありますね。そんな「楽しいこと」がたくさんあるなかで、なぜわざわざ読書をしなくてはいけないの？と感じる人も多いでしょう。

小学校高学年の児童を対象に「読書」に関するアンケートを行ったところ、「本を読むとどんなよいことがありますか？」との質問に対して、最も多かった答えは「いろいろなことが分かる」でした。

本書では第Ⅰ期の題材として、動物・植物・昆虫やふだん使っていることばといった身近なものを中心に取り上げています。身近なものに関する本を読むことで知識を固め、そこから読書の幅《はば》を広げていくと、国語の読解問題の文章を読むのも苦ではなくなりますよ。

まずは一冊《さつ》読んでみませんか？　興味のある人物の伝記を読んでもいいですね。

「ちくまプリマー新書」「岩波ジュニア新書」などの中からどんどん読んでみましょう。

メ　　　モ

小学国語

読解の応用

Ⅱ

1 第I期のおさらい

次の文章を読んで、下の問いに答えなさい。字数制限のある問題では句読点や記号も字数にふくみます。※印をつけたことばについては、本文の後に〈注〉があります。

学習のねらい ▼総合演習

〈I〉

①ずっと昔、一●[あ]の雄《おす》ウサギが私の家に住んでいた。どこから、どういうわけで来たのかは忘《わす》れてしまった。私の[A]キ憶《おく》はとにかくウサギが私といっしょに暮《く》らしていた、というところから始まるのである。（中略）

ウサギの名はピョンといい、これは当時小学生だった私が[B]メイ名した。ピョンは私と家族が中国から引き揚《あ》げたのち転がりこんだ屋敷《やしき》の一部屋に住んでいた。あらい金網《かなあみ》を張《は》った木箱が彼のすみかだった。種類はふつうのカイウサギである。全身がなめらかで優《やさ》しい感触《しょく》の白い毛でおおわれている。後年猫《ねこ》を飼いはじめたとき、私は猫のお腹《なか》の毛と兎《うさぎ》の毛の手ざわりがよく似ていることを発見した。哺《ほ》乳類でもぜんぜん違《ちが》う目《もく》に属《ぞく》しているくせに、猫と兎はともになでるための最高の対[C]ショウである。

家に来たばかりのピョンはまるで雪兎だった。綿毛の塊《かたまり》の中に、小豆粒《あずきつぶ》みたいな二つの目がはめこまれていた。抱《だ》きあげるとぶるぶると震《ふる》えながら息をひそめてじっとしていた。心臓がスタッカートのように鳴っていた。ウサギはほかの動物に比べてとても臆《おく》病だ、と私は思った。そしてかわいそうになって、いじり回すのを中止した。

問1 ──線部A～Eを漢字で書いた場合、その漢字と同じ文字を用いるものを、ア～エの中からそれぞれ選び、記号で答えなさい。

A　ア キ少価値　イ キ録　ウ キ品がある　エ キ節風
B　ア メイ記する　イ メイ惑《わく》　ウ メイ中する　エ メイ声をえる
C　ア 自然現ショウ　イ 身分ショウ明　ウ ショウ息をたつ　エ 相ショウが悪い
D　ア アツい夏　イ アツいお湯　ウ アツい本　エ アツ力《りょく》をかける
E　ア よいキ会　イ キ温が高い　ウ キ械体操　エ 利用キ間

A	B	C	D	E

問2 ──線部①について、次の問いに答えなさい。

A 「ずっと昔」とはいつごろのことですか。時代がはっきりと分かることばを〈II〉の文中から九字で書きぬきなさい。

B 「ずっと昔」とは昭和何年代ですか。次の中から最も適当なものを選び、記号で答えなさい。

ア 昭和十年代　イ 昭和二十年代
ウ 昭和四十年代　エ 昭和六十年代

　ウサギの飼育には幾《いく》つかの②禁忌《き》があるようだった。

「耳を持ってはいけないよ」と父が私に言った。

「どうして？　絵本の中では、よく耳をぶらさげているのに」

「走ると体がアツ(D)くなる。あの長い耳を立てて冷やすんだ。とても大事なキ官(E)なんだよ」

「ウサギはいつもうちわを持ち歩いてるのかあ」

「そうだよ、ははは」

　よく見ると、ピョンの耳の裏《うら》側にはくもの巣のように細かな血管が張りめぐらされていた。日光浴のために窓《まど》ぎわに置くと、ピョンの耳は陽《ひ》に透《す》けてさんご色に染《そ》まった。そして両眼はルビー色に燃えた。

　私はピョンの食事係だった。私たち一家が住んでいた屋敷の庭は、広かったが手入れが悪かったので、春になると様々の雑草が緑の洪《こう》水のようにあふれた。幾種類かの草を与《あた》えた結果、彼の好物がハコベであることがわかって私は喜んだ。ハコベなら庭の菜園にいくらでも生えてくる。③私は畑の草とりをかって出て、皆《みな》からいい子だとほめられたうえに、ピョンも満足させることができた。少し日に干《ほ》して、生乾きになったハコベがピョンのお気に入りだった。雑草の少ない時期には、台所から出る野菜くずが主食となった。キャベツや白菜の外側の葉、人参《にんじん》のしっぽ、大根の皮……まだ農薬が普及《ふきゅう》していない時代の自然栽培《さいばい》の野菜で、ピョンはすくすくと育った。ただジャガイモの芽の部分にはときに有害物質がたまるときいたので、私はていねいに取り除《のぞ》いた。

　ピョンは順調に成長したが、途《と》中であわや〝因幡《いなば》の白兎〟になりかけた。まず腹部の毛が抜《ぬ》けはじめ、変だなあと思ったときにはペロンと赤むけになっていた。しだいに脱《だつ》毛症《しょう》状は四肢《し》へ、また背《せ》中へと進んだ。見ているほうがかゆくなりそうであった。「おかしいわねえ」とひっきりなしに口を動かしているピョンを見て母は●(い)首をかしげた。「食欲《よく》はこんなにあるのに……」

問3　——線部②「禁忌」の意味として最も適当なものを次の中から選び、記号で答えなさい。（「忌」は「いみきらう」という意味です。）

ア　おそれおおいこと　　イ　おそろしいこと
ウ　さけるべきこと　　エ　たいへんなこと

□

問4　——線部③のような状況《きょう》を言い表すのに適当な四字熟語を考えて書きなさい。

□□□□

問5　●あ～きについて、次の問いに答えなさい。

A　●あに、「匹」以外の、ウサギを数える単位を漢字で書きなさい。

□

B　●い～きに入るものを次の中からそれぞれ一つずつ選び、記号で答えなさい。

ア 平　イ 水　ウ 分　エ 空　オ 頭
カ 小　キ 丸　ク 嫌　ケ 生　コ 手

い	う	え	お	か	き

問6　筆者は〈Ⅰ〉の部分で「ウサギの耳」を、その働きからあるものにたとえています。「耳」を何にたとえている

私はケロリと澄《す》んだピョンの瞳《ひとみ》が気になった。

「ウサギって気●《う》がいいんだか、悪いんだかわからないね。犬のベルだったら、病気になると目がとろんとしてくるし、くんくん泣くでしょう。何とか助けてって合図するよね。でもウサギはいつも●《え》気な顔をしてる」

「ウサギってきっと犬より頭が悪いのよ」と母はため息をついた。「●《お》ハダカになってもまだ食べ続けているかもよ」

ピョンの頭の中身の程度《ていど》は見当がつかなかったけれど、ウサギが表現能力に乏《とぼ》しいことは、飼っているうちによくわかった。だからこそ飼うときにはいっそう細かく気配りをしなければならないことも。赤むけの原因を突《つ》きとめたのは、掃除《そうじ》係の母だった。箱の下に置いた鉄板を張った台がぼろぼろに腐蝕《ふしょく》していたのだ。ピョンのオシッコのせいで。ウサギの皮膚《ふ》は特に湿気《しっけ》に弱いのだった。おかげで私の仕事の●《か》間は、また少しふえてしまった。ピョンに与える生野菜はていねいに●《き》気をふきとって箱に入れることになったからだ。

夜になると「ゴリゴリゴリ」と鋸《のこぎり》をひくようなリズミカルな音が兎箱の中から聞こえてきた。当時やはり私が飼っていたハツカネズミの籠《かご》の中からは「コリコリコリ」というもっとかわいらしい音が聞こえた。どうやらウサギもネズミと同じようにものをかじる必要があるらしい。ものの本で調べると二匹《ひき》は齧歯《げっし》目という共通の目に属していた。この仲間はたえずかじらなければ伸《の》びすぎて食物を噛《か》めなくなる、とても不便な門歯を持っているのだ。もしそうだったら、現在《ざい》の地球の森林の減少は今よりもっと深刻になっていたはずだから(ところで、今の分類ではネズミは齧歯目、ウサギはウサギ目として記載《さい》されている。ネズミの門歯は一対だが、ウサギは二対あることがわかったからだ)。

〈Ⅱ〉

やがてピョンは堂々たる雄ウサギになり、それとともに臆病さは影をひそめていった。狭《せま》苦しい木箱の中だけでは運動不足になるので、私は日に一度は彼《かれ》を部屋の

か〈Ⅰ〉の部分からさがし、書きぬきなさい。

問7 本文〈Ⅰ〉からは次の一文がぬけています。この一文が入る場所の直後の五字を、〈Ⅰ〉の部分から書きぬきなさい。

人間がそういう前歯を持たずに進化してきたことを私は感謝する。

問8 飼いはじめた頃《ころ》のピョンとその後大きく成長してからのピョンを比較したとき、その性質の面で解消された点はどのようなところですか。〈Ⅱ〉の部分から三字で書きぬきなさい。

問9 ——線部④「ポーカーフェイス」は、「ウサギ」のどういった特性を言い表したものですか。次の中から最も適当なものを選び、記号で答えなさい。

ア　頭がわるいこと　　イ　表情が変わらないこと

ウ　いつも口を動かしていること

エ　動きがにぶいこと

中に解放して走りまわらせた。やはり同室の居住者であるスピッツの雑種犬ベルは、自分と同じぐらいのウサギが駆《か》ける姿を、長椅子《いす》の上で呆気《あっけ》にとられて見守っていた。ピョンは自由時間の折も相変わらずの④ポーカーフェイスだったから、彼が室内散歩を楽しんでいるかどうかはよくわからなかった。しかし、「頭が悪い」という母の評は、あまり当たっていない、と私は思った。

「ピョン、おいで」と呼《よ》ぶと、彼は両耳をレーダーのように立て、ゼンマイ仕掛《か》けの縫《ぬ》いぐるみのように跳《は》ねながら部屋を横断してきて、私の膝《ひざ》に跳《と》びあがった。抱《だ》かれることにはかなり抵抗《ていこう》を示したが、背中をなでられると、静かになった。ピョンが膝にいるあいだ、私もとても静かにしていた。それにしても、やせた女の子のごつごつした膝の上で、雄ウサギは何を考えていたのだろう。ピョンの鳴く声を私は聞いたことがなかった。だれかから私はウサギは※断末魔《だんまつま》のきわにだけ、一声叫《さけ》ぶという話を教わっていた。ウサギの全生涯《がい》の沈黙《ちんもく》がその一声に凝《ぎょう》縮されるのだとしたら、私はその張り裂《さ》けんばかりの鳴き声を聞きたくなかった。ピョンだろうと、ほかのウサギだろうと、またウサギのような寡黙《かもく》な人間の声だろうと。

ピョンは、絵本のウサギというイメージからはかけ離《はな》れた大ウサギになった。箱の内側は歯と鋭《するど》い爪《つめ》の跡《あと》でギザギザに変形してしまった。部屋の中を走りまわりながら、友好の印を見せて近よってきた雑種犬をけとばして敗退させた。私が「ピョン」と呼ぶと神妙《しんみょう》に跳ねてきて膝に跳《と》びのるのは以前のとおりだったが、ウサギの体重のために私の足はすぐにしびれてしまい、長く抱くことはできなかった。とうとうある日箱の掃除をするために追いだそうとした母の手の甲《こう》に、五センチもある深い引っ掻《か》き傷をつけた。

「ウサギって何てバカなの」と母は血を滴《したた》らせながら興奮《ふん》して言った。「毎日世話をしている人の区別もできないんだから!」

傷口に塗《ぬ》ったヨードチンキの効果も空しく、母の手は膿《うみ》と熱を持ちひどいことになった。戦後まもなくのころは、皆が栄養失調気味で、ばい菌《きん》に対する抵抗力が薄《うす》

問10 ——線部⑤「杞憂であった」について、「杞憂」とは、中国の『列子』という本の中に、「杞の国の人が、天がくずれて落ちることはないかと憂《うれ》えた(心配した)」と書かれている故事にもとづいて出来たことばで、「取り越《こ》し苦労」という意味です。では、この場合の「杞憂であった」とは、具体的にはどのようなことを意味していますか。次の文の□をそれぞれ後の指定にしたがっておぎないなさい。

A かもしれないと心配していたが、実際は B 。

〈A〉 A に入ることばを〈II〉の部分から二十字以内でさがし、はじめと終わりの五字ずつを書きぬきなさい。

□□□□□ ～ □□□□□

〈B〉 B にふさわしい表現を二十五字以内で考えて入れなさい。

問11 ——線部「ピョンは順調に成長した」とありますが、飼いはじめてからのピョンのようすを七段階に分けました。2 ～ 7 に入れるのにふさわしいものを、後

れていたのだ。母は勤めを終わったあとで、一週間も外科医に通い続け、その間にピョンに対する憎悪《ぞうお》を十分に養ってしまった。

「もうこんな凶《きょう》暴なウサギはたくさん」と彼女は宣言した。「ウエノさんにもらってもらいます」

ウエノさんは私たちの遠い親戚《せき》で、町はずれに住み、数十●あの兎を本格的に飼っていた。私は少しばかり涙《なみだ》を流したが、ほかの動物との別れのときよりは悲しくなかった。ピョンも私との別離に、それほど落胆《たん》するとは考えられなかった。唯一《ゆいいつ》の心配は毛皮や肉のために、ピョンが売りわたされることだった。しかしそれは⑤杞憂《きゆう》であった。（中略）何かの用事で――ピョンを見にいったのではないことは確かだが――私がウエノさんの家に立ち寄ったとき、私は兎小屋をのぞいてみた。木箱の二十倍はありそうな金網の中で、※滋養《じよう》に富むえさのおかげであろう、王様のように太ったピョンに会った。

「ピョン」とこっそり呼んでも、雌《めす》ウサギの隣《となり》で彼はやはりポーカーフェイスをきめこんでいた。


（加藤幸子《ゆきこ》『わたしの動物家族』より）

〈注〉※断末魔……死ぬときの苦しみ
※滋養……栄養

のA～Fからそれぞれ選び、記号で答えなさい。

1 まるで雪兎のようであった。 ← 2 ← 3 ← 4 ← 5 ← 6 ← 7

A 王様のように太っていた。
B 堂々たる雄ウサギになった。
C ウエノさん方で飼われることになった。
D 母の手の甲に引っ掻き傷をつけた。
E オシッコのせいで赤むけになった。
F 絵本のウサギというイメージからかけ離れた大ウサギになった。

2	3	4	5	6	7

2 比喩のアレコレ①

学習のねらい ▼詩的言語の素養を身につける。

次の詩を読んで、下の問いに答えなさい。※印をつけたことばについては、本文の後に〈注〉があります。

竹の歌　　伊藤桂《けい》一

竹があると
山はやさしくなる
竹が
あまえるので
＊
竹があると
山はときどき笑う
①竹が
くすぐるので
＊
竹の※媚態《びたい》は
涼《すず》しい
触《ふ》れると
溶けてしまいそうだから
＊
帰りがけに

問1　この詩の⑴内容、⑵形式、⑶使われていることばの種類として適当なものをそれぞれ次の中から選び、記号で答えなさい。

ア　叙情《じょじょう》詩　イ　叙事詩　ウ　劇《げき》詩
エ　定型詩　オ　自由詩　カ　散文詩
キ　口語詩　ク　文語詩

⑴ ⑵ ⑶

問2　この詩には、〈竹はいつみても体操をしている〉という一行が入っていました。この一行をもとにもどすとしたら、どの行の後が最も適当ですか。行の上の数字で答えなさい。ただし倒置《とう》法は用いません。

問3　1～8行目で使われている表現は何ですか。次の中からすべて選び、記号で答えなさい。

ア　対句法　イ　体言止め　ウ　擬《ぎ》人法
エ　直喩《ゆ》法　オ　省略法　カ　倒置法

問4　――線部①は竹のどのような様子を表現していますか。「竹が□様子」の□に入ることばをひらがな三字で答えなさい。

竹だけはおじぎをする
夏でも鶯《うぐいす》の鳴く
※奥多摩《おくたま》の※渓《けい》流のほとりで

＊

いちにち　竹をみて
鶯を聴《き》いて
それだけで帰ってくることもある
空の※魚籠《びく》にはその日の※潺湲《せんかん》を仕舞《しま》って

＊

竹をみていると
ひとは（　②　）
いちばん身近なひとのなかへ
溶けてしまいたくなる

＊

のびあがり　くぐまりして
この世はすべて
音楽に満ちているのだろう

〈注〉
※ 媚態……他人に気に入られようとする態度
※ 奥多摩……東京都の西に位置する多摩川上流の地域《いき》
※ 渓流……谷間を流れる川
※ 魚籠……つった魚を入れておくかご
※ 潺湲……水が流れる様。また、その音

問5（　②　）に入ることばを、詩の（　②　）より前から書きぬきなさい。

問6　次の文の中からこの詩の内容としてあてはまらないものを一つ選び、記号で答えなさい。

ア　同じ「竹」でも、その枝ぶりは同じではない。ひとも考え方や生き方がそれぞれちがうのだと、竹は存在そのもので言っている。

イ　竹の媚態はさわやかだ。それは媚態でも、相手に取り入ろうとする計算がないからだ。

ウ　竹をみて、鶯の声を聴きながら魚をつるのはよい。ひとを愛さなければという感情がわいてくる。

エ　この世はすべて音楽に満ちていて、それをひとはきとるすべもないけれど、竹はいつもその音楽にのっている。

2 比喩のアレコレ②

学習のねらい ▼詩的言語の素養を身につける。

次の文章を読んで、下の問いに答えなさい。字数制限のある問題では句読点や記号も字数にふくみます。※印をつけたことばについては、本文の後に〈注〉があります。

①俳句は、たった★音でありながら、深い内容を盛《も》り込《こ》むことができる。それは季語があるからといえる。（中略）

季語は決まりきったものではなくて、時代とともにふえてくるもの、一方で廃《すた》れていくものもあります。それからもう一つ、持続しながら意味や内容が変わってくるものもある。季語は、それこそ生き物だと思います。

なぜこんなにふえたかというと、たとえば寒い冬にあってA●をとるものは、昔は焚《た》き火です。それが火鉢《ひばち》や炬燵《こたつ》になり、それからストーブに。ストーブも、燃料が薪《まき》から石炭、ガス、電気というように変化して、それがいまやエアコンになりました。時代とともに季語がふえるわけです。

また、暑い夏にあってB●をとるものは、昔は団扇《うちわ》や扇子《せんす》、これが大正時代には扇風機に、昭和には冷房《ぼう》というように、それぞれ季語に……。このようにして六百だったものが一万五、六千にふくれ上がってきたというわけです。（中略）

季節は、感情を持っているように思います。

植物を例にとると、春に芽吹《ぶ》き、夏に青々と茂《しげ》り、秋に美しく紅葉して、冬に枯《か》れる。このような推移《すいい》は、自然界だけではなくて、人間の肉体、本能、欲《よく》望、感情などもそれと同じように推移しているのです。季節は感情と深くかかわりあってい

問1 ――線部①について。俳句で季語を用いることによって、深い内容を盛り込むことができるのはなぜでしょうか。次の問いに答えなさい。

(1) その理由がよくわかる一文を文中からさがし、はじめと終わりの五字ずつを書きぬきなさい。

□□□□□～□□□□□

(2) ★に入る漢数字を答えなさい。

□

問2 ●A・Bにあてはまる語を、次の中からそれぞれ選び、記号で答えなさい。

ア 寒　イ 冷　ウ 涼《りょう》　エ 温　オ 暖　カ 熱

A □　B □

問3 ――線部②「そういうこと」とはどういうことですか。「こと」につながるかたちで二十字以内で書きなさい。

□□□□□□□□□□□□□□□□□□□□こと

るので、感情をうたう詩歌において、思いをより細かく表現するには、季節感を織り込むことが効果的だったのです。

日本人は世界の中でもっとも四季の変化に深く心を揺《ゆ》り動かされてきました。常《とこ》夏《なつ》の国だとか、冬がいやに長い国では、②そういうことはあまりない。少なくとも日本人ほど移りゆく季節に敏感《びんかん》ではないと思います。（中略）

昔から季節に心揺《ゆ》り動かされてきた日本人ですから、俳句の心をみんなが持っていると思います。あとは五・七・五にするかしないかの差だと思います。五・七・五にしている人は、俳句を作らない人より季節の移り変わりに何倍もの心豊かな日々を過ごしているのではないでしょうか。（中略）

四月はいろいろな花が咲き乱れて美しい、女性的な季節といっていいでしょう。それが五月に入ると、桜は葉桜になり、緑一色のさっそうとした男性的な季節になります。（中略）

この五月、よく放送などで「五月《さつき》晴れ」といっておりますが、③俳句を作っている者にはちょっと抵抗《ていこう》があります。

「五月雨」と書いて「さみだれ」「さつきあめ」と読むように、「さつき」はひと月遅《おく》れの梅雨《つゆ》どきのこと。「ごがつ」と読めば陽暦《ようれき》の五月ですが、「さつき」は陰《いん》暦五月のことで、六月のことになります。「五月晴れ」は本来梅雨どきの晴天のことです。現代では新暦の五月《さつき》の晴天にも使われるようになりました。

なお、「さわやかなさつきばれ」というが、「さわやか」は秋の季語になります。放送などで初夏のころ、「さわやかな天気」などと使われることがありますが、これも俳人にはちょっと抵抗感があります。初夏のころには「すがすがしい」とか、「さっぱりとして気持ちがいい」などと表現することもできましょう。

新緑の季節の句で浮《う》かぶのは、山口素堂《そどう》（一六四二～一七一六）の句です。

目には青葉　山ほとゝ《と》ぎす　初鰹《はつがつお》

問4　——線部③とありますが、筆者はどのようなことに対して「抵抗があ」るといっているのですか。最も適当なものを次の中から選び、記号で答えなさい。

ア　「五月晴れ」という季語を用いて五月に俳句をつくること
イ　男性的な季節の五月に女性的な表現をもちいること
ウ　本来は春に使うべき表現を夏に使っていること
エ　使うべき時期のずれた表現がなされていること

問5　——線部④「字○○○」の○に、ひらがな一字ずつを入れ、適当な表現を完成させなさい。

字

問6　——線部⑤「前書き」とはどのようなものかがよくわかる一文をさがし、はじめと終わりの五字ずつを書きぬきなさい。

～

問7　俳人である筆者が ⑥ に用いる表現として最も適当なものを次の中から一つ選び、記号で答えなさい。

ア　うららかさ　イ　さわやかさ
ウ　すがすがしさ　エ　わびしさ

季節になると新聞や放送などでよく取り上げられます。作者は知らなくても、句は聞いたことがある、知っている、という人は多いでしょう。上五は「目に青葉」とよく間違《まちが》えられます。「目には青葉」では字④〇〇〇になるからでしょうか。（中略）

この「目には青葉……」は、三百二十年ぐらい前に作られた句で、「鎌倉にて」という⑤前書きがあります。（中略）

「前書き」といっても、「それって何だろう」と思われるかもしれません。俳句の前に添《そ》える言葉で、作った場所とか、贈《おく》る人の名前を書く。（中略）

前書きがないと、その句がわからないというのではいけないのですが、理解しやすいことはたしかです。挨拶《あいさつ》句でも、一句としての独立した味わいはあるが、それに前書きがつけば、さらにプラスアルファとして「なるほど」ということになれば理想なのかと思います。

「目には青葉……」の句には、目には青葉が美しい、耳にはほととぎすの声、新鮮《せん》な初鰹を食べている。鎌倉の夏の［⑥］よ……というのがこの句のいいところです。

「初鰹」が季語で、「青葉」も季語。この句は「季重なり」です。俳句で季重なりはいけないといわれております。（中略）

季重なりはいけないというのに、この素堂の句には三つもあります。「青葉」「ほとゝぎす」「初鰹」。ですから、この句は、果たして名句なのか、ルールを破っていて……。しかも、名詞をぽんぽんと三つ畳《たた》みかけて、動詞が一つもない句です。

句をよく見ると「目には」は●覚。「山ほとゝぎす」は声で、これは◎覚。「初鰹」は▲覚。⑦●覚、◎覚、▲覚と三拍子そろい、季語が三つもあるが、名句になってしまった。珍《めずら》しい季重なりの句ということで※人口《じんこう》に膾炙《かいしゃ》し、有名になったのかもしれません。

（鷹羽狩行《たかはしゅぎょう》『ラジオ歳時記《さいじき》 俳句は季語から』より）

〈注〉※ 人口に膾炙する……世間に知れ渡ること

問8 ——線部⑦「●覚、◎覚、▲覚」の●・◎・▲に適当な漢字を一字ずつ入れなさい。

●		◎		▲	

問9 次の俳句について、各問いに答えなさい。

ア あさがおにつるべとられてもらい水　千代女《ちよじょ》
イ ひばりより上にやすらう峠《とうげ》かな　松尾芭蕉《まつおばしょう》
ウ ぼたん散ってうち重なりぬ二三片　与謝蕪村《よさぶそん》
エ 吹きたまる落葉や町の行き止まり　正岡子規《しき》

(1) ア・エの俳句の季語と季節を順に答えなさい。

ア			エ		

(2) イの俳句の——線部「かな」は何というものですか。また、他にそれが使われている俳句を一つ選び、記号で答えなさい。

	記号	

(3) ア・ウ・エの俳句に共通して用いられている表現上の工夫を次の中から選び、記号で答えなさい。

ア 倒置法《とう》　イ 擬人法《ぎ》
ウ 体言止め　エ 字足らず

分野別ワンポイント講座 その3 詩・短歌・俳句

これだけは覚えよう！

表現技法

① 比喩《ゆ》

a 直喩…「〜のよう」という表現で他のものにたとえる

（例）おにのような顔／わたあめのような雲

b 暗喩（隠喩）…「〜のよう」を使わないでたとえる

（例）人種のるつぼ／世界の火薬庫／彼女は社内の生き字引だ

② 擬《ぎ》人法（比喩の一種）…人になぞらえて表現する

（例）花が笑う／星が子守歌を歌う

③ 体言止め…ものの名前を指す言葉で文を終わらせる

（例）悪いのはぼく／銀色のぬれたつばさ

④ 倒置法…言葉をならべる順序をふつうと逆にして強調する

（例）どうだろう、この景色の美しさは

⑤ 省略…言葉を一部省く　（例）春はあけぼの

⑥ 繰り返し（反復法）…同じ言葉を繰り返してリズムをあたえる

（例）あおい　あおい　空の下

⑦ 対句…対立する内容や同じような内容を組にする

（例）あちらに行く人　こちらに来る人／行く年来る年

⑧ 擬声語…音や声をまねる　（例）ざわざわ／バタバタ／がさごそ

⑨ 擬態語…様子を表す　（例）くるりと背を向ける／じっと見る

⑩ 呼びかけ…呼びかけて印象を強める　（例）海よ／諸君！

俳句

↓五（初句）・七（二句）・五（結句）の三句十七音

★ 切れ字…や・ぞ・か・かな・けり・なり

↓強調するところをはっきり示すために使う

★ 字余り・字足らず…十七音の定型より音数が多い・少ないもの

★ 季語…季節を表す言葉・季語を必ず入れる

※ 俳句の季語は旧暦《れき》の季節に基づいているので、現代の季節感とはずれる場合がある。（例）朝顔→秋の季語

短歌

↓五・七・五・七・七の三十一音（三十一文字・みそひともじ）

★ 五・七・五→上《かみ》の句／七・七→下《しも》の句

★ 字余り・字足らず…三十一音の定型より音数が多い・少ないもの

★ 枕詞《まくらことば》…決まったことばを修飾し、リズムを整えたりする

詩

小学生が学習する詩はほとんどが**口語自由詩**（短歌俳句をのぞく）

★ 形式による区別

・自由詩…形やきまりにとらわれず、自由な字数で表現した詩

・定型詩…俳句や短歌のように字数や配列の形式が決められている詩

・散文詩…説明文や物語文のようなふつうの文章で書かれた詩

★ 使っている言葉による区別

・口語詩…ふつうの言葉／文語詩…むかしの言葉

★ 内容による区別

・叙《じょ》情詩（抒《じょ》情詩）…感動や情緒を表現

・叙景詩…風景を表現

・叙事詩…民族の歴史的事件や英雄の生きざまなどを表現

練習問題

詩と解説文を読み下の問いに答えなさい。（答えは解答・解説の16ページ）

［　　　］　　堀口大學

1 空の石盤に
2 鴎《かもめ》がABCを書く
3 海は灰色の牧場です
4 白波は綿羊の群であら《ろ》う
5 船が散歩する
6 煙草《たばこ》を吸《い》ひながら
7 船が散歩する
8 ①口笛を吹《ふ》きながら

※ 石盤…うすい板のような岩で、石筆で絵や字を書くもの
※ 綿羊…ひつじ

【解説文】

この詩の第一連では、青い空が［　ア　］にたとえられ、そこでかもめたちが飛びかうようすを［　イ　］の文字にたとえています。

第二連でも海を［　ウ　］に、［　エ　］を綿羊の群れにたとえています。多くのたとえを使うことによって海の風景が生き生きと表現されています。

②第三連は倒置法が使われています。汽笛を鳴らしながら、けむりをはいて進む③汽船のようすを、たばこをふかしながら散歩する人になぞらえたものです。

問1 解説文中の［　ア　］～［　エ　］にあてはまることばを、詩の中から二字または三字で書きぬいて答えなさい。

ア［　　　］ イ［　　　］ ウ［　　　］ エ［　　　］

問2 この詩を三つの連に分けるとすれば、第一、第二連はそれぞれどこまでですか。詩の上の行数番号で答えなさい。

第一連［　　］ 第二連［　　］

問3 ――線部①は、何がどうすることですか。

□□が□□を□□□こと

問4 ――線部②にあるように、第三連では倒置法が二か所使われています。先に出てくるものをふつうの文に直しなさい。

［　　　　　　　　］

問5 ――線部③の表現技法の名前をひらがな五字で答えなさい。

□□□□□

問6 □に入るこの詩の題名を解説文中から四字で書きぬきなさい。

□□□□

3 外国の名作に親しもう

学習のねらい ▼世界の名作にふれ、幅広い教養をつちかう。

次の文章を読んで、後の問いに答えなさい。字数制限のある問題では句読点や記号も字数にふくみます。※印をつけたことばについては、本文の後に〈注〉があります。

今日も雪だ、雪だ。今朝学校から帰る時、雪の中でいやな事が起《おこ》ったのである。コルソの往来へでるやいなや、子供等は、水まざりの雪をつかんで投げ始めたが、雪は※氷《こお》って石の様に堅《かた》くなっていた。街には大勢人がいた。一人の紳士《しんし》は、「止《よ》せ、止せ、らんぼうものめ。」と叱《しか》りつけた。するとその時、忽《たちま》ちはげしい叫《さけ》び声が、通りのあちらこちらから聞こえた。見ると、一人の老人が帽子《ぼうし》を落《おと》し、よろけながら両手で顔をおさえて、立ちすくんでいたが、その側《そば》には一人の少年が「助けて、助けて――」と泣いていた。

人は四方から●《あ》山のように集まった。老人は片目《かため》に、雪の弾丸《たま》を当てられたのであったが、少年達はすばやく、散《ち》り散《ぢ》りに、矢のようにとんで逃《に》げた。僕《ぼく》のお父さんが、本屋へ入ったので、僕は店の入口で、雪景色を見ていたが、本屋に駆《か》け込《こ》んで、お客にまぎれて、絵葉書を見ている様子をした子もいた。その中には、ガロンも相変《かわ》らず、ポケットの中に小さいまきパンを入れていた。薪屋《まきや》の子のコレッチもいた、※切手狂《きょう》のガロフィもいた。老人の周囲には人の垣《かき》が出来た。巡査《じゅんさ》や紳士が●《い》往●《う》往して、「誰《だれ》だ！ 誰がした？」と叫びながら、少年達の手をしらべて歩いた。

［①］と、考えたらしかった。

ガロフィは僕の隣《となり》に立ちすくんでいたが、わなわなと唇《くちびる》をふるわして、顔は死人のように●《え》かった。「誰がした？ 誰だ？」群衆は尚《なお》も叫び続けた。

問1 ●あ～かにふさわしい漢字を入れなさい。あ・えには色を表す漢字が入ります。

あ	い	う	え	お	か

問2 ［①］に入る語句を二十字以内で考えて書きなさい。

問3 ――線部②について、この時のガロンの気持ちとして最も適当なものを次の中から選び、記号で答えなさい。

ア 本を選んでいる人のじゃまにならないようにしなくてはと周囲の人を気づかう気持ち。
イ 石を投げた自分のかわりに、なんとかガロフィを名のらせたいと責任感に満ちた気持ち。
ウ 気の弱いガロフィに名のり出る勇気をふるいたたせるため、厳しく言わなくてはと思いつめた気持ち。
エ ガロフィに自分から名のらせたいと思い、周囲に気づかれないようにしようとガロフィを思いやる気持ち。

問4 ――線部③のようにガロフィがふるえている理由として最も適当なものを選び、記号で答えなさい。

ア 自分だけが罪をかぶることに納得がいかず、静かな怒《いか》りがわきあがっていたから。

すると②ガロンが小声でガロフィに囁《ささや》いた――。「君行って来い。卑怯《ひきょう》だ。黙《だま》って居《い》て他の者に罪をきせるなんて。」

③「だって、ぼくはわざとしたんじゃないもの。」

ぶるぶると、木の葉が風にふるえるように、ガロフィが答えた。

「わざとでも、わざとでなくてもいい。君は君の④義務を尽《つ》くさなければいけない。」

ガロンは繰返《くりかえ》して言った。

「僕には行く元気がない。」

「元気を出せ！　僕が一緒《しょ》に行ってやる。」

巡査や紳士は更《さら》に大声を出して叫んだ――。「誰がした。うん。誰だ？　眼鏡《めがね》のガラスが、眼《め》の中へ入ったぞ。（中略）さあ、いたずらものは、誰だ？」

ガロフィはびっくりして倒《たお》れる程《ほど》であった。「行こう。」とガロンが言った。「僕がどうにかする。」そう言いながら、彼の両腕《うで》を捕《とら》え、病人でも連れて行くように、彼《かれ》を支えながら、群衆の中へ入って行った。群衆の中には⑤それと知って拳《こぶし》をふり上げて、かけ寄る者もあった。するとガロンはその間へ入って怒鳴《どな》ったのである。

「十人もの大人がかかって、子供を殴《なぐ》るのですか。」

すると群衆は、気ぬけのしたように、拳を下ろしてしまった。巡査は少年の腕を捕え、群衆を押《お》し分けながら、近くの菓子《かし》屋へ行ったが、そこに負傷した老人はつれこまれていた。一目みると、その老人こそ、家の長屋《ながや》に甥《おい》と一緒に淋《さび》しい暮らしをして居る、年寄りの勤人《つとめにん》だとわかったが、眼にハンカチをあて、椅子《いす》の上に横たわっていた。

「僕は、わざとしたんではないのです。」ガロフィは怖《おそ》ろしさで、死人のようになって云《い》った。

「僕は、わざとしたんではないのです。」

二三人の人は、力ずくめに少年を店の中へ押し込《こ》んで、「馬鹿《ばか》め！　地べたへ顔をすりつけてあやまれ。」と言いながら、地面へ投げ附《つ》けた。すると突然、太い両腕に

イ　自分がおかしてしまった事件の重大さにおそれおののいていたから。

ウ　友人のガロンにまでおどかされ、自分の味方は誰もいないのだと感じたから。

エ　お前は悪魔《ま》だとおどかされ、すっかりこわくなり動揺していたから。

□

問5　――線部④「義務」とはこの場合、どうすることですか。文中のことばを使って、「こと」につづくかたちで五字以上八字以内で書きなさい。

□□□□□□□□こと

問6　――線部⑤「それ」について説明した次の文の、[A]・[B]には人名を、[C]には五字前後のことばをそれぞれ文中から書きぬきなさい。

[A]に連れられている[B]が[C]だということ。

A	B	C

問7　――線部⑥「馬鹿なこと」とはどうすることですか。文中のことばを使って三十字以内で書きなさい。

少年を抱《だ》いて、少年を起したものがある。此《こ》の人ははっきりした大きな声を出して——、

「皆さん、⑥馬鹿なことをなさっては困る。」と言った。見ると校長先生だ。すべての事情をみていらっしゃったとみえる。「自白する勇気があったものを、誰も此の上恥《はずか》しめる⑦◎◎はありません。」野次馬《やじうま》は黙った。「あの方におあやまりなさい。」校長先生が、ガロフィに言った。ガロフィは大声を出して泣きながら、老人のひざをひしと抱いた。⑧老人は片手で手さぐりながら、少年の髪《かみ》を撫《な》でた。すると人々は声を揃《そろ》えて言った——。

「お帰り、よ、家へお帰り！」

すると、父は僕をさそって群衆からぬけて、街へ出てこう言った——。「お前が万一こういうことをしたら、自分の義務をつくすために自白して、謝るだけの勇気があるかい？」

僕は、自首して謝りますと答えた。（中略）

……その二日後……

お父さんがこう言った——。「さあ五階へ行って、負傷した老人の眼がどうしたか、見舞って来よう。」

僕達は内へ入ったが、部屋は暮方《くれかた》のように暗かった。老人は背中へ沢山《たくさん》枕《まくら》を当て、床《とこ》の上に坐《すわ》っていた。枕元にはお神《かみ》＊さんが坐っていて、部屋の片隅《すみ》には、甥が一人で遊んでいた。老人の眼には包帯《ほうたい》がしてあった。老人は僕のお父さんを見て大喜びで、まあまあと言って椅子をすすめた。お蔭《かげ》で眼はつぶれませんでした、つぶれるどころか、四五日中には全快しますと言った。

「全く災難でした。」老人は言った。「あの少年が、随《ずい》分頭をいためた事と案じています。」そしてもう、今にお医者も見える時分だと言った。恰度《ちょうど》戸口のベルがなった。

「きっとお医者様でしょう。」おかみさんが言った。

戸が開いた。——戸口にたった人を見ると驚《おどろ》いた。ガロフィではないか。長い外※

問8　——線部⑦「◎◎」に入る「義務」の反対語を、次の漢字を組み合わせて漢字二字で書きなさい。

利　任　権　責　力

書き直し用

問9　——線部⑧について、このときおじいさんがガロフィに話しかけるとすると、どのように話すでしょうか。考えて書きなさい。

套《とう》を着たまま、首をたれて、部屋に入る勇気もなく、立ちすくんでいるのである。

「誰です。」と病人が言った。

「雪を投げた少年ですよ。」お父さんが教えてやった。すると老人は言った。

「おお、此処《ここ》へお出で、可哀想《かわいそう》に。私を見舞いに来て呉《く》れたんだろう。もう心配しなくともいいんだよ。今日はもう大分《だいぶ》いい。さあ此処へお出で。」

●《お》我《か》●中なので、僕等《ら》のいるのにも気付かないガロフィは、泣くまいとつとめる様子で、寝床《ねどこ》の側へ来た。老人は暖かい彼の手を少年の頭上に置いたが、胸がつまって一言も物が言えなかったのである。

「有難《ありがと》う。」老人が言った。「さあお家に帰って、お父さんにもお母さんにも言って下さい。私はもう治るから、御《ご》心配御無用だとね。」

それでもガロフィは動かなかった。何か言いたいことが胸の中《うち》に溢《あふ》れているらしい。

⑨「何か言いたいことがあるのかぇ、何《な》んだい。」

「僕は――なんにも。」

「そうか。じゃお帰り、また会おう。安心してお帰りなさい。」

ガロフィは入口まで歩いた。そこで立停《たちど》まると、送りに出た老人の甥の顔をじっと見ていた。そして、突《とつ》然彼のポケットから何か取り出して、少年の手に渡した。それから小声で「君に上げる。」と言って、稲妻《いなづま》のように駆《か》けて行った。少年は品物を叔父《おじ》の所へ持って行った。包《つつみ》には「進呈《てい》」と書いてあった。僕等はそれを開けてみた。そして思わず、「あっ」と言った。彼が《(の)》秘蔵《ひぞう》の ⑩ のアルバムではないか。彼がいつも自慢《まん》にし、命ほど大事にしていたアルバム、あんなに苦心して作り上げたアルバムではないか。(中略)彼はこれ程大切なアルバムを、おわびのために、お見舞いに持って来たのである。

(エドモンド・デ・アミーチス　原作　菊池寛《かん》　訳『クオレ』より)

〈注〉※　切手狂……熱心に切手を集めている人　※　外套……コート

書き直し用

問10　――線部⑨で何か言いたいことがあるのと聞かれ、何もないと答えていますが、ガロフィは何のためにおじいさんをたずねたのでしょうか。それがわかる一文をさがし、はじめと終わりの五字ずつを書きぬきなさい。

□□□□□～□□□□□

問11　⑩ に入ることばを文中からさがし、書きぬきなさい。

問12　この文章の55行目より前の部分の主題は何ですか。最も適当なものを次の中から選び、記号で答えなさい。

ア　大人の横暴さ
イ　おじいさんのやさしさ
ウ　義務をはたす勇気
エ　ゆるぎない友情

4 まとめ4

学習のねらい ▼総合演習

次の文章を読んで、下の問いに答えなさい。字数制限のある問題では句読点や記号も字数にふくみます。※印をつけたことばについては、本文の後に〈注〉があります。

よろこびにつけ、かなしみにつけ、人は、自分の心ひとつにおさめかねてこみあげる声を、古くから様々の言葉でうたにしてきました。※よし、あしき心の揺《ゆ》れや乱れから生《うま》れたうたの形は、時により所によって同じではありませんけれど、①心のあげる声を言葉でうたうのは、まず人間の自然といえるでしょう。（中略）

確かに詩人は言葉の専門家です。

しかし、言葉は、言葉の専門家のためにだけあるものではないのです。私どもが人と人との間で暮《くら》していく。その場合、自分の考えや感じを人に伝えるのも言葉なら、他人の考えや感じを理解するのも大方は言葉です。

つまり、人間の社会生活には、言葉で支えられている基盤《きばん》があって、それをいい加減に用いるかどうかの習慣は、人の思考力や感受性の育成に深く関《かかわ》って、ひろげていくと人の一生をも左右しかねないものになります。

「言葉遣《づか》い？　私は詩人や小説家になる気はないんだから」とか、「正しい国語？　ふん、そんなもの、専門家に委《まか》せておけ」といった調子の人は、案外少なくないようですが、詩人や小説家でなくても、一人の人間が、言葉に養われ、言葉に育てられながら、世の中での自分の居《い》場所をしだいに定めていくことを思いますと、②日常の言語生活をなおざりにするのが恐《おそろ》しくなってきます。

問1　――線部①がどのようなものかわかる部分を十五字以上二十字以内で文中からさがし、書きぬきなさい。

問2　――線部②について、次の各問いに答えなさい。

(1)　「日常の言語生活をなおざりにする」とはどのようにすることですか。「なおざりにする」の部分を本文のことばを使って、八字ちょうどで言いかえなさい。

(2)　「日常の言語生活をなおざりに」してはいけないと筆者が考える理由を文中のことばを使って書きなさい。

問3　――線部③「虫のいい話」の意味として適当なものを次の中から選び、記号で答えなさい。

ア　理想的な話　　イ　身勝手な話

ウ　非常識な話　　エ　無関係な話

職場や家庭での言語生活はいい加減に過ごしていて、和歌や俳句をつくる時だけいい言葉遣いをしようというのは、③虫のいい話ではないでしょうか。

言葉は借り物の道具や調度ではなく、自分のからだの一部なのだと、ある時期から私はそう思うようになりました。その気にさえなれば上手に使える、などとみるのは大変な思い上《あが》りで、④そんな気持《きもち》で使った言葉にはほとんど例外なく裏《うら》切られます。

素材に恵まれない私としては、からだをいい状態につくり上げていくには、栄養と訓練に頼《たよ》らざるを得《え》ません。その栄養と訓練の大きな助けになるものの一つが詞※華集《しかしゅう》です。

藤原定家（一一六二〜一二四一）が撰《えら》んだとして伝えられている「百人一首」は、日本の代表的詞華集です。（中略）

春のよろこびの静かにふき上げているような一首を読んでみましょう。

君がため　春の野に出《い》でて　若菜摘《つ》む　わが衣手《ころもで》に　雪は降《ふ》りつつ　光孝天皇《こうこうてんのう》

※大切な人に贈《おく》りたい一心から、まだ雪の降っている野に出て、萌《も》え出たばかりの若菜を摘む。⑤純白と⑥初々《ういうい》しい緑の配合に初春の気が漂《ただよ》い、若菜を贈る相手に通わせる心の澄《す》んだ温もりが、まっすぐに伝わってくるようです。
この歌を収める「古今和歌集」には、親王《しんのう》時代の光孝天皇が、若菜に添《そ》えてある人に贈られた歌だという※詞書《ことばがき》がついています。しかし、「君」を女としても、男としても無理なく読める歌だと思いますし、仮にこれが天皇の想像の上の歌であっても一向にかまわない、贈り主の好意と誠意のあらわし方の一つとして読めば、贈られたほうも、恩をきせられた、などとも思わず、素直に相手の気持を喜ぶことが出来たでしょう。（中略）
光孝天皇から贈られた若菜の宛《あて》先は分《わか》りません。分らなくても、この一首は、早

問4　——線部④「そんな気持」とはどのような気持ちですか。文中のことばを使って三十字以内で書きなさい。

※書き直し用

問5　——線部⑤「純白」・⑥「初々しい緑」はそれぞれ何を表したものですか。文中の和歌から書きぬきなさい。

⑤	⑥

問6　〈注意〉にしたがって次の文の空らんに適当なことばを入れなさい。

〈注意1〉ア・イには漢数字を入れなさい。

〈注意2〉アには、短歌のリズムを考えて漢数字を入れなさい。

春をよろこぶ歌としてひとり立ちしています。迷いもためらいもなく、くっきりと描《えが》き出された光景が、くっきりしていることによって、いく通りもの連想をたのしませてくれる。これも和歌の力のうちだと思います。（中略）

いい歌は、とにかく読んでいて快《こころよ》いのです。強《し》いて憶《おぼ》えようとしなくても自然に憶えさせられます。私はその快さを通して、言葉で生きる人間がいっそう好きになります。

すぐれた古歌《こか》には、意味の分析《せき》よりも、まず馴染《なじ》むことが大切と思います。繰《く》り返せば、歌人になるためよりもさきに、いい加減でない日常の言語生活のためにこそ、「百人一首」のようなよい表現の集約された詞華集に親しんで、よくない言語感覚を防ぎたいものです。生活の基礎《そ》は言葉です。社会人として生きていく上で、他の誰でもない自分の、言葉遣いの法則をもつことが必要です。詞華集から私どもののいただくものは、まだまだ沢山《たくさん》あるようです。

（竹西寛子『庭の恵み　古人とともに』より）

〈注〉※よし、あしき……よい、わるい
※詞華集……美しい詩文を選んで集めた書
※大切な人に〜若菜を摘む……正月のはじめに摘んだ菜を食べて万病を防ぐという風習が古くからあり、若菜はよく贈り物にされている
※詞書……和歌の初めにある、その歌を説明したことば

〈注意3〉　ウにあてはまることばを文中から三字でさがし、書きぬきなさい。

短歌とは、ア□・□・□・□・□のかたちにならべた［イ］文字の詩です。つかえることばは［イ］文字であっても、自分の気持ちにそったリズムを作りだすことができます。しかし、このかたちに文字をおしこんでしまえば短歌になるわけではなく、自分の感じた印象をそこに込めなければなりません。短歌を作ろうとする前に、すぐれた短歌を多く読み、それに［ウ］ことでよい言語感覚を養うことがまず大切だと筆者は述べています。

ア	イ	ウ
□・□・□・□・□	□	□□□

5 「構造」って何だろう？①

次の文章を読んで、下の問いに答えなさい。字数制限のある問題では句読点や記号も字数にふくみます。行頭の1〜10の数字は段落番号です。

学習のねらい ▼説明文・論説文の論理構成を読み取る。

1 無数の読書論のなかで、私が共鳴するのは前世紀から今世紀にかけて筆をふるったフランスの文芸評論家エミイル・ファゲの『読書術』である。彼《かれ》はその冒《ぼう》頭でこういっているのだ。――読むことを学ぶためには、先《ま》ず極めてゆっくりと読まねばならぬ（中略）。書物はこれを享楽《きょうらく》するためにも、それによって自《みずか》ら学び或《ある》いはそれを批《ひ》評するためと同様にゆっくり読まねばならぬ。――そして彼はフローベールの言葉を引いている。「ああ！　十七世紀の人びと！　彼らは何とゆっくり読んだことか！」

2 二十世紀も終わろうとしているこんにち、十七世紀の人たちに学ぼうとするのは、およそ時代錯誤《さくご》のように思われるかもしれない。だが、音楽を考えてみたらいい。あるいは絵画の鑑《かん》賞を思い浮《う》かべたらいい。ハイドンやモーツァルトを私たちはそのころの人たちの二倍の速度できいているだろうか。ミレーやコロオの絵を三倍の速度で鑑賞しているだろうか。それなのに読書だけをスピードアップしようとするのは、何とも解《げ》せない話ではないか。書物はいつの世にもゆっくりと読むべきなのである。

3 こんなにも本がたくさん出ているのに、というかもしれない。しかし、同じようにレコードだってたくさん出ている。展覧《てんらん》会もいたるところで開かれている。だからといって音楽を能率的にきき、絵画を急いで見る人はいまい（あ）。それなのに、

問1 ＝線部あ・いについて次の各問いに答えなさい。

(1) ＝線部あを六字ちょうどで言いかえなさい。

(2) ＝線部いを言いかえた表現をこれより後の文中から十字ちょうどでさがし、書きぬきなさい。

問2 ――線部①「本に関するかぎり速読をめざすのはどういうわけなのだろう」という問いに対する答えとして最も適当なものを次の中から選び、記号で答えなさい。

ア 鑑賞はその場かぎりのものであるのに対して、書物を読んで得たものは後まで残ると考えられているから。

イ より多くの書物を読むことによって、それだけ多くの知識・情報が得られると考えられているから。

ウ 鑑賞によって得られる感動よりも、読書によって得られる知識の方が重要だと考えられているから。

エ 速読することによって、視野が広がり、現代に適応した知識を身につけられるから。

①こと本に関するかぎり速読をめざすのはどういうわけなのだろう。［A］、書物というものが鑑賞するというより、知識の伝達の媒体《ばい》と思われているせいであろう。たしかに本とレコードではちがう。本のほうがはるかに多目的である。鑑賞するというよりは情報を得《え》たいために読まれる本の方がずっと多いだろう。そんなことは充《じゅう》分承知《しょうち》のうえで、［B］私は遅《ち》読をすすめる。なぜか？

4　第一に、速く読むということは一見能率的のように思えるが、結局は［C］をすることになるからだ。私も必要に迫《せま》られて急いで読まざるを得ないことがある。ところが、急いで読んだ本に限って、②あとに何にも残っていない。そこでもういちど読み直さなければならないことになる。そして、あらためてゆっくり読み直してみると、最初に読み飛ばしたそんな読書が何の意味も持っていない——どころか、まったく読みちがえていたことにおどろくのである。こうなると、速読するよりは読まないほうがましである。なぜなら、誤解は無知よりも有害だからである。

5　③そんなことをいっても、必要に迫られて読まなければならない場合が多いではないか、というかもしれない。しかし必要に迫られたらなおのこと、ゆっくり読むべきである。必要に迫られる以上、あくまでD●●は許されないからだ。［E］明日までにどうしてもこの一冊《さつ》を読みあげねばならないという必要に迫られたなら、ゆっくりと読み、読めるところまで読んで本を閉じたらいい。そのほうがいい加減に斜《なな》め読みをするよりははるかに得るところは大きい。それに——考えてみれば、必要に迫られた読書などというのは真の読書とはいえないのだ。学校の教科書とか受験参考書とか実用書ならいざ知らず、真の読書とは必要だから読むのではない。読みたいから読むのである。本を読む必要などさらさらないのだ。

（中略）

6　遅読のすすめ、その第二の理由は、いくら速く読んでみたところでタカが知れているということである。どんなに速読の技術を身につけたところで、二倍のス

問3　——線部②「あとに何にも残っていない」と対照的な意味を表している部分を段落5から十字以内でさがし、書きぬきなさい。

問4　［A］・［B］・［E］に入れるのに最も適当なことばを次の中から選び、それぞれ記号で答えなさい。

ア　なおかつ　　イ　もし　　ウ　それゆえ
エ　おそらく　　オ　たしかに

A	B	E

問5　［C］にあてはまる語を漢字一字で答えなさい。

問6　——線部Dにあてはまることばを漢字二字でここより前の文中からさがし、書きぬきなさい。

問7　——線部③・④「そんなこと」の指している内容を③は十五字前後、④は四十字以上四十五字以内で文中からそれぞれさがし、「ということ」につながるように最初と最後の三字ずつを答えなさい。

ピードで読めるものではない。かりに二倍の速度で読めたとしても、そうした速読から読みとることができるのは、じつは、ゆっくり読んだときの二分の一にすぎないのである。つまり、半分しか読みとらないのだから二倍の速さで読めるわけだ。しかもその半分が前記のように誤読に陥《おちい》りやすいとすれば、速読というものがいかに無意味――どころか有害であるかに気づくであろう。

7　ゆっくり読んでいたら、わずかな本しか読めないって？　いいではないか。じっさい、本というものはそんなにたくさん読めるものではないのである。わずかな本しか読めないからこそ、何を読むか、その選択《たく》が大切になる。つまり、ゆっくり読むことは、それだけ良書をえらばせる効果を持つのである。（中略）

8　わずかな本しか読めなかったら、それだけ視野は狭《せま》くなり、とても現代に追いついてゆけないというかもしれない。たしかにそういった不安が現代人を速読へと駆《か》り立てている。④だがそんなことはけっしてないのだ。（中略）読書の価値は何冊読んだかできまるのではなく――いうまでもないことだが――どんな本を、どのように読んだかできまるのだから。（中略）

9　さて、これ以上、遅読の効用をあげる必要はあるまい。とにかく、本はゆっくり読むにかぎる。ゆっくり読めば一冊の本はどれほど多くを語ってくれることか。読書とはただそこに書かれていることを理解するという単純《じゅん》な作業なのではなく、いかにして書物により多くのことを語らせるかという技術なのだ。すぐれたインタビュアーが相手から面白い話を充分に引き出すことができるように。

10　しかし性急な読書では⑤本は何も語ってくれはしない。かりにその内容を要領よくつまんだとしても、ただそれだけの話である。それは本を読んだというより、本をつまんだに過ぎない。読書とはあくまで著者と読み手との対話なのであり、読み手が時間をかけてゆっくりと問いかけなければ、著者はそれこそ通りいっぺんの答えしかしてくれないのだ。

（森本哲郎『読書の旅』より）

③	④
～ということ	～ということ

問8　――線部⑤で用いられている表現技法を次の中から選び、記号で答えなさい。

ア　倒《とう》置法　イ　省略法　ウ　擬《ぎ》人法

エ　反復法　オ　体言止め

問9　問題文の段落の関係を示した図として最も適当なものを次の中から選び、記号で答えなさい。

ア

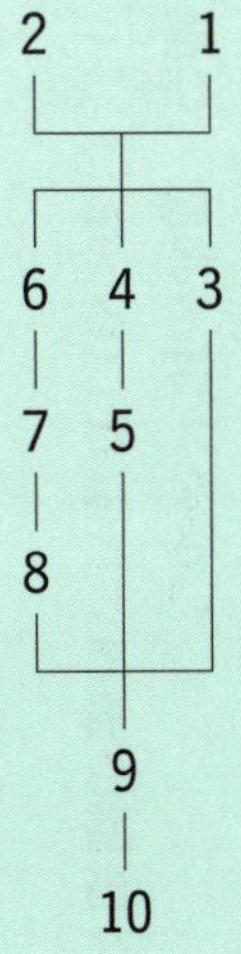

イ

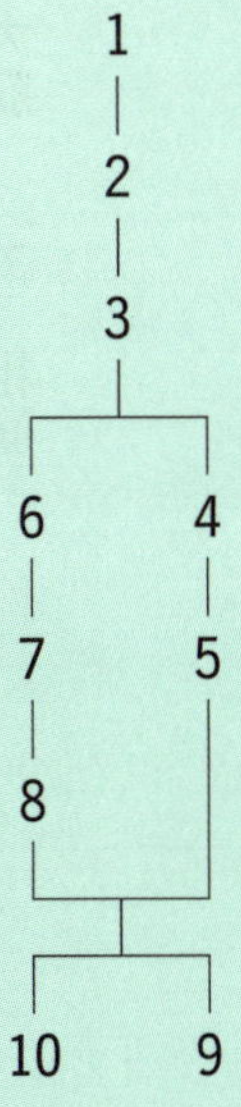

ウ

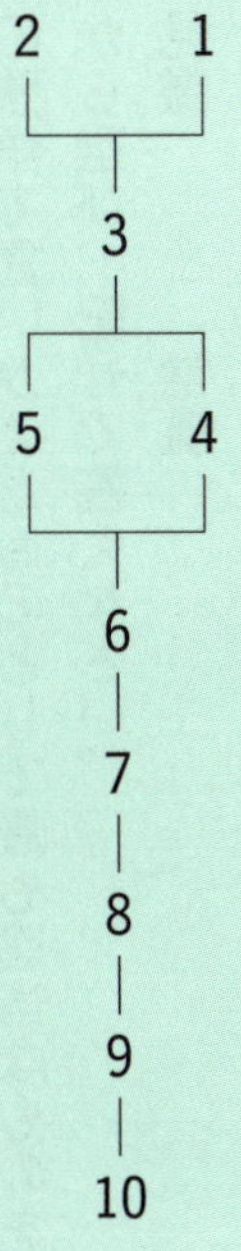

エ

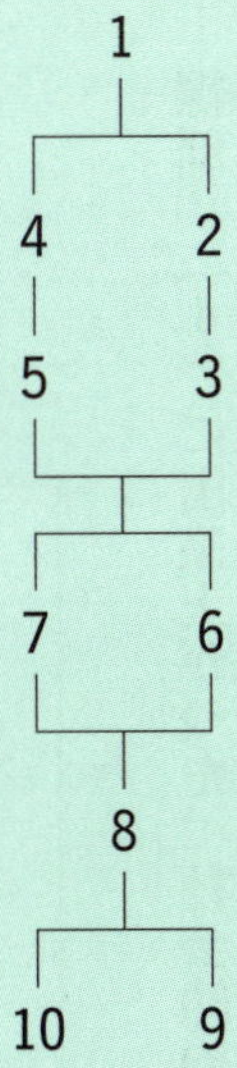

5 「構造」って何だろう？②

学習のねらい ▼説明文・論説文の論理構成を読み取る。

次の文章を読んで、下の問いに答えなさい。字数制限のある問題では句読点や記号も字数にふくみます。※印をつけたことばについては、本文の後に〈注〉があります。

どうしたら経済《けいざい》的にうまくいくか、みんなが豊《ゆた》かになるかというのは、科学技《ぎ》術《じゅつ》から出てくるかもしれない。家が大きくなって庭が広くなる。しかし、ではそれから何をするかということは①そこからは出てこない。もう少し長期的にある生き方を選ぼうとするならば、そのときに参考になり得るのは文学だと思います。

たとえば、※孔子《こう》の牛のはなしを考えてみましょう。孔子は重い荷物に苦しんでいる一頭の牛を見て、かわいそうに思って助けようと言った。すると弟子は中国にはたくさんの牛が荷物を背負《せ》って苦しんでいるのだから、一頭だけ助けたってしようがないのではないかという。孔子は、しかしこの牛は私《わたし》の前を通っているから哀《あわ》れに思って助けるのだと答える。それは第一歩です。

第一歩というのは、人生における価値《かち》を考えるためには、②すでに出来上がった、社会的約束事として通用しているものから、まず自らを解《かい》放することです。たとえば牛に同情《じょう》するのだったら、統《とう》計的に中国に何頭の牛がいて、それに対してどういう補《ほ》助金を与《あた》えるとか動物虐《ぎゃく》待をやめるような法律《りつ》を作るとかさまざまな方法でそれを救う必要がある。それは普《ふ》通の考え方です。その普通の考え方から解放される必要があるのです。どうしてその牛がかわいそうなのかという問題です。たくさん苦しんでいるのだから一頭ぐらい助けてもしようがないという考えには

問1 ――線部①「そこ」が指すことばを文中からさがし、書きぬきなさい。

問2 ――線部②「すでに出来上がった、社会的約束事」を二字の熟語《じゅく》で言いかえたものとして最も適当なものを次の中から選び、記号で答えなさい。

ア 見識《しき》　イ 常識《じょう》
ウ 大筋《すじ》　エ 粗筋《あら》

問3 ③ に入ることばとして最も適当なものを次の中から選び、記号で答えなさい。

ア 苦しんでいる牛全部を解放しなければならない
イ 苦しんでいる牛全部を見殺しにするしかない
ウ 苦しんでいるのは一部の牛であり、すべてではない
エ 苦しんでいるのは牛に重荷を背負わせた人間も同じ

［③］ということが前提《てい》にある。なぜ牛が苦しんでいるかへの答えにはなっていない。牛が苦しんでいるのは耐《た》えがたいから牛を解放しようと思う、どうしてそう思うかというと、それは目の前で苦しんでいるのを見るからです。だから出発点に返る。やはり一頭の牛を助けることが先なのです。

一人の人の命が大事でない人は、ただ抽《ちゅう》象的に何百万の人の命のことをしゃべっても、それはただ言葉だけであって、本当の行動につながっていかない。行動につながるのはやはり情熱がなければならない。その情熱の引き金はやはり一人の人間、よく知っている人たちの存在《そんざい》です。目の前にいる牛だとか私の知っている少年とか、※アンゲロプロスの自伝的な感じのする映《えい》画『永《えい》遠と一日』に出てくる偶《ぐう》然町で出会った見ず知らずの少年です。一日の中に永遠を見なければ永遠はない。一日は一日であって大したことはないというのだと、永遠というものは見えない。だから、もし永遠というものがあるとすれば、一日の流れが永遠なわけです。難《なん》民となったたくさんのアルバニア人と一人の少年とは同じです。だから『永遠と一日』では、主人公の男は危険《きけん》を冒《おか》して一人のアルバニアの少年を助ける。どうしてかというと、一人の少年の運命は、アルバニア人全体の運命と同じだからです。そこから事は始まるということをアンゲロプロスは言っている。

④孔子からアンゲロプロスまで流れている考えの原点は同じだと思います。文学の目的は⑤そういうことがわかるためにあると思う。

（加藤《とう》周一『私にとっての20世紀』より）

〈注〉※ 孔子……古代中国の思想家
※ アンゲロプロス……ギリシャの映画監督《かんとく》

問4 ――線部④「孔子からアンゲロプロスまで流れている考えの原点」とありますが、孔子の牛の話と『永遠と一日』という映画とで共通する考えはどのような考えですか。それを説明した次の文の［あ］～［う］に入る言葉を、それぞれの字数指定に従《したが》って文中から探し、書きぬきなさい。

目の前の一頭の牛の苦しみは、すべての牛の苦しみと同じであり、一人のアルバニアの少年の運命は［あ 十一字］と同じだ。だから、［い 十字］一頭の牛や一人のアルバニアの少年を助けることが、苦しんでいる牛すべてやアルバニア人全体を救うための［う 三字］なのだ、という考え。

あ	い	う

問5　――線部⑤「そういうこと」とはどういうことですか。本文の第一段《だん》落を読み、二十字以内で答えなさい。

問6　次の中から本文の内容《よう》と合うものを一つ選び、記号で答えなさい。

ア　永遠というものがあるとして、それを知りたければ、まず一日の流れを知ることだ。

イ　科学技術の発展《てん》は人々の生活を豊かにし、長期的にある生き方を選ぶ参考になる。

ウ　確かに一人の命は大切であるが、何百万人の命の大切さの前では比《くら》べ物にならない。

エ　文学の目的は、孔子やアンゲロプロスなどの偉《い》人についてくわしく知ることにある。

6 「関係」を見直そう①

学習のねらい ▼他者との関係性の中で自分の位置を意識する。

次の文章を読んで、下の問いに答えなさい。字数制限のある問題では句読点や記号も字数にふくみます。※印をつけたことばについては、本文の後に〈注〉があります。

わたしのところにも、父親のすすめる学校に行くのはいやだから家出したいとか、高校の娘《むすめ》が化粧《しょう》のことで注意したら、ろくに口もきかなくなったというような手紙がきている。こんな状態を、世では親子の断絶というのだろう。

なぜ、このような断絶がくるのか。断絶などという言葉をつかうと、事は深刻に見えてくる。だが、①ありきたりの言葉でいえばお互《たが》いの「わがまま」なのだ。わたしは以上の話をきいて、要するに「わがまま」な話だと思った。

「わがまま」というのは、身近なものの間にほど現《あら》われる現象である。他人同士だと、相手の話をよく聞こうとする姿勢があり、相手の身になって、相手を傷《きず》つけないようにと心を配るが、②親子や、きょうだい、夫婦などには、つい「わがまま」が出てしまう。

「わがまま」とは何か。我《われ》のまま、我の思うままにふるまうこと、つまり、③●●中心に、ふるまうことだ。この世のいざこざは、この●●中心が原因なのだ。

「受容《じゅよう》」という言葉がある。受け入れるという意味だが、断絶、わがままは、相手を［④］姿勢なのだ。

親子にしろ、夫婦にしろ、毎日生活して、同じ家に、同じ食べ物を食べて生きていると、つい相手を自分と同一の人間であるかのように錯《さっ》覚してしまう。特に親は

問1 ——線部①「ありきたり」の意味を、次の中から選び、記号で答えなさい。

ア わかりやすいこと　イ しきたり
ウ 普《ふ》通のこと　エ 近いこと

問2 ——線部②「親子や、きょうだい、夫婦などには、つい『わがまま』が出てしまう」とありますが、その理由を文中の語句を使って説明しなさい。

問3 ——線部③「●●中心」の「●●」にふさわしい漢字二字の熟語を入れなさい。なお、「●●」は文中に出てこない熟語とします。

問4 ［④］に入る表現を文中から六字で書きぬきなさい。

子どもを、自分の血肉をわけた者として、文字通り自分の分身だと思いこんでいる。

何の問題もない時は、自分に顔が似ていたり、同じ食べ物が好きだったり、似た性格だったりする相手は、たしかに分身に思われ、一体感を感じさせる好ましい存在《そんざい》なのだ。

ところが、※一朝《いっちょう》、恋愛問題や、進学問題など、どうしてもはっきりとした態度を取らねばならぬ事態に直面し、意見が異なると、たちまち、⑤お互いの態度は硬《こう》化する。

「受容」の精神が欠けているのだ。だから、相手を絶対に受け入れない。「あんな女のどこがいい」「断じて、この学校にはいる」「こんな話のわからぬ親はごめんだ」「親のいうことをきかぬわがまま者」と、お互いにゆずらぬことになる。

⑥わたしたち人間には、教養、性格にかかわりなく、自分と同じ考え、同じ思想になれないものはイカンという、ぬきがたい感情がある。（中略）

相手が自分と同じ考え方をしないと憎《にく》む、ということである。この感情は親子の場合も同じであろう。（中略）

これは、なぜか。一人一人は、顔のちがうように、まったくちがった人格の持ち主だという、この簡単な事実を認《みと》めないということである。相手は自分ではないという自明のことがわかっていないということである。

さらにいえば、相手から見れば、自分もまたちがった人間であるということ、その自分を認めてほしいように、相手も認めてほしいのだということがわからないということなのだ。つまり、⑦この世の一人一人はみんなちがった思想や考えを持って生きていることを、認めたくないということなのだ。

というのは、みんな自分と同じ顔でないのはけしからん、といっているわからずやのようなものなのである。

では、なぜ、わたしたちは、相手が自分と同じ考えの人間でなければならないのか。なぜ、他の人を認めないのか。よく考えてみよう。それは、

問5 ——線部⑤はどういうことですか。次の中から一つ選び、記号で答えなさい。

ア お互いに相手の考え方を拒否して自分の意見を強く主張すること。

イ お互いに相手は理性のない感情的な人間であると思い込《こ》むこと。

ウ お互いに相手は頑固者《がんこもの》と決めつけて憎しみ合うこと。

エ お互いに相手に対して素直になれずに言い訳ばかりを言ってしまうこと。

問6 ——線部⑥のような感情は、人間が常に持っているある考えからくるものです。その考えを文中のことばを使って三十字以内で書きなさい。

問7 ——線部⑦とありますが、こういう人に足りないものは何ですか。文中から七字ちょうどで書きぬきなさい。

「自分は絶対正しい人間だ。自分は最もよい人間だ」

という考えを、無意識のうちに心の奥《おく》深くに根強く持っているからだ。そんなに、わたしたちは「正しい」だろうか、「よい人間」だろうか。否《いな》である。

が、⑧この世の憲法《けんぽう》は自分なのだ。カンニングした時に、隣《となり》の友だちがカンニングしないとそれは、いやな奴《やつ》なのだ。

わたしたちにとって、話のわかる人間というのは、自分と同じ考えを持つ人間、自分のいうことを聞く人間なのだ。この世のすべての人が、自分と同じ考えになったら、どんなことになるか。

それは頭を冷やして考えてみたら、すぐわかることだ。

「それほど自分は正しいのか」自分という人間を、よく胸《むね》に手を当てて考えてみたら、わたしたちは、親子でも、きょうだいでも、夫婦でも、友人でも、自分の考えを相手に押《お》しつけたり、激しく拒《きょ》否したりすることはなくなるはずなのだ。

この自分の存在が認められたいのなら、他の存在をも認め受容して生きていかねばならない。車でも、相手を認めずに突進《とっしん》したらどうなるか、大ケガや死を招くだけである。

（三浦綾子『あさっての風』より）

〈注〉※　一朝……ひとたび。いったん

問8　――線部⑧はどういうことですか。次の中から一つ選び、記号で答えなさい。

ア　世の中を生きていく上では、自分というものを見失わないようにすることが大切だということ。

イ　世の中を生きていく上で、自分の判断のみを基準とし、自分と異なる意見は認めないということ。

ウ　世の中を生きていくには、憲法に頼るのではなく、自分の頭で考えることも必要だということ。

エ　世の中を生きていこうとすると、自分と憲法とが衝《しょう》突することが生じるということ。

問9　本文の内容と合わないものを次の中から一つ選び、記号で答えなさい。

ア　自分が相手に認められたいのならば、まず相手を認めることが大切である。

イ　人間はそれぞれ、一人一人顔が違《ちが》うように、全く違った人格を持っている。

ウ　相手を認めないということは、すべての人に、自分と同じ考えであることを強要することである。

エ　子や夫婦などは、常に相手の身になって、相手を傷つけないよう心配りをしている。

第Ⅱ期

6 「関係」を見直そう②

学習のねらい ▼他者との関係性の中で自分の位置を意識する。

次の文章を読んで、下の問いに答えなさい。字数制限のある問題では句読点や記号も字数にふくみます。

人間は、①夢を持たねば、生きていけない。死が近づいたときは、その死にまで、夢をたくしたりする。（中略）

夢というものは、べつに、その実現を信じているわけではない。現実に裏《うら》切られることは承知の上、のこともある。夢というのは、将来《しょうらい》の計画ではない。

未来が、実現できる計画だったりしたら、むしろつまらない。それに、その計画だって、たいした夢のないものだろう。未来の未確定な部分を、ふくらましたものが夢である。それでも、計画によってではなく、夢にみちびかれて、人間は生きていく。（中略）

[A]、その夢は、いろいろに変わるだろう。それだって、かまわないと思う。あるとき数学者になりたいと思い、一年後には画家になりたいと思い、その一年後には音楽家になりたいと思ったところで、そのときどきの夢であるからには、そしてその夢が、きみの現在《ざい》の生にはずみをつけるなら、それでよいと思う。実際には実現されなくても、夢というものは、さしあたり、自分の現在のためにあるのだ。

その点、夢というものが、将来計画と混同されるようになっている。実現の可能性の少ないことを夢みるのがアキンシされているみたいだ。それどころか、実現の可能性が少なくても見られるのが、夢のよいところだ。あまり計画の実現ばかり考えていては、それこそ夢がなくなる。

問1 ═線部ア～オのカタカナを漢字に直しなさい。

ア	イ	ウ

エ	オ

問2 ─線部①「夢」とはどのようなものだと述べられていますか。文中から二十字以内でさがし書きぬきなさい。

問3 [A]～[D]に入る語として適当なものを次の中からそれぞれ選び、記号で答えなさい。

ア ずっと　イ かりに　ウ ただし　エ もちろん

A	B	C	D

問4 ─線部②「ぼくは、このことばが、きらいだ」とありますが、なぜですか。その理由として最も適当なものを次の中から選び、記号で答えなさい。

ア 未来は不確定で、十年もすると世の中も自分も変わるものなのに、だれもが今のような世の中が二十年も三十年も続くつもりになっているから。

そして、未来というものは、相当に不確定なもので、どんな夢でも、いくらかは可能性がある。絶対的に確実な未来なんて、あるわけがない。十年もすると、世の中なんか、ずいぶんと変わるものだし、自分もずいぶんと変わるものだ。（中略）

それでも人間はとにかく、十年以上前は忘《わす》れるようにできている。そして、現在のような世の中が、二十年も三十年も続くつもりになっている。未来の計画をたてるのには、そのほうが、イツゴウがよい。しかし、未来はその通りにはならないもので、そのつど、軌《き》道をウシュウセイしながら、生きていくよりない。未来というものは、確定していない。

それだけに、未来ではなく、この現在を生きていくのに、夢を持つことがエヒツヨウなのである。未来に夢が持てないというのは、自分の未来をきまったもののように、思いこんでいるからではないだろうか。

未来へ向かって変わらないのは、きみがきみ自身である、ということだけである。これだけは、他人になるわけにはいかない。だから、きみの夢にあっては、きみが主人公でなければならない。それ以外は、きみの夢は、きみがきめればよいのだ。いまのきみが、生きていくために、夢を持てばよい。それが実現できなくっても、それはそのとき、また別の夢を持てばよいではないか。

いま苦労をしておけば、将来に楽ができる、といったことを言う人がある。②ぼくは、このことばが、きらいだ。

［B］苦労して、その計画が達成できて、満足している人間なんて、ぼくはなりたくない。人間というものは、どんな計画だって、死によって中断されるだろう。きみたちの同年代で、突《とつ》然に不意の死にあったりすると、まさしく中断といった感じだろうが、年をとったところで、③それは同じことだ。

人間というものは、いつでも、なにかを新しくやろうとしているほうがよい。もうすべて、計画をなしとげて、あとは老いと死を迎《むか》えるばかり、なんてのにならぬほうがよい。だから、そうして生きているかぎり、計画が達成されたあとは楽にな

イ　現在の充実を大切にするべきだし、なにかの達成に満足してしまって新しいことをやろうとしないのはよくないと考えているから。

ウ　人間は誰でもいつかは死んでしまうので、どんなに将来の計画をしっかり立てて何かを達成してもすべてむだになってしまうと考えているから。

エ　おとなたちはみな年をとると気が弱くなるのだが、その弱さをいたわってほしいというおしつけがましい姿勢《しせい》が強く感じられることばだから。

問5　――線部③「それは同じことだ」とありますが、この部分を、「（A）という点で、（B）同じことだ」という形で説明したとき、（A）・（B）に入れるのに適当なものを次の中からそれぞれ選び、記号で答えなさい。

（A）ア　いま苦労をしておけば、将来に楽ができる
イ　満足している人間にぼくがなりたくない
ウ　死によって計画が不意に中断される感じだ
エ　いつでも何かを新しくやろうとするのがよい

（B）ア　きみたちでも、ぼくでも
イ　きみたちと同年代でも、年をとっていても
ウ　計画をなしとげても、なしとげなくても
エ　その満足が本物でも、そうでなくても

A	B

る、なんて生き方はつまらない。

【C】、人間は年をとると、気が弱くなるものだから、自分の過去の苦労を（ 1 ）して、現在を（ 2 ）しがちなものである。若いときに苦労したからこそ、現在の自分があるなどと言うおとなは、つまらないとは思うが、きみたちは若いのだから、彼《かれ》らを軽蔑《べつ》するよりは、その老いの弱さを、いたわってやってほしい。しかし、きみたちが、それにまきこまれて、現在の苦労が将来の安楽のためだなどとは、絶対に思ってほしくない。それは、きみが年をとって、心が弱くなってから、言うことばだ。（中略）

【D】、五年後に死んでも、この今を充《じゅう》実して生きるべきことには、変わりはない。不確実な未来の安楽のために、現在があるのではない。夢というのは、将来での達成で報《むく》いられるより、なによりも、この現在を生きるためにある。

【④】、といったことわざがあるが、それは人間の勝手だと思う。果樹《じゅ》が葉をしげらせ、花をさかせているのは、それが生であるからであって、将来に実った果実を人間に食ってもらうためではあるまい。きみたちにしても、きみたちの将来をお国などに役立てるために、いま勉強しているなどと、思うこともあるまい。なによりも現在の生を、よりよく充実させることが問題なのだ。それは将来とのかかわりがあるにしても、あとで楽をするため、などではなくて、現在に張りのあることだけが、問題なのだ。

ぼくの少年時代は、戦争で未来の保証がなかったので、いくら勉強をしたところで、それが役に立つ可能性は⑤少なかった。しかし、それだけに、今やっておくよりない、といった気分が、そのころの生徒にはあった。いわば、重い病気にかかったようなもので、あと五年しか生きられないとしたら、なおのこと、いましかできないではないか。（中略）

これはなにも、将来を考えずに、現在だけを楽しめ、と言っているわけではない。人間にとっての現在は、一生のなかでの現在であって、未来とたちきられて、現在

問6 （ 1 ）・（ 2 ）に入れるのに適当な語を、それぞれ一つずつ選び、記号で答えなさい。

1 ア 尊敬 イ 否定 ウ 美化 エ 後悔

2 ア 尊敬 イ 否定 ウ 軽蔑 エ 肯《こう》定

1	
2	

問7 【④】に入れるのに最もふさわしいことわざを次の中から選び、記号で答えなさい。

ア 果樹は、その果実で評価される

イ 果実は果樹のためだけに存在する

ウ 葉や花がよければ果実はどうでもよい

エ 葉をしげらせ、花を咲かせなくても果実は実る

問8 ——線部⑤「少なかった」の主語にあたる部分を一文節で書きぬきなさい。

問9 （ 3 ）～（ 5 ）に入るのに適当な語を、次の中から一つずつ選び、記号で答えなさい。

ア 過去 イ 現在 ウ 未来

3	
4	
5	

があるわけではない。未来への夢とのかかわりで、（　3　）はある。たとえ、その現実がその夢を裏切るにしても、未来へ向けての方向性なしに生きているわけではない。それは、不確定なものであるにしても、そうした方向性だけは、現実に存《そん》在している。

そしてギャク（オ）に、（　4　）を充実して生きることのかなたにしか、よき（　5　）は見えてこないものだ。未来を決まったコースのようにしてしまっては、それにつられて、現在もまた、うすっぺらなものになってしまう。現在によってこそ、未来もゆたかになってくる。

（森毅『まちがったっていいじゃないか』より）

問10　文章を前半・後半に分けた場合、後半はどこから始まりますか。はじめの五字を書きぬきなさい。

問11　次の中から、筆者が本文中で述べていることと合うものを一つ選び、記号で答えなさい。

ア　過去の思い出を大切にして現在を生きるべきだ。
イ　今だけを明るく充実させて生きることが大切だ。
ウ　将来のためにも今を充実させて生きるべきだ。
エ　命の短い人のほうが日々大切に明るく生きている。

問12　本文を参考にして「夢」と「将来」の違《ちが》いをまとめなさい。

7 まとめ5

学習のねらい ▼総合演習

次の文章を読んで、下の問いに答えなさい。字数制限のある問題では句読点や記号も字数にふくみます。※印をつけたことばについては、本文の後に〈注〉があります。

はっきり言って、「日本画のオタク」と言われるひとたちは相当数います。それも団《だん》体展《てん》と呼《よ》ばれるグループや小さな画廊《ろう》を中心とした世界で生きているなかの過《か》半数はこの「日本画オタク」の皆《みな》さんです。そのひとたちによって「日本画」のイメージは作られています。

そもそもオタクとは何か、という問題ですがこれは①仲間うちだけの閉《と》じられたネットワークのコミュニケーションで、わかるやつだけをお互《たが》いオタクと呼び合って情報《じょうほう》交換《かん》したり、自らのコレクションを見せ合ったりしているひとたちのことです。これはこれで内部にいると楽しいものかもしれません。

［1］ここで一つ問題となることがあります。それは日本画はもとより芸術《げいじゅつ》といわれるものはすべてに対して開かれているもの、という大前提《てい》があったはずです。〝同好の士だけ〟を最初から相手にするのではなく、徹《てっ》頭徹尾《てつび》わからない人々に向けて開かれているコミュニケーションが芸術です。

［2］私《わたし》たちはパブリック※に向けて展覧《らん》会をするのですし、音楽家は広く宣伝《せん》をしてコンサートを開催《さい》するのです。これがわかるやつだけを相手にするという

問1 ——線部①「仲間うちだけの閉じられたネットワークのコミュニケーション」と対照的な語句を文中から三十字でさがし、はじめと終わりの四字ずつを書きぬきなさい。

□□□□〜□□□□

問2 ［1］〜［5］に入ることばとして適当なものを次の中からそれぞれ選び、記号で答えなさい。

ア つまり　イ だから
ウ たとえば　エ では
オ しかし

1	2	3	4	5

ことでの閉じられたコミュニケーションなら、会員制の秘密《ひみつ》クラブのような形に落ち着いていけばよいのだと思います。しかしそれでは芸術としては少々問題があります。

ところが、このオタク的傾向《けいこう》のグループがやたら多いのが芸術家たちの世界です。②無理解《かい》の結果、こうなっていったのだとは思いますが、私も20代のころは無理解と無視《し》の連続でした。いま再評価《さいひょうか》されているような仕事も発表当時「フーンって感じ」なんて意見しか言ってもらえず、失意、失望の日々でした。それが約15年続きました。

③ただそのとき私は一人でした。いかなるグループにも属《ぞく》さず、その意味では仲間はいませんでした。それがよかったのだと思います。もしグループや仲間がいたら、いわゆる「芸術オタク」となって、わかるやつだけでほめあう、賞を与《あた》えあうという世界にそれなりの居心地《いごこち》のよさを見出して、おさまるべきところにおさまった、という感じで抜《ぬ》けられなくなっていたことと思います。

そのときの教訓ですが、たとえどんなに孤独《こどく》感を味わっても「芸術は一人でやるもの」ということです。群《む》れてはいけないのです。

真にすぐれたスペシャリストの仕事ならば必ず大衆《しゅう》に理解されます。それには少しばかりの歳《さい》月がかかることはありますが、芸術の才能《のう》とは必ず発見されるものです。

小学生が学芸会の舞《ぶ》台の上で皆《みな》で踊《おど》っていても、そのなかで輝《かがや》く存在《そんざい》はたちまち輝いて見えるのです。これはどうにもならない現《げん》実です。何とかしてあの子どもをひっぱり上げたい！　心からそう思わせてしまう「何か」は「絶対に」伝わるものです。

天才ピアニストのゼルキンもルービンシュタインも、そうやって劣《れつ》悪な環境《かんきょう》の

問3　――線部②「無理解の結果」とありますが、「無理解」とはどのようなことを指していますか。「こと」に続くよう、「理解」ということばを用いず、十字以内で答えなさい。

□□□□□□□□□□こと

問4　――線部③「そのとき」とありますが、筆者はこのときの経験からどのようなことを強く実感しましたか。三十字で文中からさがし、はじめと終わりの四字ずつを書きぬきなさい。

□□□□～□□□□

なかから奇跡《きせき》的にひっぱり出されたのです。ひょっとしたら自分はオタク的ではないのか、そう思う芸術家の皆さん、どうか勇気を持ってその閉ざされたサークルから広い世界に飛び出して下さい。

④芸術家に必要なのは、自信と勇気、そしてコミュニケーションです。

芸大、美大を卒業して、プロの画家になって活躍《やく》しているひとの数は、全部の大学合わせてせいぜい年に二、三人です。これが現実です。ましてそれなりに名が知られるようになる画家は、数年に一人もいればよい方です。

東京芸大の場合を考えてみます。学生は全員、すぐれた資質《ししつ》の持ち主です。まして大学院に進学するような学生たちは、だれをとっても、その気になれば首席で卒業しても不思議がないような逸材《いつざい》ばかりです。しかし卒業して10年経《た》って、画家として生活しているのはそのなかでもごくわずかです。

[3]どこに差、というか違《ちが》いがあったのか、と考えてみますと、それは作品の差ではなく、打たれても打たれても舞台に立ち続けたかどうかだった、ということではないでしょうか。

画家になりたいのなら、何としても舞台に上がり続けることです。[4]どんなに失意の連続だったとしても作品を公に発表し続けることです。発表という場数を踏《ふ》めば踏むほど、舞台が大きければ大きいほど、とにかく少しずつでもよくなっていくものです。芸術とはコミュニケーションの一種ですから、こうやってひとの目に触《ふ》れるなかで初めて見出されてゆくのです。

私はいくつもの入試審査《しんさ》や展覧会の審査をやって来ましたが、才能は、人前に出される限《かぎ》り、決して埋《う》もれないものです。必ず見出されます。自分はそれでも見出されてない、と感じるひとは、おそらく出品する舞台が間違っているのです。

問5 ――線部④「芸術家に必要なのは、自信と勇気、そしてコミュニケーションです」とありますが、具体的にはどうすることが必要なのですか。説明しなさい。

※書き直し用

5 演《えん》歌のコンクールでオペラをやったりしているのではないでしょうか。見抜けるひとがいない世界では仕方ありませんよね。大切なのは自分に対する客観性《せい》です。

ただ、画家になることだけが芸大、美大の卒業生のゴールとは決して思いません。皆デザイナーや教育者などと幅《はば》広く芸術的発想を生かして活躍しています。その意味では卒業後まったく美術の世界から離《はな》れてしまったひとは ⑤ と思います。かく言う私も、卒業するときはテレビディレクターになって文化番組の制《せい》作をやりたいなどと考えていたのです。ところが何かの番狂《くる》わせのように作品が芸大の買上げになってしまって、それならば、と腹《はら》をくくって、どんなに苦しくても画業でやっていこう、と決心したのです。

しかし最初のころは展覧会に出しても落選ばかりで、なかなか注目されるには至《いた》らない日々でした。ニューヨークに渡《わた》り、30代半ばになってやっと外国で見出された感じだったのです。私に合う舞台は日本ではなかったということです。この経験《けいけん》から、私は何かをやろうとして上手くいかないときは、やりたいということに問題があるのではなく、その ⑥ の設《せっ》定こそに問題がある、と感じるのです。

打たれても打たれても発表をし続けることです。建築家の安藤忠雄《どうただお》さんもコンペで落選を続けながらも挑《ちょう》戦を続けたという不屈《くっ》の日々を書かれています。私としても、決して現場から逃《に》げてはいけない、と思います。特に第一線を生きるということは、各方面から、ときとして猛烈《もうれつ》に打たれ続けることです。打たれ強くなくては生きていけません。

負けなかったひとが、その世界の歴史を作る、ただそれだけのことです。

⑦ 者とは、⑦ するまでやったひとのことです。

（千住博『ルノワールは無邪《じゃ》気に微笑《ほほえ》む』より）

問6 ⑤ に入ることばとして適当なものを次の中から選び、記号で答えなさい。

ア たくさんいる
イ ありふれている
ウ ほとんどいない
エ うまくいかない

問7 ⑥ に入ることばとして適当なものを二字で文中からさがし、書きぬきなさい。

〈注〉※　パブリック……大衆

問8　⑦ に入ることばを二字の漢字で考えて答えなさい（二か所の ⑦ には同じことばが入ります）。

第II期

8 他人の気持ちって??

学習のねらい ▼他者の心に思いをはせる。

次の文章を読んで、下の問いに答えなさい。字数制限のある問題では句読点や記号も字数にふくみます。※印をつけたことばについては、本文の後に〈注〉があります。

「特急の汽車って、どうして窓《まど》が開かないの？」

帰郷《ききょう》の旅が近づいてくると、きまって次女が訴《うった》えるようにそういう。初めのうちは、

「ア キケン」だからでしょう？ A特急はスピードを上げて走るから。うっかり窓を開けて首を出したり、手を出したりすれば、怪我《けが》をするかもしれないし、風でよその人に迷惑《めいわく》をかけるかもしれないし……。」

などと教えていた妻も、それが毎度のことだから、いまではもう、①「また、はじまった。」と笑うだけだ。すると、

②「笑い事じゃないわ。私の身にもなってごらんよ、お母さん。」

次女は口を尖《とが》らしてそういう。

二、三日前の午後、いつになく早咲《ざ》きした白木蓮《はくもくれん》の花を二階の窓から眺《なが》めていると、妻と次女とが庭で鳥籠《かご》の掃除《そうじ》をしながら、そんないつもの問答をB繰《く》り返すのがきこえた。

子供たちは、春休みで、そろそろ七か月ぶりで岩手のイソボのところへ顔をみせにいく旅の支度に取り掛《か》かっている。宿題もなく、それに今年は、三人とも揃《そろ》って卒業も入学もなくて、ただ四月のC進級を待つだけのD気軽な春休みだから、一週間ほどの岩手の旅も存《ぞん》分に手足を伸《の》ばして楽しむことができる。勿論《もちろん》、次女もみんなと一緒《しょ》に旅が

問1 [1]～[4]に入れるのに最も適当なものを次の中からそれぞれ選び、記号で答えなさい。

ア これ、返す。でも、気にしないで。
イ ああ、おなかが空いちゃった。
ウ 特急はどうして窓が開かないの？
エ 日本には、窓が開く汽車ってないの？

1	2	3	4

問2 ――線部①「『また、はじまった。』と笑うだけだ」からは次女に対する母親のどのような態度がわかりますか。最も適当なものを次の中から選び、記号で答えなさい。

ア 次女の理屈《くつ》っぽいうったえを、なりゆきにまかせて無視している態度
イ 次女のうったえにも笑いころげて親身に相談にのってあげようとしない態度
ウ 次女のうったえにも時間とともに次第に慣れ、さりげなくあしらっている態度
エ 次女の身勝手なやみを腹立たしく感じ、あきれかえっている態度

できるのは嬉《うれ》しいのだが、ただ悩《なや》みの■aは、［ウ］オウフクの特急の窓が開かないことだ。

それを思うと、次女は憂鬱《ゆううつ》になってしまう。

「あれ、本当に困っちゃうんだなあ。風がないと駄目《だめ》なのよ、私。窓を長いこと閉め切っていると、酸素がだんだんすくなくなってくるでしょう。そうすると、もう駄目なの。窒息《ちっそく》するみたいに息苦しくなってくる。躯《からだ》がぐったりして、気分が悪くなってくる。みんな窓が開かないせいなのよ。あれ、なんとかならないかしら。」

この子は、どういうものか乗り物に弱くて、家では一番のはしゃぎ屋なのに、なにか乗り物に乗るとたちまち、［③］青菜に塩になってしまう。それでも、近頃《ごろ》は電車やバスやタクシーには馴《な》れてきたが、飛行機や特急列車は依《い》然としていけない。上と下はすこぶる元気で、食欲《よく》も旺盛《おうせい》なのに、この子一人はぐったりとして、なにか食べるとすぐ吐《は》いてしまう。とりわけ、特急でも半日がかりの帰郷の旅では、途中から、まるで病人を一人道連れにしているようなあんばいになる。いちどなどは、汽車から降《お》りても吐き気が止まらなくて、休みいっぱいを寝《ね》て過ごしたこともあった。医者に診《み》て貰《もら》うと、脱《だつ》水症状を起こしているといわれて、太い※ブドウ糖《とう》を注射された。《　ア　》

こんなことでは、せっかくの帰郷もお互《たが》いに［④］気の重い旅になってしまう。なんとか次女を乗り物酔《よ》いから救う道はないものかと、絶えず心掛《が》けているのだが、いまだに有効な方法がみつからない。酔い止めの薬も、次女には一向に効き目がない。汽車に乗り込《こ》む時間や乗り込む前の食事も、いろいろに工夫してみたが、よい効果は現れなかった。どこかで、スルメをちいさく刻《きざ》んだのをチューインガムのように絶えず噛《か》んでいると酔わないと聞いたので、それを袋《ふくろ》に入れて持たせてみたが、やはりきき目がなかった。

昔からあるおまじないのたぐい——たとえば梅干しを臍《へそ》に当てて置く、などということも、暗示にかけるつもりで［エ］ココロミテみたが、これも無駄に終わってしまった。

座席を二人分占《せん》領してぐったり横たわっている次女が、服の下から手を入れて腹《はら》のあたりをもぞもぞさせていたかと思うと、

問3　——線部②「笑い事じゃないわ。私の身にもなってごらんよ、お母さん」とありますが、次女はなぜこのように言うのですか。説明しなさい。

問4　——線部③「青菜に塩になってしまう」とはどのような状態になることですか。最も適当なものを次の中から選び、記号で答えなさい。

ア　態度が変わってしまう状態
イ　元気がなくなる状態
ウ　ねむくなる状態
エ　さみしくなる状態

問5　——線部④「気の重い旅」とありますが、「私」にとっては、どのような状態なのですか。それをたとえを用いて表現している部分を、「〜状態」に続くように、本文中から二十字以内でさがし、書きぬきなさい。

状態

［　1　］

と、まだ絆創膏《ばんそうこう》が十文字についている梅干しを手のひらにのせて出したときは、私はすっかりしょげてしまった。

　こんなことを何度も繰り返しているうちに、次女自身も我ながら情けなくて、ひそかに原因を探っていたのだろう、遂《つい》に自分で、乗り物に酔うのはその乗り物の窓が密閉されているからだということを発見した。次女の乗り物酔いの妙《みょう》薬は、次女の言葉によれば『酸素』であり、『風』なのである。次女の旅には、『酸素』と『風』が必要なのだ。《　イ　》

　実際、次女はそのことを発見してから、電車やバスやタクシーには酔わなくなった。どれも窓が開くからである。ところが、飛行機や特急列車はそうはいかない。それで、次女はいまでも、帰郷の旅が近づくたびに、

［　2　］

と恨《うら》めしそうに訴えたり、

「あァあ、また盛岡《もりおか》まで六時間の辛抱《しんぼう》か。」

などと、うんざりしたりすることになる。

　盛岡まで、というのは、私たちの町には特急は停車しないので、盛岡で普《ふ》通列車に⑤乗り換《か》えなければならないからである。盛岡で普通列車に乗り換えると、次女は早速窓際に陣取《じんど》って窓を開け、存分に『酸素』と『風』を補給する。《　ウ　》

［　3　］

　そういって話す声にも、張《は》りが出てくる。《　エ　》

　次女は、ときどき窓から吹《ふ》き込んでくる風に向かって鼻を突《つ》き出し、目を細くして、じっとしている。私は、そのときくらい次女が気持ちよさそうな顔をするのをみたことがない。まるで、好きな人の膝《ひざ》の上に背中をまるくして、ごろごろと喉《のど》を鳴らしている仔猫《こねこ》のような顔をしている。

　きのうの夕方、私は、無精《ぶしょう》していた頭があまりにもひどくなったので、昔風に七三

問6　――線部⑤「乗り換えなければならない」を次女の立場から言い換えるとするとどうなりますか。考えて答えなさい。

［　　　　］

問7　――線部⑥「ちょっと胸を突かれたような思いがした」という表現にこめられた「私」の気持ちとして最も適当なものを次の中から選び、記号で答えなさい。

ア　なんとも言いようのない心細い気持ち
イ　なんとなく気恥ずかしい気持ち
ウ　ふがいない自分の立場を責める気持ち
エ　次女の深刻さに気づきはっとする気持ち

［　　］

問8　――線部⑦からはどのような母親像が読みとれますか。最も適当なものを次から選び、記号で答えなさい。

ア　小さな子どもたちのむじゃきな行為に喜びを内に秘めつつも照れくさそうにふるまっている母親像
イ　小さな子どもたちのふるまいにおどろき、ぼうぜんとして立ちすくんでいる母親像
ウ　小さな子どもたちの度をすぎた行為を責めながらも親への強い情愛を感じている母親像
エ　小さな子どもたちの素直な行為に心から感謝し、表情豊かにその労をねぎらっている母親像

［　　］

に分けた頭が好きなおふくろをびっくりさせないように、次女を連れていつもの理髪《りはつ》店へ出掛け（中略）次女は黙《だま》って歩いたが、やがて、ねえ、お父さん、といった。

「　4　」

「それはあるよ。」と私は答えた。「あるけど、そんな汽車は各駅停車ののろくさい汽車だよ。」

「のろくさくても、上野からその汽車に乗れば、お祖母《ばあ》ちゃんのところまでゆける？」

「ゆけないね、途中で何度か乗り継《つ》ぎをしないと。お父さんが学生のころは青森行きの普通列車が何本もあったんだけど、いまは一本もなくなった。でもね、各駅停車を乗り継いでいくと、時間ばかりじゃなくてお金もかかるよ。途《と》中で一《ひ》と晩《ばん》か二晩、旅館に泊まらないといけないから。それに、食事だってそれだけ余計にしなくちゃならないし。」

次女はちょっと黙っていたが、

「私のお小遣《こづか》い、来年の春までは貰わないってことにしても、足らないかなあ。」

と、独り言のようにそういった。

その時、私は正直いって、⑥ちょっと胸《むね》を突かれたような思いがした。次女の悩みがそれほど深刻なものになっているとは思いもしなかったからである。次女の小遣いは、月々わずか三百円だが、それをそっくり一年分諦《あきら》めてしまうというのは、子供にとっては容易ならぬことではないだろうか。

ゆうべ、私は、仕事が手につかぬままに、次女が憧《あこが》れている『窓の開く汽車の旅』の思い出に耽《ふけ》った。私は、受験生時代から二度目の学生生活の前半ごろまで、窓の開く普通列車にしか乗ったことがなかった。（中略）

真夜中に、どこかのちいさな駅で、ごとりと停まる。浅い眠りから醒《さ》めて窓を上げてみると、郷里ではまだ遠かった春が微風《そよかぜ》に乗って流れ込んでくることがあった。誰《だれ》もいないホームの柵《さく》の外から枝をひろげている桜が満開で、夜明けにはまだ大分間《だいぶま》があるというのに、勿体《もったい》ないほど花を散らせているのをみたこともある。

問9 ——線部⑧「ごつっという鈍い音」から「私」は何を感じましたか。二十五字以内で書きなさい。

※書き直し用

問10 本文中に次の文を入れるとすると、その場所は《 ア 》〜《 エ 》のどこが適当ですか。記号で答えなさい。

次女は、みるみる蘇《よみがえ》る。頬《ほお》には赤みが、目には輝きが戻ってくる。

また、いつかの春の夜、どこかの駅から乗り込んできて私の前の座席に着いた中年の女の人が、窓を上げると、外のホームには、下は五つぐらいの男の子から上は小学校六年生ぐらいの女の子まで、おなじ兄弟姉妹らしい五、六人の子供らがいて、「父ちゃんに、躯に気をつけてってな。」「母ちゃんも風邪《かぜ》ひかねよに。」などと口々にいい、母親も、「あいあい、盆《ぼん》には父ちゃんと帰ってくっから。みんな喧嘩《けんか》しねよに留守をしてれや。」と答え、発車のベルが鳴ると、突然、茶目な男の子が指揮棒《しきぼう》を振《ふ》る真似《まね》をして、子供らは低い声で〈蛍《ほたる》の光〉を合唱しはじめた。

母親はびっくりして笑いだし、つぎにはあわて気味に、⑦「やめれ。やめれったら。」と子供らを軽くぶつ真似をしているうちに汽車が走り出し、ホームの灯が流れ去って外が暗闇《くらやみ》になると、母親はちいさく舌《した》打ちして窓を閉めたが、不意に、その窓ガラスに額を強く押し当てて、すすり泣きをはじめた。

あの夜の子供らの〈蛍の光〉と、母親の額が窓ガラスに立てた⑧ごつっという鈍《にぶ》い音は、まだ私の耳のなかにある。

今年の春は、窓の開く夜行列車を乗り継いで帰ろうか？　次女と一緒に、仔猫のような顔をして■b から春の匂《にお》いを嗅《か》ぎながら……。

（『少年少女日本文学館22』所収　三浦哲郎「春は夜汽車の窓から」より）

〈注〉※　ブドウ糖……衰《すい》弱が見られる時に用いる注射

問11　■a・bにあてはまる漢字一字をそれぞれ答えなさい。

a	b

問12　――線部A～Dの熟語の組み立てと同じものを次の中からそれぞれ選び、記号で答えなさい。

ア　豊富　　イ　着席　　ウ　入試
エ　地震　　オ　未来　　カ　進退

A	B	C	D

問13　＝＝線部ア～エのカタカナを漢字に直しなさい。送りがなが必要な場合はひらがなで書きなさい。

ア	イ	ウ	エ

分野別ワンポイント講座 その4 物語・随筆の読み方

物語・随筆では、登場人物や筆者の気持ちを追うことが重要です。しかし、気持ちだけを追っても得点に結びつくわけではありません。

1 背景をとらえる

気持ちを的確にとらえるには、まずその登場人物や筆者がその時点で置かれている状況や、その時点まで置かれてきた状況をふまえることが必要です。

★登場人物の生い立ち（家族構成・家庭の経済状態など）
★時代背景・地理的背景・社会情勢など
★主人公やその周囲の人物の性格や、彼らが与える影響など

性格を表現するのに覚えておきたいことば

【プラスの意味を持つことば】
素直な・快活な・明るい・やさしい・思いやりがある・繊《せん》細な・思慮《りょ》深い・分別ある・賢明な・けなげな・しんが強い・気丈《じょう》な・我慢《がまん》強い・おおらかな・献《けん》身的な・おだやかな・善良な　など

【マイナスの意味を持つことば】
気が小さい・ひねくれている・意地の悪い・単純な・意気地がない・思慮が浅い・分別がない・ずるい・計算高い・幼稚《ち》な・おおざっぱな・自分勝手な・利己的な・気が短い・悪意ある　など

2 「筋」と感情を同時にとらえる

「起承転結」は物語や随筆にもあてはまります。導入（起）から物語が展開し（承）、事件やできごとを経て（転）、結末（結）に至《いた》ります。少年少女が主人公となる物語では、何らかの事件をきっかけとした主人公の成長やめざめがテーマとなることがよくあります。それぞれの段階での人物の気持ちや気持ちの移り変わりを、そのきっかけとセットで読みとりましょう。

きっかけと感情の例

★出会い→喜び・驚き・新鮮な印象・好奇心・充実感　など
★別れ→悲しみ・喪《そう》失感・さびしさ・つらさ　など
★発見・気づき→驚き・反省・知るよろこび　など
★喪失→喪失感・悲しみ・むなしさ・孤独感・さびしさ　など
★子供であることを思い知らされる
　→無力感・くやしさ・大人へのあこがれ　など

人の心の複雑な動き

★ねたみ…人が自分にないものを持っていることをうらやみ、くやしく思う心の動き。しっと
★劣《れつ》等感…自分が人より能力や持っているものがおとっていることをみじめに思う感情
★優越《ゆうえつ》感…劣等感の逆で、自分が人に比べて能力や持っているものが優れていることを得意に思い、満足する感情
★葛藤《かっとう》……ある感情と、その感情と相反する感情の間で板ばさみになっている状態、ジレンマ

9 異文化の中の生活

学習のねらい ▼文化の多様性にふれ、「日本」を見つめ直す。

次の文章を読んで、下の問いに答えなさい。字数制限のある問題では句読点や記号も字数にふくみます。※印をつけたことばについては、本文の後に〈注〉があります。

A

国際人とは一体どんな人間のことなのか、わかっているようでわかりにくい。単に外国へ何度も行ったことがあるとか、西洋のマナーを身につけているとか、外国で知名度が高いなどということではないような気がする。［1］、外国語に※堪能《たんのう》であるというだけでも国際人とは呼《よ》べないだろう。

私なりの考えでは、「外国人を相手に自分の考えを伝えたり心を通わせることのできる人」というようなものではないかと思っている。こう考える時、①国際人たるべき最も大切な条件とは何だろうか。まず「日本人としての※アイデンティティーが確立されていること」である。これがないと国際人としての魅力《み》が半減するからである。ついで「論理的に思考し、それを論理的に表現する能力を持つこと」ではないかと思う。（中略）

［2］論理的思考を育てるにはどうしたらよいだろうか。普《ふ》通まず数学教育が頭に浮《う》かぶが、これは一般《ぱん》的に信じられているほど効果的とは思えない。数学は確かに論理の上に組み立てられているが、いわゆる論理的思考に最適《てき》の教材かどうか疑わしい。私にはむしろ、「言葉」を大切にすることが最も効果的なように思われる。言葉というものは人間の思考と深く結びついている。言葉は単なる思想の表現ではない。言葉によって思考する、という意味では言葉が思想を形作るとさえ言える。

問1 ［1］～［3］にあてはまることばとして適当なものをそれぞれ次の中から選び、記号で答えなさい。

ア なぜなら　イ それでは　ウ しかし
エ つまり　オ また

1	2	3

問2 ◆A～Cには体の一部を表す漢字が入ります。それぞれ漢字一字で答えなさい。

A	B	C

問3 ——線部①「国際人たるべき最も大切な条件」とはどのようなことですか。文章Bから「こと」につづく形で四十五字以内でさがし、はじめと終わりの五字ずつを書きぬきなさい。

□□□□□～□□□□□

問4 ——線部②「このような観点」とはどのような考えですか。「国際人」「言葉」「思考」という三語を必ず使い、まとめなさい。なお、指定語句（「国際人」「言葉」「思考」）の右側に——線を引いておくこと。

思考と言葉とはほとんど区別の出来ないほどに一体化している。この意味で、論理的言葉を大事にするということは、論理的思考を大事にすることに等しい。

②このような観点から、国語教育を充《じゅう》実徹《てっ》底させることが第一と思われる。※なかんずく「論説を書く」とか論理的言葉の応酬《しゅう》としての「討《とう》論」を、中学や高校などで科目として取入れることは面白いかも知れない。論理的思考の絶好の訓練となろう。洞察《どうさつ》力に恵まれた日本人にとって、意思の疎《そ》通に言葉を必要としないことはしばしばある。[3]、我々が国際人として生きようとする限り、論理的言葉から逃れられないことは明らかに思われる。

（藤《ふじ》原正彦《ひこ》『数学者の言葉では』より）

B

私の友人にベルギー人と結婚《こん》した日本人音楽家がいる。彼女《かのじょ》の◆A痛の種は、二歳《さい》になる一人娘《むすめ》をどの学校に入れるかである。国際都市ブリュッセルには各国語の学校があり、学校を選ぶということは母国語を選ぶことを意味する。選択肢《たくし》がいくつもあるが故《ゆえ》に、しばしば③夫と口論になると言う。ベルギーでは地域《いき》により仏《フランス》語あるいはオランダ語系のフラマン語が話されている。二つの地域が入り組んでいるため、車で走ると道路標識の地名が突《とつ》然に変わり、旅行者を慌《あわ》てさせる。

彼女の夫はフラマン語系だから、当然娘にもフラマン語と主張する。彼女の方は、フラマン語を方言の一つ位《ぐらい》にしか見なさず、どうせなら唯一《ゆいいつ》の国際語であり夫婦間の言語でもある英語、あるいは日本語と考える。④二人に譲《ゆず》る気配は今のところなさそうである。

夫妻が東京で開いたパーティーに招かれた。案の定《じょう》、娘の学校が話題に上った。私が「何語で話すかより、何語で読書するかが決定的と思う」とつい◆Bを滑《すべ》らせたら、夫の方が◆C色を変えた。フラマン語の文学作品が、少なくとも量では英語や日本語に敵《かな》わないと思ったのだろう、「重要な本はほとんどフラマン語に翻《ほん》訳されているから何の問題もない」と吐《は》き捨てるように言った。彼はその晩《ばん》中ずっと不機《き》嫌《げん》だった。彼女がそっと日本語で、「学校の問題になると彼ったら人前でも興奮《ふん》する

問5 ——線部③「夫と口論になる」とありますが、そうなってしまう最も大きな理由は何ですか。次の中から最も適当なものを選び、記号で答えなさい。

ア 各国語の学校があり、選択肢が多いため。
イ 学校を選ぶことが、母国語を選ぶことになるため。
ウ ベルギーではフランス語とオランダ語系フラマン語を話す地域が入り組んでいるため。
エ 学校の問題になると夫が人前でも興奮するため。

書き直し用

の」と言った。

⑤ベルギーのような列強※に囲まれた小国では、人々は生活の知恵として大《たい》てい二〜三カ国語を不自由なく話す。それでもこと母国語となるや、がぜん激しい執着《しゅう》を示すのは、それが自分のすべてであると考えるからだろう。母国語が単なる伝達の手段でなく、民族としてのぎりぎりのアイデンティティーでもあることを、歴史の荒《あら》波を生き延《の》びた血が覚えているからだろう。

母国語に対する思い入れの強さはベルギー人ばかりでない。ニューヨークに住むイレーヌは、一九二〇年代に祖父母が東欧《とうおう》から移住した、※ユダヤ系三世だが、ヘブライ語の読み書きに不自由しない。幼少の頃《ころ》から家庭で叩《たた》き込《こ》まれたという。ユダヤ系イギリス人のジェーンは、スコットランドで生まれ育ったが、民族の言葉に磨《みが》きをかけるという目的で、大学を出てから、わざわざイスラエルに留学した。⑥母国語とはそういうものである。

我が国では今、国際人育成ということで、小学校での英語導入が検討されている。外国語修得が早ければ早いほどよいことは認《みと》めるが、小学校は何はともあれ母国語の基礎《そ》を固める時期である。国際人コンプレックスによる本末転倒《とう》と言えよう。そもそも※流暢《ちょう》な英語は国際人の資格ではない。訛《なま》りがあって一向に構わない。英米人とは親戚筋《せきすじ》の欧《おう》州系の国際人でさえ、訛りだらけの英語を堂々と話している。ドイツ人、フランス人、スペイン人、インド人、中国人、日本人が英語で話すのをテープで聞いて、それぞれの国を言い当てるのは［⑦］。流暢な英語は世界のほんの数パーセントの人々のもので、訛り英語こそが公認《にん》国際語なのである。

日本史でなく世界史が高校で必修となったのも、⑧「国際人」のためである。私は四年余り欧米に暮《く》らしたが、もっと勉強しておけばよかった、と思ったのはいつも日本史や日本文学の方だった。

幕末から明治中期にかけて、主に下級武士出身の者がかなり海外に渡航《とこう》したが、彼等の多くは現地の人々の賞讃《さん》を博したという。彼等は流暢な英語も、洗練された

問6 ――線部④「二人に譲る気配は今のところなさそうである」とありますが、おたがいに譲らないのはなぜですか。次の文の□に入ることばを指定された字数で文中からそれぞれさがし、書きぬきなさい。

夫はフラマン語が［A 六字］であると考えるが、妻は［B 十五字］でもある英語か、音楽家としての彼女に個性をもたらしてくれた日本語を学ばせたいと考えるから。

問7 ――線部⑤「ベルギーのような」は、どの語にかかっていますか。一語で答えなさい。

問8 ――線部⑥、母国語とはどういうものですか。最も適当なものを次の中から選び、記号で答えなさい。

ア 歴史の荒波を生き延びた血が覚えているもの
イ 幼少のころからたたきこまれて教えられるもの
ウ それぞれの民族ごとに強い思い入れがあるもの
エ みがきをかけるために数年留学をして学ぶもの

西洋マナーも、世界史や世界地理の知識も、さして持ち合わせていなかった。彼等が体得していたのは、古典や※漢籍《せき》の教養そして武士道精神くらいだった。これらに裏《うら》打ちされた行動基準や品格が、人々に感銘《めい》を与えたのである。

真の国際人になるのに最重要なのは、自国のよき文化、伝統、情緒《ちょ》をきちんと身につけることであり、郷土や祖国への誇《ほこ》りや愛情を抱《いだ》くことである。たとえ外国語が堪能であっても、これら基盤《ばん》なくしては、国籍《せき》不明人にはなれても国際人にはなれない。このような心なしに、他国人のそんな心を理解することも、尊敬することもできないからである。

これら基盤は、世界に出た際、そのまま個性として光るものである。それぞれの民族の血の中に流れているものこそが、結局は最も深い魅力として映るのである。

娘の学校で揺《ゆ》れる友人はかつて私に、日本人としての確固たる基盤が、音楽の世界でも個性として輝《かがや》く、と語った。ベルギーに住みながら日本語教育を容易に諦《あきら》めないのも、そのためだろう。そして私と同じように、異国の地で西洋文化に圧倒され挫《ざ》折しかけた時、美しい日本に生まれたという誇りが、かろうじて最後の拠《よ》り所となったこともあったのかも知れない。

（藤原正彦『父の威厳《いげん》　数学者の意地』より）

〈注〉※堪能……すぐれていること

※アイデンティティー……自分が他の誰《だれ》ともちがう自分であるということについての自覚

※なかんずく……なかでも。とりわけ　※列強……強大な国々

※ユダヤ系～……ユダヤ人はローマに国を滅ぼされてから世界各地に分散していたが、一九四八年にイスラエル国として独立。ヘブライ語はイスラエルの公用語のひとつ

※流暢な……なめらかな　※漢籍……漢文の書物

問9　⑦ に入ることばを五字以内で考えて書きなさい。

問10　――線部⑧で、国際人に「　」がつけられているのはなぜですか。その理由として最も適当なものを次の中から選び、記号で答えなさい。

ア　なめらかな英語を話す真の意味での国際人は、世界中に数パーセントしか存在しないものだから。

イ　国際人育成の重要性を強調したいから。

ウ　世界史や世界地理の知識を持ち合わせていなくても国際人と呼べる人が昔の日本にはいたから。

エ　世界史を知っていることが真の国際人の条件になると筆者は考えていないから。

問11　文章A・Bの説明として最も適当なものを次の中から選び、記号で答えなさい。

ア　A・Bともに国際人とはどのような人か論じているが、文章Bのほうがより具体的に述べている。

イ　A・Bともに母国語を身につけることでしか民族性に磨きをかけることはできないと述べている。

ウ　Bはどのようにしたら日本語を国際語として通用させることができるか具体的に述べている。

エ　A・Bともに母国語の習得の大切さ、とりわけ母国語で話し合うことの重要性を説いている。

10 まとめ6

学習のねらい ▼総合演習

次の文章を読んで、下の問いに答えなさい。字数制限のある問題では句読点や記号も字数にふくみます。※印をつけたことばについては、本文の後に〈注〉があります。

十年ほど前、※ボルドーの近くを走っていて、くるまの接触《せっしょく》事故《こ》をおこしたことがある。人身には何の影響《えいきょう》もなかったし、こちらの日本製の車体がへこんだくらいで、何と日本のくるまは弱いんだとAいまいましいくらいのものであったが、——それにこちらにも言い分があり、相手にもB幾分《いく》の非《ひ》があったのだが——。

それでも口をついて出たのは「すみません」ということばであった。相手は※朴訥《ぼくとつ》な農民夫婦《ふ》で「はじめてパリへ行って無事故で帰ってきたのに……」と愚痴《ぐち》をさんざん並《なら》べていた。

しばらくして「しまった」と思った。「すみません」とは、あやまり文句である。こちらがあやまってしまえばもうそれでおしまい。非はすべて当方がかぶらねばならない。

そのことは、フランスへ来て、くどく言われていたのだ。問題をおこしたら、ぜったいにあやまってはいけない。こちらの責任がいくら明白なときでも、まず「汝《なんじ》ニ咎《とが》アル（あなたが悪い）」と言うべきである。そうでないと、賠償《ばいしょう》責任はすべてこちらが負わねばならぬ。「すみません」とは口が裂《さ》けても（——はちと大げさだが）言ってはならぬ。自動車保険の契約《けい》の注意書にさえ「事故のときにあやまってはならぬ」と書いてある。にもかかわらず、日本人である私はつい「すみません」と言

問1 ——線部A「いまいましい」、B「幾分の」の文中での意味として適当なものを次の中から選び、記号で答えなさい。

A ア じれったい　イ がまんできない　ウ なげかわしい　エ 腹立たしい

B ア たくさんの　イ 多少の　ウ 余計な　エ わずかな

A	B

問2 ——線部①「人は彼を尊敬し、そして簡単に殺してしまう」とありますが、これと反対の内容を表す部分を、文中から二十字以内でさがし、はじめと終わりの五字を書きぬきなさい。

□□□□□ ～ □□□□□

問3 ——線部②「物を言っているのは、文化の型である」とはどういうことですか。次の中から最も適当なものを選び、記号で答えなさい。

ア 「悪かった」とあやまることで許してもらえるように、くどくどと説明しなくてもおたがいの心が通じ合う日本のような国もあるということ

イ 「悪かった」とあやまることで許してもらえるように、その国のやり方を学ぶことが大切で、ちがったやり方をしてもむだであるということ

ウ 「悪かった」とあやまることで許してもらえるよう

ってしまった。習慣はおそろしいものである。

リリアーヌ・エルという女性は「あやまるということ」というエッセイの中で、日仏比較文化のおもしろい観点を出している。日本人は簡単にあやまる。フランス人はなかなかあやまらない。どうしてか、という問題である。彼女の引いている例は、仲間《なか》を裏切《うら》ったやくざが、のちに仲間にリンチを受けるというテレビドラマの場面である。彼女《かのじょ》は同じ状況《じょうきょう》を描《えが》いたドラマを日本とフランスで見た。状況と結果はまったく同じである。どちらも、見下げた奴《やつ》として仲間に憐《あわ》れまれ、ゆるされる。ところが、その過程《てい》の、憐みを乞《こ》う文句がちがう。日本だと「悪かった！　許してくれ」と言い、フランスだと「おれが悪いんじゃない！　殺さないでくれ」と言う。まるで正反対である。

ここで私が言いたいのは、フランスでの「自分が悪かった」ということばの重みである。神の前で自己の全人格を否認《ひにん》するということ、それが自分の悪をみとめるということである。これは勇気ある行為《い》である。もし、やくざがそんな勇気ある行為を示せば、①人は彼を尊敬し、そして簡単に殺してしまうだろう。（中略）憐みを乞う場合は、状況が悪かったとくどくどと弁解しなければならないのだ。

日本ではちょうど逆である。弁解すれば、憐みはかけてもらえぬ。弁解は理屈《くつ》であり、理屈は卑怯《ひきょう》である。ただ一言、悪かったとあやまる。この頭を下げるというのが、日本社会でゆるしのえられる唯一《ゆいいつ》の行為である。

「悪かった」と言っても、日本では勇気ある行為とはいえない。みんな、いつでも「悪かった」とあやまる。つまり社会的定型である。人は、定型によって憐みを求め、定型によって憐みを与《あた》える。②物を言っているのは、文化の型である。（中略）

絶対の罪というものはない。しかし、おたがいに小さな悪、小さな迷惑《めいわく》をかけあっている。（中略）だから、たえず「すみません」と言う。「すみませんで済むか」と言われればその通り、といった重大な場面では、「ではどうすれば済むのですか、あなたの気持ちの済むようになさってください」という「すみません」の語源に迫《せま》

に、その国の文化によって対応のしかたが決まっており、そのしかたでやればうまくゆくということ

エ　「悪かった」とあやまることで許してもらえるように、それぞれの国にそれぞれ異なった対応のしかたがあり、個人的にそれを変えようとしても無理であるということ

□

問4　□に入ることばとして最も適当なものを、次の中から選び、記号で答えなさい。

ア　反抗《こう》であり皮肉である
イ　反対であり無視である
ウ　同調であり賛同である
エ　同情であり愛着である

□

問5　——線部③で「日本ふう」に「　」がついているのはなぜですか。その理由の説明として最も適当なものを次の中から選び、記号で答えなさい。

ア　外国人は全くの誤解をしており、それは決して日本ふうではない、ということを強調したいから。
イ　そうすることがいかにも日本ふうであると外国人の目には映っていると強調したいから。
ウ　それこそが日本ふうであり、日本人の本当の姿をうまく映し出していることに感心しているから。
エ　おおげさな表現だが、日本ふうのあやまり方をよくまねていることに感心しているから。

□

るような科白《せりふ》も出てくる。もっとも「どうすれば済むのか」という反問じたい、あやまる文化の型にそむいている。これは日本では［　　］。

というわけで、もっぱら私たちは腰《こし》を低くしている。日本文化の型になじんだ外国人のなかには、腰を――というより背《せ》をかがめて愛想《あいそ》笑いをふりまく人もいる。いつだったか、約束をたがえた外国人がおり、その人物、次に私に会ったとき、③彼は「日本ふう」に背を海老《えび》のようにまげ、謝罪したものである。その極端《たん》な姿《し》勢におどろいた。私たちは、外国人という鏡に映った自分たちの文化の姿《すがた》におどろくのである。

エルさんはフランス人の論理好きには、二つ種類があるという。客観的、普遍《ふへん》的な論理と、もう一つは、自分の立場をあくまで正当化しようとする論理癖《へき》と、である。④後者の、いわばフランス人の癖《くせ》のようなものが前者を形づくり、前者が逆に、後者の癖を助長するということがあるのだろう。

とりあえずあやまるという日本文化には、人と人とのつながりをなめらかにするという普遍的知恵に通じるものがある。同時に、何でも「すみません」で通そうとするあつかましさもある。済むとか済まないとか――そんなことを意識しないで、ともかく「すみません」と言っている。感謝でも謝罪でもない。「すみません」というのは、あやまる文化の型をつたえることばである。同時に、安直なことばでもある。後者はむしろ、伝統をなしくずしにする面がある。

ひとつのことばをめぐって、伝統と、それをなしくずしにしようとする力と、その双方《そう》がせめぎあっているようである。

ことばはむずかしいものである。ことばの解釈《しゃく》もむずかしいものである。外国人は、あやまる文化に卑屈さを見いだして憤慨《ふんがい》したり、逆に人との調和をめざす美風を見いだして感心したりするが、事は（少なくとも今は）それほど簡単ではないように思われる。

（多田道太郎『日本語の作法』より）

〈注〉※ ボルドー……フランスの南西部にある港町　※ 朴訥な……素朴な

問6 ――線部④「後者の、いわばフランス人の癖のようなものが前者を形づくり」とありますが、これは具体的にはどういうことですか。その説明として最も適当なものを次の中から選び、記号で答えなさい。

ア フランス人は理屈好きで、何でも論理的に考える力があり、私は悪くない、と自分の立場を正当化する時もうまく筋道立てて説明できるということ

イ 論理好きなフランス人の論理癖が、私は悪くない、と自分の立場を正当化することにもうまく働き、相手に理解させる助けとなっているということ

ウ 私は悪くない、と自分の立場の正しさを筋道立てて説明するためには、無理をしてでも理屈を考え出す力が必要であり、だれもが論理好きにならざるを得ないということ

エ 私は悪くない、と自分の立場を正当化するその説明のしかたが、相手に正しく理解されるように工夫されていって、だれでもが使え、理解できるものになってゆくということ

［　］

問7 ――線部「日本人は簡単にあやまる」とありますが、あやまることは日本の文化の中でどのような役割をはたしていますか。それが最もよくわかる一文を文中からさがし、はじめの五字を書きぬきなさい。

［　］［　］［　］［　］［　］

本を読もうよ！2

★第Ⅱ期で題材となった本の紹介★

	収められている本の題名	著作者名	出版社
1	わたしの動物家族	加藤幸子	朝日新聞社
2①	伊藤桂一詩集	伊藤桂一	土曜美術社
2②	ラジオ歳時記　俳句は季語から	鷹羽狩行	講談社
3	クオレ	デ・アミーチス	文芸春秋
4	庭の恵み　古人とともに	竹西寛子	河出書房新社
5①	読書の旅	森本哲郎	講談社
5②	私にとっての二〇世紀	加藤周一	岩波現代文庫
6①	あさっての風	三浦綾子	角川文庫
6②	まちがったっていいじゃないか	森　毅	ちくま文庫
7	ルノワールは無邪気に微笑む	千住　博	朝日新書
8	少年少女日本文学館22	三浦哲郎	講談社
9	数学者の言葉では	藤原正彦	新潮文庫
	父の威厳　数学者の意地	藤原正彦	新潮文庫
10	日本語の作法	多田道太郎	創拓社

▼名作に親しもう！

小学校高学年の児童を対象に行った読書に関するアンケートで、「よく読む本は何ですか？」という質問に対しては、約六割が「小説や物語」と回答。「小説や物語」は読みものとして人気が高く、親しまれていることがわかります。「春は夜汽車の窓から」が収められている、『少年少女日本文学館（講談社）』には『坊っちゃん』『銀河鉄道の夜』が、『少年少女世界文学館（講談社）』にも『クオレ』『ああ無情』など不朽《きゅう》の名作がもりだくさん。

物語を読んでいて意味がわからない表現があったとき、どうしていますか？　そんなときは辞書を引いて調べる、というのが理想ですが、面倒くさいというのが本音ですよね。先の『少年少女文学館』シリーズでは、語注がくわしく載《の》せられているので、「このことば、わからないなぁ」なんて感じたときに同じページに注が載せられているのでとても便利です。どんどん読み進んでいけば、語彙《い》も増え、長いお話を読みこなす「読書の体力」も徐《じょ》々についていくことでしょう。

小学国語

読解の応用

Ⅲ

1 第Ⅱ期のおさらい

学習のねらい ▼総合演習

次の文章を読んで、下の問いに答えなさい。字数制限のある問題では句読点や記号も字数にふくみます。※印をつけたことばについては、本文の後に〈注〉があります。

二〇〇〇年、三〇〇〇年と続いてきた本の文化の中で、あるいは本を友人とする人間の生活の中で人間が本の中に見てきたものは、①二一世紀の初めに立っているわたしたちが本に求めているようなものだけでは、必ずしもなかったはずです。本を通して、本に書かれていないものを想像するちから、あるいはその本によって表されているものではないものを考えるちからを、わたしたちは長い間、本から得《え》てきたのだったからです。

本という文化が長年かかって培《つちか》ってきたものは、本に書かれているものを通して、そこに書かれていないものを想像させるちからです。今日、わたしたちの社会がぶつかっている問題は、書かれていないものを必要とする考え方をなくしてしまったことに[ア]キインしている、そのためにとまどっているように思われるのです。

本というのは、②とてもおもしろい性質をもっています。本は言葉で書かれています。言葉というのは、日常にあって特殊《しゅ》なものではありません。ごくごく普《ふ》通に、そこにもここにもあるものにすぎません。誰《だれ》も③占《せん》有できないもので、[イ]ビョウドウなものは言葉です。言葉は、たとえば楽器とは違《ちが》います。ピアノの音は、日常のなかにある音とは違います。[A]、台所にあるのは水の音だったり、ガスの炎の音だったり、[ウ]ホウチョウの音だったり、日常にあるのは何かをしていて自然に出てくる

問1 ——線部①「二一世紀の初めに立っているわたしたちが本に求めているようなもの」とはどのようなことでしょうか。次の中から最も適切なものを選び、記号で答えなさい。

ア 人びとに深い感動をよびおこすこと
イ 読みごたえがあり、時間つぶしになること
ウ 読むだけで必要な情報が得られること
エ 書かれていないものに対する想像力をかきたてること

問2 ——線部②、本のどのようなところを指して「おもしろい性質」だと筆者は述べているのですか。文中のことばを使って説明しなさい。

問3 [A]～[C]に入ることばとして適当なものをそれぞれ選び、記号で答えなさい。

ア すなわち
イ けれども
ウ それとも

音ですが、ピアノの音はピアノという楽器だけがつくりだす音です。ピアノなしにはない音です。音楽という表現をささえてきたのは、日常にない音なのです。

[B]、だれが、どこで、何をしていても、言葉はつねにそこにあります。「おはよう」とか、「そのはずだよ」とか、「いやだ」とか、「雨が降《ふ》っている」とか、「遠くへゆこう」というふうに、言葉は当たり前のものとして、そこにあります。そのように、どこにでもあるものとしての言葉をつかってつくりだされてきたのが、本です。文化とよばれるものをふりかえって考えるなら、たいがい日常にないもので何かをつくりだすというのが、人間にとっての文化の歩みをつくってきたことに気づきます。

本の歴史は違います。言葉は、つねに日常のなかにしかなく、日常のなかにあることができなくなってしまえば、言語は消えてなくなってしまいます。言語がなくなれば、その文化は途絶《とだ》えます。※ロゼッタ石や※死海文書《もんじょ》や※敦煌《とんこう》の遺跡《いせき》など、失われた言語の解読が遥《はる》かコウセイ（エ）のわたしたちの目の前によみがえらせたのは、もはや滅《ほろ》んだ言語とともに生きていた人たちの喜びや悲しみまで含《ふく》めて、その生活の文化の全体、[C]失われた日常でした。

たった一つ遺《のこ》された文字があれば、[④]といったものまで想像することができるのが文字です。

書かれていないものを想像するちから、表されているものではないものを考えるちからを伝えることができるという本のちからに思いをこらす⑤ことなく、本を表現の道具やメディアの※媒体《ばいたい》にすぎないとしてしまうと、⑥長い歴史をかけて、本がわたしたちのあいだに生みだし、もたらしてきているものが何か、見えなくなってきてしまいます。あるいは、そうした見えないものへの想像力に対して、およそ傲慢《ごうまん》な人間になってしまいます。

今日、人間がもっているいちばんのキケン（オ）は、人間が偉《えら》いのだと思いすぎていることかもしれません。伝承によって、文字によって、そうして本によって、わたし

エ　たとえば

A	B	C

問4　――線部③「占有」、⑤「こらす」の意味として最も適当なものを次の中からそれぞれ選び、記号で答えなさい。

③　占有
ア　作り出す　イ　一人じめする
ウ　使いこなす　エ　思いつく

⑤　こらす
ア　繰り返す　イ　分散させる
ウ　集中させる　エ　批判する

③	⑤

問5　[④]に入る内容として最も適当なものを次の中から選び、記号で答えなさい。

ア　その文字がすたれたために現在使われている文字が生まれるまでの経緯《い》
イ　その文字に記されていない生活、その人たちの生きた文化、文明
ウ　その文字がなくなったために、その文化が途絶えたという歴史
エ　その文字で表記されている人びとの喜びや悲しみなどの日常

たちに手渡されてきた、ここにあるもののむこう側にある、もう一つの文化というものの大事さ、人が死んだあとにものこってゆくもう一つのもの、「ずっとある」ものに対する想像力が、今はなんだかひどく削《そ》がれているように思います。

友人としての本というふうに考えるというのは、たくさん時間があって、たくさん本を読めたらいい、というようなことではないのです。本は、人間のあり方、人生のつくり方、毎日毎日の過ごし方、そういうところに密接に、深く係わってきた。そのような本と自分との係わり方を、自分の日々に、あらためて自覚してみちびくべきではないのだろうか、ということです。（中略）

本を開けると、初めに始まりがあり、最後にはおしまいがあります。⑦それが当たり前というのが本であり、本のそなえる特質です。（中略）

始まりがあって終わりがあるというのは、人間の生き方そのものです。生まれてきたときが始まりで、死んだときがおしまいです。そのために、本のありようは、しばしばそのまま人間の一生のありようを指すというふうに感じられてきました。「人生の最初の一●1」という言い方があり、「●2間を読む」という言い方があります。「一●3の終わり」と言えば、一●3が意味するのは人生です。

（長田弘『読書からはじまる』より）

〈注〉
※ ロゼッタ石……エジプトのロゼッタという町で発見された紀元前の石碑《ひ》。三種類の文字でかかれており、古代文字解読の手がかりとなった
※ 死海文書……イスラエルの死海北岸の洞《どう》くつで発見された、旧約聖書の断片をふくむ文書。紀元前二～紀元後一世紀に書かれた
※ 敦煌の遺跡……中国の仏教遺跡。四～十四世紀にわたって掘《ほ》られた約千の石くつからなる。古文書、経典、図画、仏像などが発見されている
※ 媒体……ものごととものごとの間でなかだちをするもの

問6 ——線部⑥とは何ですか。33行目より前の文中から三十五字以上四十字以内でさがし、はじめと終わりの五字ずつを書きぬきなさい。

□□□□□～□□□□□

問7 ——線部⑦「それ」の指す内容を「こと」につづく形で十五字以内で文中から書きぬきなさい。

□□□□□□□□□□□□□□□こと

問8 ●1～3に入る語としてふさわしいものを次の中からそれぞれ選び、記号で答えなさい。（二つの●3には同じものが入ります。）

ア 冊《さつ》　イ 頁《ページ》　ウ 巻《かん》
エ 枚《まい》　オ 行《ぎょう》

1	2	3

問9 ——線部ア～オのカタカナを漢字に直しなさい。

ア	イ	ウ	エ	オ

2 悲しみ、哀しみを味わう①

学習のねらい ▼人の心の陰影を読み取る。

次の文章を読んで、下の問いに答えなさい。字数制限のある問題では句読点や記号も字数にふくみます。※印をつけたことばについては、本文の後に〈注〉があります。

「深大寺《じんだいじ》のおじい」が死んだとき、克子《かつ》は十三歳《さい》になったばかりだった。

※駆《か》け落ち同然で東京を飛び出し、神戸の男のもとへ嫁《とつ》いだ母は、克子を産んでまもなく離婚《りこん》し、東京に舞《ま》い戻ってくることになった。それから今日に至《いた》るまで母は克子を女手ひとつで育ててきたわけだが、ともすれば大切な何かが欠陥《けっかん》しがちな片親の家庭を、目立たぬながらも確実に支えていてくれたのが「深大寺のおじい」だった。

おじい、おじいと克子は呼《よ》んでいたが、深大寺に住んでいたその老人が克子の実の祖父であるわけではない。血のつながった祖父、[A]母の父親は、母が反対を押《お》しきって神戸に嫁いで以来、ずっと音信不通になってしまっている。（中略）東京に戻ってきていることは知っているくせに電話一本、手紙一通よこさない。そうなってしまってからが十年以上なわけだから、①お互《たが》いちょっとだけ意地を張ったつもりが収まりがつかなくなって、意地を張ったまま固まってしまったという感がある。母の母、つまり克子の祖母が生きていればまた事情も違《ちが》ったろうが、克子の母は幼いころに母親を失《な》くしている。

女だけの生活の不自由さは、察しがつくだろうに、結局冷たいのよね、②あのひとはと、母はひと言で片付けてしまおうとする。[B]心の中では③そう簡単に片付か

問1 文中の[A]～[D]に入ることばとして最も適当なものを次の中から選び、記号で答えなさい。ただし、記号は一度ずつしか使えません。

ア けれど
イ つまり
ウ だから
エ そして

A [　] B [　] C [　] D [　]

問2 ――線部①「お互いちょっとだけ意地を張ったつもりが収まりがつかなくなって、意地を張ったまま固まってしまった」とありますが、克子の祖父が克子の母に対してどのように意地を張っていたかが分かる一文を文中からさがし、はじめと終わりの五字ずつを書きぬきなさい。

[　　　　　]～[　　　　　]

問3 ――線部②「あのひと」とはだれを指していますか。「克子の～」という形で答えなさい。

克子の[　　　　]

ない何かがあるであろうことが、十三歳になった克子には判《わか》る。

深大寺のおじいは、国立《くにたち》で古くから衣料問屋を営んでいる母の父——つまり克子の祖父のところへ出入りしていた仕出し業者だった。母のことを「おねえさん」と呼ぶのは、母に弟がいたせいだろう。「おねえさん」と呼ばれるときの母は、ちょっとだけ昔に戻るようで、よくおじいと娘《むすめ》時代の話をしていた。そうしてそのほとんどが、自分の父親の悪口だった。早くに妻を亡くした克子の祖父は※後添《のちぞ》えをもらう暇《ひま》もないほど商売に熱中していたのだろう、子どものころは淋《さび》しい思いばかりしていたと、母は④こぼす。

——淋しい思いって、どんな？

おじいと母の話に克子が口をはさむと、母は遠い昔を思い浮《う》かべるように目を細めながら言った。

——朝起きてもだあれもいなくて、朝ごはんも晩ごはんもひとりっきりで食べたし……。

——なんだア。そんなん、克子と同じだよオ。

口をとがらせて克子が言うと、聞いていたおじいが大きな声で笑った。克子を育てるために母も外へ働きに出ているから、ごはんの支度《したく》や家の中のことは半分克子の分担だ。⑤母ははじめて気付いたように、あらッ、そういえばそうね、と言い、自分も上を向いてケラケラと笑った。

東京に戻ってきたのはまだほんの赤ん坊のころのことだから、克子はちっとも憶《おぼ》えていないのだけれど、落ち着き先を決めるのにも随《ずい》分苦労したらしい。駆け落ちの末の出戻りということもあって親類縁者に頼《たよ》るわけにもいかず、⑥途《と》方に暮れていた母の脳裏《のうり》に浮かんできたのが、深大寺のおじいの⑦「仏さまのような」顔だったのだという。

それからはもう、深大寺のおじいに頼りっぱなしで、移り住むことになったアパートの保証人になってくれたのもおじいなら、引っ越《こ》しの煩《わずら》わしい手続きをやって

問4 ——線部③「そう簡単に片付かない何か」とありますが、それを克子はどのようなものだと考えていますか。最も適当なものを次の中から選び、記号で答えなさい。
ア 親一人子一人の生活には絶えず不安がつきまとう、ということ
イ 仕事が忙しく克子の相手を十分にしてやれない、ということ
ウ 東京で暮らしてゆくには経済的に大変だ、ということ
エ 親子のきずなはたやすく断ち切ることができない、ということ

問5 ——線部④「こぼす」、⑥「途方に暮れていた」、⑨「堰を切った」の文中での意味として最も適当なものをそれぞれ選び、記号で選びなさい。
④ ア つぶやき声で言う　イ 不平を言う　ウ 思い出して言う　エ 思わず涙する
⑥ ア 遠慮していた　イ 困り果てていた　ウ あきれ返っていた　エ あわてていた
⑨ ア あふれ出した　イ せきこんだ　ウ 逆流した　エ 飲みこまれた

④	⑥	⑨

くれたのもおじいである。そういうふうに、ことあるごとに克子と母を助けてくれたおじいだが、母が今でもことに触《ふ》れ言うのは、アパートに移った晩、おじいが鍋《なべ》いっぱいのカレーを持って来てくれた、ということである。

あの時のカレーライスほどおいしかったものはない、母はいつもそんなふうに言う。味そのものよりも、おじいの心遣《づか》いが、⑧母の気持ちの空腹を満たしたのであろう。カレーライスは幼いころの、母の大好物だったのだという。

おじいも若いころに最初の奥さんを亡くしていて、二度目の奥さんは母と克子が東京に来てから亡くなってしまった。どちらとのあいだにも子どもはなく、［C］母のことを娘のように、［D］克子を孫のように思っていてくれたのかもしれない。祖父も父もいない克子にとっては、おじいは両方の役割を果してくれる人だった。

残業の母が遅《おそ》くまで帰ってこられない日は夕飯を作りに来てくれることもあったし、母に内緒《しょ》で小遣いをくれたりもした。そうであるから、おじいが死んで、克子は祖父と父をいっぺんに失うことになった。

葬《そう》式に集まってきたおじいの親戚《せき》という人びとは、甥《おい》や姪《めい》や、それよりも縁の遠い人ばかりで、誰《だれ》もみな遠くに住んでいた。克子は強い目でそれらの人々を見つめながら、ただ口をぴったり閉じて坐《すわ》っていた。強く睨《にら》むような目つきをしたのは、その人たちが嫌《いや》だったからというわけではなくて、ただそういうふうにカッと見開いていないと、あとからあとから涙《なみだ》が流れ出て頭の中がぐずぐずになるからだった。

身を固くして坐っている克子のそばに、おじいの甥だとか従兄弟《いとこ》の子だとかいう人が寄って来た。

「これ、奥さんに」

克子の隣《とな》りに坐っていた母が、少しどきりとしたような顔で男を見返した。スッ

問6 ——線部⑤「母ははじめて気付いたように、あらッ、そういえばそうね、と言い」とありますが、この時の「母」について説明したものとして、最も適当なものを次の中から選び、記号で答えなさい。

ア　自分の寂しさに比べれば、克子の苦労はたいしたことはないと思っている。
イ　いつのまにか自分の思い出を現在の克子に重ね合わせようとしている。
ウ　娘時代の思い出話に夢中になっていたが、ふと我に返って現実に引き戻された。
エ　克子のつらさはよく分かるが、あえて気づかないようにふるまおうとしている。

問7 ——線部⑦「『仏さまのような』顔」という表現から、「母」が「深大寺のおじい」をどのような人物だと思っていることがわかりますか。次の中から必ずしもあてはまらないものを二つ選び、記号で答えなさい。

ア　困った時に救ってくれるなさけ深い人物
イ　人徳があって、包みこんでくれるような人物
ウ　俗《ぞく》世間とはかけはなれた、神にも等しい人物
エ　柔和《にゅうわ》でやさしく、温厚な人物
オ　自らの哲《てつ》学を確立していて頼りになる人物

と男が差し出したものは、一枚の葉書だった。

「おじさんが死んだとき着てたズボンのポケットの中にね……」

「これが……？」

男は黙《だま》って頷《うなず》いてから、説明のように付け足した。

「僕《ぼく》らはよく事情が判らんから。――ただ宛《あて》名にあった名前の苗《みょう》字が、奥さんと同じだったもんですから…」

宛名にあるのは、言うまでもなく母の父の名だった。母は震《ふる》える手で、ようやく葉書を受け取った。

> 拝啓《はいけい》
>
> おじょうさんは元気です。かつ子ちゃんも元気です。かつ子ちゃんはいちだんとせいがのびたようで、学校ではうしろから三ばんめだそうです。会いにこられたら、きっとびっくりされるでしょう。おひまを見つけて、ごれんらくいただければと思います。
>
> おじょうさんはつよがっておられますが、ほんとうはおさみしそうです。ぜひ※小生《しょうせい》にごれんらくくださいますよう。お会いになられれば、きっとよろこびますでしょう。
>
> だんなさまもお体に気をつけて。ごれんらくを待っています。
>
> 敬具

お世辞《せじ》にも上手とは言えぬ、曲がりくねった万年筆の字の上に、ポタリと水滴《てき》が落ちて黒いインクがにじんだ。我慢《がまん》していたものが、いちどに⑨堰《せき》を切ったのだろう。すすり泣きの声が次第に大きくなり、母はやがて俯《うつぶ》した。克子ももう目を見開いてはいられなくなり、瞼《まぶた》を閉じた途端《とたん》に熱い滴《しずく》が頬《ほお》を伝った。

もう何年のあいだ、おじいはこうして※倦《う》まずたゆまず、書き慣れない文を書き続

問8　――線部⑧「母の気持ちの空腹を満たした」とはどういうことですか。その説明として最も適当なものを次の中から選び、記号で答えなさい。

ア　離婚をしたものの父も親類も頼れない困った状況《きょう》で、おじいの優しさが唯一《ゆいいつ》の経済的な支えだったということ。

イ　冷たい親や親類に見切りをつけた母にとって、おじいは一緒に食卓を囲む家族のように親しい存在であったということ。

ウ　幼いころの好物を持って来てくれたおじいの優しさが、心細い状況での母の孤《こ》独な心を包みこみ、いやしたということ。

エ　おじいが持って来てくれたカレーは母が子どもの頃《ころ》の好物であり、母をなつかしい思い出で包みこんだということ。

問9　「深大寺のおじい」が［　］内のような葉書を書いていたのは、どのような気持ちからですか。「深大寺のおじい」が何のために葉書を書いていたのか、葉書を書いた意図が分かるように、簡単に説明しなさい。ただし、「寂《さび》しい」「仲直り」という二つの言葉を必ず使いなさい。「寂しい」という語は、必要に応じて形を変えて使ってもかまいません。

けてきたのだろう。すべてを自分自身の中に蓄《たくわ》えこんで――。

アパートのことも、カレーのことも、この永い歳月のすべてのことは、全部おじいの腹が呑《の》みこんでしまったのだろう。

子どものころによく触《さわ》った、おじいのふくらんだ腹のことを克子は思った。あの中に、どんなにたくさんのものを詰《つ》めこんでいたのだろうと考えた。

⑩「最後の最後まで……」

俯せのまま母が言った。そのあとは克子には聞き取れなかった。克子はただ、おじいの中に守られていた自分が、ふッと放り出されてしまったように感じていた。時間が過ぎるのが、急にゆっくりになったようだった。

（鷺沢萠《さぎさわめぐむ》「ポケットの中」より）

〈注〉※駆け落ち……愛しあう男女が二人で他の土地に逃げること

※後添えをもらう……再婚する

※小生……「私」のへりくだった言い方

※倦まずたゆまず……疲れることもおこたることもなく、根気よく

※書き直し用

問10　――線部⑩「最後の最後まで……」とありますが、「……」の部分には、どのような言葉が続くと考えられますか。最もふさわしいものを次のア～エの中から選び、記号で答えなさい。

ア　私たちを思っていてくれたのね

イ　困ったおじいさんだったわね

ウ　ふくらんだお腹だったのね

エ　迷惑をかけてしまったわね

第Ⅲ期

2 悲しみ、哀しみを味わう②

学習のねらい ▼人の心の陰影を読み取る。

次の文章を読んで、下の問いに答えなさい。字数制限のある問題では句読点や記号も字数にふくみます。

「ぼく」と徹也《てつや》は同じ中学校の三年生。徹也は幼なじみの直美のことを大切に思っている。直美は「ぼく」に惹《ひ》かれ、「ぼく」は徹也の想いを知りつつ直美のことを思っている。直美は重症の腫瘍《しゅよう》で入院し、手術をすることになった。

喫茶《きっさ》室で時間をつぶしてから、手術室前の廊《ろう》下に戻《もど》った。（中略）

①手術室のドアの向こうからは、何の物音も聞こえてこなかった。ただどこからともなく、低いリズムが聞こえてきた。心臓の鼓《こ》動に似ていた。半ば消え入ろうとしている直美の命の息吹《いぶき》が、最後の力をふりしぼって、生きようとしている。そんな切なげな、規則的な鼓動が、低く持続している。テレビか映画で、患《かん》者の心臓の鼓動を増幅《ふく》して聞かせる装置を見たことがある。同じ機械が、この病室の倉庫にもあった。あの音がそうだろうか。機械で増幅された直美の鼓動が、②廊下まで伝わってきたのか。それとも、ぼく自身の心臓の鼓動なのか。あるいは、聞こえないはずの音が、不思議な超自然現象で、ぼくの耳に届いたのか。

この音は、徹也の耳にも届いているのだろうか……。

A たまりかねたように、徹也が歩き始めた。③ぼくもあとに従《したが》った。徹也は再び、正面玄《げん》関の方に進んでいった。喫茶室は閉まっていた。外来患者の受付はとっくに終了《りょう》している。待合室に人影《かげ》はなかった。天井の蛍《けい》光灯もすべて消え、薬局のわきの

問1 ——線部①とありますが、手術が長引き時間が経過していることがわかる部分をここより後の文中からさがし、はじめと終わりの七字ずつを書きぬきなさい。

□□□□□□□ 〜 □□□□□□□

問2 ——線部②とありますが、何の音だと「ぼく」は考えていますか。「●●の▲▲の■■の音」という形の●●・▲▲・■■に入ることばをそれぞれ文中からさがし、書きぬきなさい。

□□の□□の□□の音

問3 ——線部③とありますが、なぜ「ぼく」も従ったのですか。その理由として最も適当なものを次の中から選び、記号で答えなさい。

ア 徹也にもこの音がとどいているか知りたいと思ったから。
イ 徹也には体力的にかなわないので、従わなければならないと思ったから。
ウ 徹也を見守っておかないと心配だと思ったから。
エ 徹也と同じく「ぼく」もじっとしているのが苦しかったから。

□

小さな電灯と、廊下の明りで、だだっ広い部屋の輪郭《かく》がかすかに浮《う》き上がっていた。

「待つというのは、つらいものだな」

徹也は息をついた。それから、ぼくの方に向き直った。

「おい、何か言えよ」

ぼくは黙《だま》っていた。何を言えばいいかわからなかった。不意に、徹也がぼくの腕《うで》をつかんだ。

④「相撲《すもう》をとろうぜ」

「相撲？」

「そうだ。相撲だ。身体を動かしてないと、気分がじりじりする」

「でも……」

ぼくは相撲なんか取ったことがない。子供の頃《ころ》から、乱暴な遊びには加わらなかった。それに、徹也とぼくとでは、体力が違《ちが》いすぎる。

どうやら徹也は本気らしい。

「この椅子《いす》と、あっちの壁《かべ》が土俵《ひょう》だ。触《さわ》ると負けだぞ」

そう言って徹也は、床《ゆか》の上に手をついて、仕切りの格好《かっこう》になった。こうなれば、仕方がない。テレビで見たことがあるから、やり方くらいは知っている。ぼくも床に手をついて身構えた。

二人とも、紺《こん》のズボンにワイシャツという、制服姿《すがた》だった。ズボンのベルトが、まわしの代わりだ。立ち上がるとすぐに右四つになった。体力に差があるので、ぼくは腰《こし》を引いて防御《ぼうぎょ》の構えをとった。

「お、やるじゃないか」

徹也の声が聞こえた。走るのは苦手だが、マット運動などは得意だ。ピアノで鍛《きた》えているから、握《あく》力だって自信がある。上手《うわて》を浅いところに持ちかえて、ぐいと絞《しぼ》った。ぼくは身体を揺《ゆ》すって寄り始めた。

「お、おおっ」

問4　――線部④での徹也の気持ちとして最も適当なものを次の中から選び、記号で答えなさい。

ア　身体を動かすことで、健康というものを実感したいと考えている。

イ　相撲に勝つことができれば、手術が無事に終わるのではと考えている。

ウ　相撲に勝って、「ぼく」より強いことを改めて証明しようとしている。

エ　身体を動かすことにより、いっときでも手術への不安を忘れたいと考えている。

□

問5　――線部⑤とありますが、なぜ徹也は驚いたのですか。その理由として最も適当なものを次の中から選び、記号で答えなさい。

ア　もう一番相撲を取れることがうれしいから。

イ　「ぼく」が直美のことをすっかり忘れて、相撲にのめりこんでいることに気づいたから。

ウ　「ぼく」が身体を痛めているようなのに、自分からもう一度取ると言ってきたから。

エ　もう一番相撲を取ると、今度は自分が負けてしまいそうだから。

□

問6　「ぼく」と徹也は相撲を三回取っています。その中での、「ぼく」の気持ちの変化について述べた次の文章の空らんを補うのに最も適当なことばを、それぞれ指定された字数にしたがって文中から書きぬきなさい。

声をあげながら、徹也は身体をひねり、左で上手投げを打った。足を送って残そうとしたのだが、引きずるような強引な投げで、二度、三度と振《ふ》り回され、気がついた時には、背中から床に落ちていた。

肩《かた》と左膝《ひざ》に、痛みがあった。

「もう一番、やるか」

徹也が言った。

「やる」

とぼくは答えた。

今度は、徹也は最初から突っ張《つっぱ》ってきた。長い手が回転よく飛び出してきて、まわしがとれない。ずるずると後退して、壁に押《お》しつけられそうになった。とっさに右に変わった。丸い土俵ではない。前後の長椅子と壁だけが境界線だから、横に逃《に》げればいくらでも逃げていける。

徹也は真剣《けん》な顔つきで追いかけてきた。ぼくは逃げる。駆《か》けっこになれば、徹也にはかなわない。土俵として定めた平たい長方形をぐるっと一周したところで、腰のあたりをつかまれ、長椅子の背に向けて突き飛ばされた。

「おい、大丈《じょう》夫か」

勢いがついて椅子の背を越え、クッションの上に肩から落ちて、さらに床まで落下したぼくに、徹也が声をかけた。

大丈夫といえる状態ではなかったが、ぼくは立ち上がった。

「もう一番、いくか」

とぼくは言った。

⑤「お、やるか」

徹也は少し驚《おどろ》いた顔つきになった。

今度は、相手に突っ張りをさせないように、素《す》早く飛び込んでベルトをつかんだ。

B 徹也はしゃにむに前に出ようとした。ぼくは重心を低くしてもちこたえた。

はじめ、「ぼく」は【A（十五字以内）】ことや、体力の差などからあまり乗り気ではなかったが、次の一番では、徹也の問いかけに対し「やる」とはっきり答えている。その二番目の相撲では、【B（三字）】という行動に出たが、三番目の相撲では前に出ようとした。これは【C（二十五字以内でさがし、はじめと終わりの三字ずつを書きぬく）】からである。

A	B	C
		〜

問7 ——線部⑥「その熱い身体が、小刻みにふるえている」とありますが、その理由がよくわかる一文を文中からさがし、はじめの七字を書きぬきなさい。

問8 ——線部⑦「ぼくは伸ばしかけた手を、徹也の背中に回した」とありますが、この時の「ぼく」の気持ちとして最も適当なものを次の中から選び、記号で答えなさい。

ア 「ぼく」も徹也と同じ気持ちであると伝え、徹也をはげまそうとしている。

イ 徹也の弱い一面を見ておどろき、徹也の心のなやみ

徹也の息づかいが聞こえた。ぼくも息が苦しかった。何も考えていなかった。ただこうして身体を動かしている限り、何も考えなくてすむ、という思いはあった。頭をからっぽにして、相手の身体の動きに神経を集中した。徹也はぼくの肩や腕に手をかけて、力まかせに押し、それから二度ばかり、身体を開いて小手投げを打った。ぼくはベルトをしっかりとつかみ、身体を密着させて投げを防いだ。投げがきかないと見ると、徹也は再びむきになって押し始めた。ぼくは一歩も引かなかった。引いたり、出し投げを打つことは考えなかった。全力を出しきって真正面から徹也の力に挑《いど》みたかった。ぼくの気持ちが伝わったのか、徹也はそれ以後は投げや引き技は見せず、ひたすら前に出ようとした。肌《はだ》寒いほどの涼《すず》しい日だったが、汗が流れ落ちた。徹也の息づかいがいっそう荒くなった。

身体と身体が密着し、互《たが》いのベルトや腕をつかんでもみあっているうちに、重心がぐらりと揺れ、身体が大きく傾《かたむ》いた。ぼくは徹也の身体にしがみついた。徹也が突き放そうとする。足が絡《から》んだ。倒《たお》れ込《こ》みながら、徹也は捨て身の投げを打った。身体が宙《ちゅう》に投げ出された。それでもベルトは放さなかった。もつれあったまま、ぼくたちは床に倒れた。勝ち負けはわからなかった。気がつくと、ぼくは仰《あお》向けに倒れ、徹也の身体がぼくの上にかぶさっていた。身動きがとれなかった。

身体がCほてっていた。背中の下の床がやけに冷たく、反対に徹也の身体は熱気を帯びていた。⑥その熱い身体が、小刻みにふるえている。のしかかっている徹也の身体の重みで、息が苦しい。身体をずらして、やっと左手だけ自由になったぼくは、手を伸ばして徹也の身体をはねのけようとした。

ぼくは手を止めた。

徹也の身体がふるえているわけがわかった。

徹也はぼくの胸に顔をうずめ、声をころして哭《な》いていた。徹也の身体のふるえと、熱気と、重みとが、ぼくの身体にのしかかってきた。

⑦ぼくは伸《の》ばしかけた手を、徹也の背中に回した。（三田誠広《まさひろ》『いちご同盟』より）

を聞いてあげようと考えている。

ウ 「ぼく」も徹也と同じ気持ちであると伝え、徹也を納得させようとしている。

エ 徹也に気をつかわせないように、徹也の弱い部分を見て動揺《よう》したのをかくそうとしている。

問9 ＝線部A～Cの意味として最も適当なものをそれぞれ選び、記号で答えなさい。

A「たまりかねたように」

ア がまんできなくなって

イ 相手に合わせようとして

ウ 相手に気を使って

エ がまんしつづけて

B「しゃにむに」

ア ゆっくりと

イ すばやく

ウ がむしゃらに

エ 無理に

C「ほてっていた」

ア はれていた

イ 熱をもっていた

ウ ふるえていた

エ かたまっていた

A	
B	
C	

3 嫉妬、憧憬を味わう

学習のねらい ▼人の心にひそむねたみ・あこがれを知る。

次の文章を読んで、下の問いに答えなさい。字数制限のある問題では句読点や記号も字数にふくみます。

群馬の山村の谷間、山の中腹にある小学校に通っていた。再婚《さいこん》した父はバスで二時間もかかる鉱《こう》山の社宅にいて週末にしか帰って来なかったから、ふだんは祖母と姉の三人で生活していた。父からのわずかな仕送りで暮《く》らしていたので貧しかったが、祖母の枯《か》れておだやかな母性にくるまれていればよかったので、我がままで小心な少年に育っていった。

理科の時間に畑でトマトを植える実習があると、次の理科の時間も勝手に畑に行ってしまう。担任の若い女教師が呼びに来て、今日は教室で授業するのよ、とやわらかく諭《さと》してくれても、おれはトマトの世話をしたいんだ、とかたくなに畑に坐《すわ》り込《こ》んだままでいた。

三歳《さい》のときに死んだ母はこの小学校の教師をしていたので、古い先生の中には家庭の事情をよく知る人がおり、かなり同情的な扱《あつか》いをしてくれていたので調子にのっていたところもあった。豆電球で信号機の模《も》型を作る教材を与《あた》えられると、国語の授業も社会の時間も関係なく、給食すら食べずに一日中配線をいじりまわしていた。

放課後、完成した信号機に電池を入れ、点灯させているところに担任が来て、「①その根気は偉《えら》いわね。でも、あなたさえいなければ、私はこのクラスで理想の教育ができると思うのよね」

問1 [A]〜[D]に入ることばを次の中からそれぞれ選び、記号で答えなさい。

ア たしかに　イ そっと　ウ すぐに　エ ふと

A	B	C	D

問2 ——線部①「その根気は偉いわね」とは、「担任」のどんな気持ちがこめられた表現ですか。最も適当なものを次の中から選び、記号で答えなさい。

ア 感動　イ おどろき　ウ 皮肉　エ かなしみ

問3 ——線部②について、次の問いに答えなさい。

(1) 「転校生」が来るまでのような学校での生活が、主人公に許されていたのはなぜですか。その理由として適当なものを次の中から二つ選び、記号で答えなさい。

ア 文句をつけられないような成績をとっていたから。
イ とても根気強く、将来の成長が楽しみだったから。
ウ 母親が死んでいるという家庭の事情があったから。
エ 彼の祖母の人柄を、先生たちが信頼していたから。
オ 変わり者だが、他の生徒には迷惑をかけないから。
カ わがままだが、勉強に熱心だから。

と、静かに涙《なみだ》を流したものだった。

②転校生が来たのは小学四年の秋だった。彼女《かのじょ》は学校から四キロも山の奥《おく》に入ったところにある発電所に赴任《ふにん》してきた所長の娘だった。目が大きく、鼻筋《すじ》が通り、肌《はだ》が白く、笑うと両頬《ほほ》にえくぼのできるかわいい子だった。彼女はその容貌《ようぼう》の愛らしさばかりでなく、学業成績でも［A］クラス全員の注目を集めるようになった。きれいな字で作文や習字を書き、テストではいつも百点をとった。

しとやかで控《ひか》えめな日常態度に似合わず、体育で五十メートル走をやればダイナミックなフォームであっさりとクラスの新記録を作ってしまった。中川清子は転校してきて一ヵ月も経《た》たない間にクラスのアイドルになってしまったのだった。

問題児であるのは自覚していたが、学業では誰《だれ》にも負けないつもりでいた。だから清子の出現はショックだった。教師たちも、この子は困った存在《そんざい》だが成績だけは文句がつけられないので、ある程度の我がままは許してやろうといった態度を見せていた。それに甘《あま》えて好き勝手な学校生活をしていたのに、万事に優等生の清子が現われてから、教師たちは明らかに高圧的になった。

「少しくらい成績がいいからって、自分勝手は許しませんよ。清子ちゃんを見てごらんなさい」

今までになくきつくそう言われると、［B］反論の余地はなく、ふてくされて横を向くしかなかったのである。

③清子のばかやろうめ、と胸《むね》の内で悪態《たい》をつきながらも、その愛らしい笑顔を前にすると頬を赤くして伏《ふ》し目になってしまった。それまでは山村の色黒で荒い上州弁を口にする女の子たちしか知らなかった。彼女の都会の匂《にお》いのする洗練された言葉遣《づか》いと仕草《しぐさ》は憧《あこが》れと嫉妬《しっと》の入り混じった羨《せん》望の対象になった。

成績で見返してやろうにも、家で学習する習慣はなく、落ち着きのない授業態度が急に改まるはずもなかったので、テストではいつも二番に甘んじた。いじめの口

(2) 転校生が来たのをきっかけに先生たちの主人公への接し方が変わります。その変化を説明した次の文の［ア］・［イ］にあてはまることばを、文中から三字で書きぬきなさい。

転校生が来るまでは、かなり［ア］にあつかわれていたが、とても［イ］な態度で接するようになった。

ア □□□
イ □□□

問4 ――線部③「清子のばかやろうめ、と胸の内で悪態をつきながらも」とありますが、本心では清子はどのような存在でしたか。それが表われている部分を文中から二十字以内でさがし、はじめと終わりの三字ずつを書きぬきなさい。

□□□～□□□

問5 ――線部④「そこで思いついたのがウサギであった」とありますが、具体的には何をすることを思いついたのですか。「～こと」につづくように、文中のことばを使って二十字以内で答えなさい。

□□□□□□□□□□□□□□□□□□□□こと

実を見つけようとしても、清子は女の子たちにも人気があった。彼女に暴力でもふるえばクラス全体を敵にしてしまう恐《おそ》れがある。

④そこで思いついたのがウサギであった。

校庭の隅《すみ》の小屋でウサギを飼っていた。エサを与えるのは四年生の係だった。二カ月に一度くらいエサ当番が回ってくる。自分で野の草を刈《か》り、十数匹《ひき》のウサギに与えなければならない。青草のない秋、冬には家の野菜くずなどを持って来る決まりになっていた。

雪の降《ふ》る日、祖母に持たせてもらった白菜の葉をウサギにやりながら［ C ］ひらめいたいたずらを、その日の放課後に実行した。

終業式の前日だった。クラス全員が体育館の掃除《そうじ》に行っていた。誰もいない教室に一番小さなウサギを抱《だ》きかかえて入り、清子の赤いランドセルの中に入れた。死んでは困るのでエサの白菜も少しだけ入れてやろうとしたが、ノートや教科書を汚《よご》してしまいそうだったから、それらを抜《ぬ》き出して机に隠《かく》した。なにくわぬ顔で体育館に行き、掃除を終えて教室にもどると、清子はまったく気づかずにランドセルをしょって下校していった。

雪は横なぐりになっていた。

途《と》中で気づいた清子が学校に引き返して教師に言いつけたら⑤騒《さわ》ぎが大きくなりそうだったので、雪の中を走って家に帰った。

ぬるい掘《ほ》りごたつに肩《かた》までもぐり込み、胸の内で次第に膨《ふく》らんでくる後悔《かい》の念に心臓を圧迫《あっぱく》されながら、何度も大きなため息をついていた。

⑥「あんべでもわりいか（体の具合でも悪いのか）」

祖母がザルの中の豆を拾いながら心配そうに声をかけてくれたが、これはもう彼女に相談したところでどうなる問題ではなかった。

典型的な甘ったれのお祖母《ばあ》さん子ではあったが、精神的な乳離《ばな》れの時期にさしかかっていたのだった。その日は食欲《よく》もなく、風邪《かぜ》をひいたらしいと言って早く蒲団《ふとん》

問6 ――線部⑤「騒ぎ」とありますが、この騒ぎに関して主人公が想像している部分を文中からさがし、はじめと終わりの五字ずつを書きぬきなさい。

□□□□□～□□□□□

問7 ――線部⑥「『あんべでも～かけてくれた」とありますが、このように「祖母」に気づかわれて育った主人公はどんな少年でしたか。文中から十字でさがし、書きぬきなさい。

□□□□□□□□□□

問8 ――線部⑦のように思ったのはなぜですか。その理由として最も適当なものを次の中から選び、記号で答えなさい。

ア　今日学校に行かなかったならば、これからずっと、みんなに許してもらえそうになかったから。

イ　今日学校を休んだら、自分が犯人だと学校中の人にわかってしまうと思ったから。

ウ　今日学校に行って清子に謝らなければ、これからずっと清子には相手にしてもらえないと思ったから。

エ　今日学校に行かなかったら、これからずっと自分の行動に責任が持てない人間になってしまうと思ったから。

□

に入った。

雪の山路を一時間以上歩いて発電所の社宅に帰った清子がランドセルを開けると、中からウサギの死体がころがり出る。泣く清子。怒《おこ》る両親。全校集会での犯人追及《ついきゅう》。

その夜、いつまで経っても寝《ね》つかれなかった。死んだウサギの哀《かな》しげな赤い目が繰《く》り返し夢に出てきた。

翌《よく》日は学校を休みたかったが、⑦もし仮病を使ってしまえばこのまま一生立ち直れなくなってしまいそうだった。仕方なく雪のあがった青空の下を⑧猫背《ねこぜ》になって登校した。教室に入るとすでに清子は来ていて、いつも取り巻いている女の子たちの輪の中で変わらぬさわやかな笑顔を見せていた。

ホームルームの時間にも担任はウサギに関することはなにも言わず、冬休みの注意をしたのみだった。⑨ほっとしたようなうしろめたいような割り切れない気分のまま休みに入ってしまうのは耐《た》えられなかった。終業式が終わってから D ウサギ小屋をのぞいてみた。

しかし、昨日は緊《きん》張して一匹を取り出したので、どのウサギが清子のランドセルに入れたものなのか判別できなかったし、全体の数も正確には覚えていなかった。教師に聞けば分かるのだろうが、妙《みょう》なところで⑩墓穴《ぼけつ》を掘ってしまいそうだったのでやめた。

結局、そのまま冬休みになってしまい、ウサギの件は公にならずに三学期をむかえた。

黙《だま》っていてくれたのは清子なのだと思うと、⑪彼女に大きな借りができてしまった気がして嫉妬が消え、愛らしさに加えてそのふところの深さに対する恋《こい》心に似た憧れの念ばかりが増大していった。だが、面と向かうとなにも話せなかった。フォークダンスで手をつなぐと胸が苦しくなった。

六年生の秋、日曜の午後、いたたまれなくなって清子の家に見に行った。小学校

問9 ――線部⑧「猫背になっ」た理由として適当なものを次の中から二つ選び、記号で答えなさい。
ア 清子にいやな思いをさせたことへの後悔の念があるから。
イ 清子がちゃんと学校に来ているかどうか心配だったから。
ウ 雪のため足許がおぼつかなかった上に、寒さがとてもこたえたから。
エ 学校でこの後大騒ぎになるはずの事件の当事者であるという自覚があるから。
オ 学校での追及から逃れるために、病気のふりをしなければならなかったから。
カ この後自分がどのような対応をするべきか、考えなくてはいけなかったから。

問10 ――線部⑨のような気分になったのはなぜですか。「ほっとした」「うしろめたい」気分になった理由をそれぞれ明らかにしながら説明しなさい。

の裏路を歩いて一時間余、途中で栗《くり》やトチの実を拾いながら山の中を行くと、川に沿って小さな発電所があり、平屋《ひらや》の住宅が六戸《こ》並んでいた。路端《ろばた》の石に腰《こし》かけ、爪《つめ》をたてて栗の実の渋《しぶ》を取りながら、陽《ひ》の暮れるまで谷間の集落を見おろしていた。あそこに清子が住んでめしを食い、風呂《ふろ》に入って暮らしているのだと想像すると、渋皮の残る生栗でさえ口に含《ふく》むとほのかに甘く感じられたものだった。

森を吹《ふ》き抜ける風が降り積もった落ち葉を舞い上げ、背筋に寒気が忍《しの》び寄ってはいたが、不思議に淋《さび》しくはなかった。秋の夕暮れの空気を清子と共有しているのだと思い込むと、それまでに感じたことのない⑫甘酸《あまずっぱ》いうずきを体の芯《しん》に覚えるのだった。

（南木佳士《なぎけいし》『冬物語』より）

問11 ――線部⑩「墓穴を掘」るとは、「自分のしたことで自分の身をほろぼす」という意味ですが、ここでは具体的にどうなることですか。最も適当なものを次の中から選び、記号で答えなさい。

ア　うそがばれて、教師に厳しくしかられること
イ　教師に追及されて、自分が犯人だと認めること
ウ　せっかくの自分の行動がむだになってしまうこと
エ　清子への思いを教師に感じ取られ、恥ずかしい思いをすること
オ　自分の言動から自分が犯人だとばれてしまうこと

問12 ――線部⑪「ふところの深さ」とは、具体的にはどのようなことを指していますか。二十字以内で答えなさい。

問13 ――線部⑫「甘酸いうずき」とは何ですか。文中から二字の熟語を書きぬきなさい。

4 まとめ7

学習のねらい ▼総合演習

次の文章を読んで、下の問いに答えなさい。字数制限のある問題では句読点や記号も字数にふくみます。

東京の郊《こう》外にあるテルの学校では、生徒の半数以上が電車通学やバス通学であった。バスの場合はそれほどでもなかったが、テルには薄《うす》水色の電車の定期券がなんともうらやましくてならなかった。紐《ひも》や鎖《くさり》のついた定期券をポケットからひき出し、なに気ない顔つきで改札口を通っていく友人達の姿《すがた》がひどく大人びて見えたのだ。電車通学も出来ないのに、なぜテストなんかを受けてあの学校にはいらなければいけなかったのか、とテルは母をなじった。あの学校に通うために[A]近くのマンションに引越《ひっこ》して来る人もいるというのにね、と母はとりあわなかった。

①●●にも家が学校に近かったので二年生になっても一人で電車に乗ったことのなかったテルに、ア ネガッテもないチャンスが訪れた。電車で五つほど離《はな》れた駅から通っている吉田クンから、火曜日の午後の誕《たん》生日の会にイ マネカレタのだ。メンバーは少数で、電車通学の友人ばかりだった。火曜日は四時間だから、うちへ帰ってランドセルを置いたらすぐ行くよ、とテルは母親の許しも得《え》ずに吉田クンに答えた。こうして、テルのささやかな一人旅はウ ジュンビされた。

母親は[B]息子を外国に手離すかのように心配した。吉田クンが待っている筈《はず》の向《むこ》うの駅の改札口まで送ってやろう、と何度も何度もテルに言った。②その度に、大丈《じょう》夫だよ、一人で行けるよ、とテルは次第に大きくなる声で答えた。黒い革《かわ》の小さな財布に白いコインと赤いコインを何枚かもらっていれ、それをズボンのポケッ

問1 [A]～[D]に入る語として最も適切なものをそれぞれ選び、記号で答えなさい。

ア まるで
イ たちまち
ウ あまり
エ わざわざ

A	B	C	D

問2 ――線部①「●●」にふさわしい二字熟語を考えて入れなさい。

問3 ――線部②のようにテルが「次第に大きくなる声で答えた」理由として最も適当なものを次の中から選び、記号で答えなさい。

ア 子供のためを思う母親に反抗《こう》しているから。
イ 子供あつかいする母親にいらだっているから。
ウ 子供の自由をしばる母親にがっかりしているから。
エ 子供をあまやかす母親にあきれているから。

トの奥《おく》深くに押《お》しこんだ。新しいハンカチとチリ紙を渡《わた》されて、テルはたった一人の短い旅に出た。③家の前の道が、学校に通う時より白く広く感じられた。

「キップを落としちゃだめですよ」

「改札口をはいったら、キップはすぐお財布にしまいなさいよ」

「なくしたら、もう駅から出られなくなるんだからね」

門の前に立った母親が伸《の》び上がっては声をかけ続けた。ふり返って手でこたえながら、自分がいま、会社に出かけて行く父親になったような気分をテルは味わった。母親に見えないように彼は揃《そろ》えた二本の指を唇《くちびる》にそっともっていく。すると小さな指の間に透《とう》明なたばこが生《うま》れ、テルは電柱の脇《わき》を通り過ぎる時に空気の色をした煙《けむり》を吐《は》いてみた。

行きはなにごともなかった。というより、乗りこんだ電車の中で同じ吉田クンのうちを訪れる友達にばったり会ってしまったので、テルの一人旅は家から駅のプラットホームまでしか続かなかったわけだ。テルにはそれが［④］。［⑤］、彼《かれ》は早く帰るように言われているからと吉田クンに嘘《うそ》をついて、友達を残したまま一足先に家に向かった。吉田クンの母親が、一人で大丈夫かしらと心配するのに、Ⅰぼくはどこへでも一人で行っているのですから、とテルは答えた。

行きとは逆のコースを辿《たど》って駅についた。自動販《はん》売機で子供のキップを買って改札口を通った。ピカピカ光る手摺《すり》につかまって階段をのぼった。ホームに降《お》りるとすぐに下り電車が来た。［C］待つ時間がなくて物足りなかった。電車はすいていた。大きくあけた窓から塊《かたまり》になった風がとびこんでテルを椅《い》子《す》の上に押し倒《たお》そうとした。負けるものか、と彼は風に顔を押しつけて行った。すると、電車は飛行機になって線路すれすれの低空を飛行しはじめた。こうして人気《ひとけ》の少ない車両の中での単独行の楽しみをテルは十分に満喫《きつ》することができた。Ⅱもうどこまでだって一人で行ける、とテルは思った。降りる駅がすぐに近づいたのが物足りないほどだった。これではあまりにすぐ帰れてしまう……。

問4 ――線部③のように感じられた理由として最も適当なものを次の中から選び、記号で答えなさい。

ア 午後の日ざしがまぶしくて、朝と違って見えたから。
イ 母親に何度も注意され、不安を感じはじめたから。
ウ はじめての一人旅で、緊《きん》張感に満ちていたから。
エ 一人で出かける嬉《うれ》しさで、周囲が輝いて見えたから。

問5 ［④］に入れるのに最も適切なことばを次の中から選び、記号で答えなさい。

ア 残念だった
イ 不安だった
ウ 意外だった
エ 苦痛だった

問6 ［⑤］には、テルが「吉田クンに嘘をついて、友達を残したまま一足先に家に向かった」理由が入ります。その理由を十五字以内で考えて書きなさい。

ところが、そうはならなかった。テルが変異に気づいたのは、階段を降りて改札口の前まで来た時だった。囲いの中にこちらを向いて駅員が立っていた。彼がなにかを要求しているのがテルにはわかった。駅員が拡《ひろ》げた両手の上に、人々は次々と何かを渡しては狭《せま》い通り道をすり抜《ぬ》けた。⑥テルはギョッとしてその場に足が凍《こお》りついた。どうしていいかわからなかった。誰《だれ》もが当たり前の顔をしてその儀《ぎ》式をくり返していた。テルにはそれが出来なかった。ポケットには財布しかはいっていなかった。財布にはお金しかはいっていなかった。なにもないポケットの底はふわふわと生温かいだけだった。

その時、駅員が銀色の鋏《はさみ》で改札口の囲いを激しく叩《たた》いた。

「もしもし、お客さん、秋葉原からの方！」

こたえるものがないと知ると駅員は急に声を張り上げた。改札口から遠ざかる人の動きに小さなざわめきが生《うま》れた。次の瞬間、駅員の身体は軽々と改札口の囲いを跳《と》び越《こ》えて外に走った。人々のざわめきが止まって音が消え、その中を一人の男が駆《か》け抜けようとして D 駅員に手首をとらえられた。大声のやりとりが二つ三つとびかい、それから急に大人しくなってしまった黒い服の男の腕《うで》をとって駅員はもどって来た。男の顔は奇妙《きみょう》な赤い色に染まっていた。

「逃《に》げないから離せよ」

「あんたは知ってたわけでしょう」

「だからぼくは……」

激しく身体が揉《も》み合うと、男は腕を振《ふ》りもぎって改札口の前からもう一度逃げようとした。今度は駅員の顔が真赤になり、男の顔は青く変色していた。男は駅員に強くひかれてエジムシツの扉《とびら》に消えた。

キップを渡さないで出ようとしたんだ、とテルは思った。まるで泥棒《どろぼう》がつかまる時みたいだと、テルは怯《おび》えた。⑦そして突《とつ》然、自分がなぜそこに立っているかに彼は気がついた。駅員が男をじむしつに連れていった後、改札口は少しの間無人の状態

問7　═線部Ⅰと═線部Ⅱの二つの表現にはテルのどのような気持ちの変化が見られますか。くわしく説明しなさい。

※書き直し用

になっていた。いま夢中で走り抜ければ逃げられるかもしれない、という考えがちらとテルの小さな頭をかすめた。人のいない改札口の囲いの中から、赤い顔をした駅員が何人も何人も湧《わ》き出しては襲《おそ》いかかって来そうな恐《おそ》れが、たちまちテルをおさえつけた。人のいる改札口より、人影《かげ》のないまま口を開いた改札口の方がよけいに気味悪く感じられた。逃げなくては、とテルは思った。彼は一目散に走った。改札口とは逆に階段を駆け上《あが》り、いつかホームに立って苦しい息を吐いていた。⑧家を出るときの母親の言葉がよみがえった。「キップを落としちゃだめですよ」「なくしたら、もう駅から出られなくなるんだからね」

ぼくはもう、ここから出られなくなったのかも知れない、とテルは考えた。出ようとすれば、必ずあの男のように改札口でつかまってしまうに違《ちが》いない。駅から出られなくなった場合の逃げ方については、母親はなにも彼に教えてはくれなかった。（中略）

夕暮れが近づいて電車に乗り降りする人のふえたのにテルは気がついた。うっかり学校の先生などにみつかっては大変だ、という新しい心配に彼は向き合わねばならなかった。更《さら》に遅《おそ》くなれば会社から帰って来る父親に出会わないとも限らない。その前に、顔色を変えた母親が警察の人と一緒《しょ》に捜《さが》しに来るかもしれない。隠《かく》れよう――テルはそう決心した。どうせここからもう出られないのなら、この中で一人でしっかり暮らしていかなければならない。

刻々に増加し続ける人々を前にテルは焦《あせ》った。あの階段から、ホームに滑《すべ》りこんだ電車のドアから、夕刊を売る売店の陰《かげ》から、いつ知った顔が現れるかわからない。周囲を見廻《まわ》すテルの目は、二つある階段の古い狭い方の昇《のぼ》り口をとらえた。新階段と違って狭い階段の側面は、灰《はい》色のペンキの剝《は》げかけた板張りだった。ホームの一番端《はし》にあり、改札口からも離れているためにそちらの階段の利用者はあまり多くはなかった。人気を避《さ》けてテルは階段の裏手《うら》に廻りこんだ。遠くに踏切《ふみき》の見えるひっそりとした空間がそこにひろがっていた。ここにしばらくしゃがんでいよう、と

問8　――線部⑥について次の各問いに答えなさい。

(1)「足が凍りついた」の文中での意味として最も適当なものを次の中から選び、記号で答えなさい。

ア　足がふるえて動かなくなること
イ　驚きで足が動かなくなること
ウ　寒さで足が動かなくなること
エ　かなしみで足が動かなくなること

(2)「足が凍りついた」のはなぜですか。その理由を説明しなさい。

問9　――線部⑦「そして突然、自分がなぜそこに立っているかに彼は気がついた」とありますが、この場面で「突然」テルはどんなことに気づいたのですか。文中のことばを使って書きなさい。

考えてペンキの剝げた板にもたれて彼は蹲《うずくま》った。

「おい、どうした？」

背中の奥から小さな声が呼びかけていた。（中略）

「はいって来いよ」

柔《やわ》らかな声が今度はもっとはっきりテルの耳にとどいた。驚《おどろ》いて立ち上がろうとした時、板張りの一部が突然四角く口を開いてテルは薄闇《やみ》の中に転げこんでいた。

「キップ、なくしたんだろ？」

自分よりすこし年上らしいジーパン姿の男の子が目の前に立っていた。

「心配ないわよ。私達、みんなそうよ」（中略）

「ずっと、いるの？」

テルは埃臭《ほこりくさ》い空気にようやくなじみながらジーパンをはいた男の子に訊《たず》ねた。

「まあ、な」

「キップが出て来るまで？」

「さあ、出ては来ないだろ」

少年は愉快《ゆかい》そうに笑った。今日からはここがぼくのうちだ、とテルは咄嗟《とっさ》にさとった。もう大人になるまでぼくはここから出ないだろう、と他人《ひと》ごとのように思いながら彼はコンクリートの床《ゆか》に尻《しり》をつけた。また斜《なな》めの天井《じょう》がゴトゴト鳴っている。

（黒井千次「子供のいる駅」より）

問10 ——線部⑧とありますが、このときテルはどのような気持ちで母親の言葉を思い出していたと考えられますか。自分のことばで説明しなさい。

問11 ——線部ア～エのカタカナを漢字になおしなさい。送りがなが必要な場合はひらがなで書きなさい。

ア	イ
ウ	エ

分野別ワンポイント講座 その5 記述の基本

記述問題では、設問に合った答え方をすることが大きなポイントです。

1 典型的な文末表現

文末表現は「答え」の形を整える「付け足し」の部分ではなく、「何を答えているか」を表す重要な部分です。答えを考える時にはまず設問文をよく読み、「何を答えるべきか」（正しい文末表現の形）を意識しましょう。

★「〜から。」→**【理由】**を答える設問
例）「〜はなぜですか」など

★「〜気持ち。」「〜思っている。」→**【気持ち】**を答える設問
例）「〜はどのような気持ちでしたか」など

★「〜こと。」→**【意味などを説明】**する設問
例）「どういうことですか」「どのようなことがわかりますか」など

2 何を答えるか

「いつ」「どこで（どういう状況で）」「誰（何）を」

「誰（何）が」（主）「どうした（どうなった）」（述）（修飾）

- から。（理由）
- のが〜気持ち。（気持ち）
- こと。（意味・状況など）

主語と述語が読み手にわかる文章か、意識しながら書くこと！

答え方のポイント

とにかく何でも書けばよいわけではありません。答えに関係がないことを書くとかえって内容があいまいになってしまうので、設問に対して答える必要がある情報かどうか取捨選択《たく》しましょう。

★「具体的に答えなさい」→例を挙げるなどしてなるべくくわしく
★「簡潔に答えなさい」→必要最低限のポイントをなるべく簡単に
★語句の意味の言いかえや指示語の内容を答える場合
→設問の対象の語句や指示語の代わりに本文にあてはめられる形で答える（体言の言いかえならば体言、用言の言いかえならば用言で終わるようにする）

〈例〉「天気予報では明日は大雨だそうだが、それは本当だろうか。」という文の「それ」（体言）の内容を答える場合
答A「明日は雨だという天気予報」
→明日は雨だという天気予報は本当だろうか。→あてはめられる→○
答B「天気予報では明日は雨だ」
→天気予報では明日は雨だは本当だろうか。→あてはめられない→×

〈例〉「私は二の足をふんだ」という文の「二の足をふんだ」（用言）を言いかえる場合
答A「ためらった」→私はためらった→あてはめられる→○
答B「ためらう」→私はためらう→もとの文は過去形なのに答えが現在形では言いかえたことにならない→×
答C「ためらい」→私はためらい→あてはめられない→×

5 先人に学ぶ①

次の文章を読んで、下の問いに答えなさい。字数制限のある問題では句読点や記号も字数にふくみます。

学習のねらい ▼合理的な暮らしの中で失われた生活の知恵を知る。

加工食品は人間の知恵の結晶《しょう》だ。農耕が始まっても本質的には太陽と水、[A]自然に寄りかかっていて、自然が作ってくれるものだけが人間の食糧《りょう》だった。寒い地方では冬は野菜を見ることもできなかった。今から百七十年ほど前に罐詰《かんづめ》が発明されたとき、最初の試作品であるグリンピースの罐詰を食べたパリの新聞記者は、「季節を自由に定める方法が発明された。①一つのびんの中に○と△と□がたくわえられている」と感激した記事を書いたし（初めはびんが使われた）、当時の有名な料理研究家も、「冬の最中に五月の太陽をしのぶことができる」と絶讃《ぜっさん》している。今日から見れば多少②オーバーなこれらのほめことばは、③当時の人たちの冬の食生活がどんなに寂《さび》しいものだったかを物語っている。

「季節を自由に定め」ないまでも、冬や飢饉《ききん》のときも人は食べねばならなかった。たべものを腐《くさ》らせないでとっておく方法として、漬《つけ》物、ピクルス、ジャム、干し野菜などがこうして工夫され冬の食品として重宝された。[B]肉や魚も塩漬《づ》けにしたり干したりして貯蔵された。ハム、ソーセージ、塩魚、干魚、などがこれにあたる。これらはコールドチェーンもちろんなかった時代、遠い土地へ運ぶのにも重宝だった。というより、都が海から遠かったからこそ、日本でこれほど海産物の加工品が発達したのだともいえよう。今も京都の名物の魚料理はみがきニシンや棒《ぼう》ダラが原料だ。

問1 [A]～[C]に入ることばを次の中から選び、記号で答えなさい。

ア たとえば　イ つまり　ウ また　エ しかし

A [　] B [　] C [　]

問2 ――線部①「一つのびんの中に○と△と□がたくわえられている」の○・△・□にはそれぞれ季節を表す漢字一字が入ります。○・△・□のどれにもあてはまらない季節を表す漢字を答えなさい。

[　]

問3 ――線部②「オーバー」の意味として最も適当なものを、次の中から選び、記号で答えなさい。

ア おおげさ
イ おどろき
ウ 風変わり
エ 時代おくれ

[　]

問4 ――線部③とありますが、当時の人たちの冬の食生活が寂しいものだったのはなぜですか。文中から理由を述べたひとつづきの二文をさがし、はじめと終わりの五字ずつを書きぬきなさい。

[　　　　　]～[　　　　　]

貯蔵食品はこうして必要から生まれ、昔の人の命の綱《つな》であったわけだけれど、この種の加工品にはたいていおまけがついた。それは、[C]塩漬けにするとたいていの場合、発酵《こう》によって元の野菜にはないおいしい味や香りがつく。ザウアークラウトやピクルス、日本のぬかみそ漬け類などはこうして④初めの目的から離《はな》れて人々に愛されるようになり、野菜の促成栽培《そくせいさいばい》や冷凍《とう》の技術など、野菜類がほとんど季節に関係なく食べられるようになった今も、日本人の食卓の必要★可欠のものとして好まれている。

発酵は人類の食品加工史上、いちばん重要な作用だ。パン、酒類、漬物類、納豆、味噌《そ》、醤《しょう》油、ヨーグルト、乳酸飲料やチーズなどの乳加工品、塩辛《から》類などがそれにあたる。みんな偶《ぐう》然の機会においしくなることが見いだされて、長い人間の歴史の中で改良が重ねられて今のような形になった。（中略）

発酵によらない貯蔵食品でも、貯蔵のための加工によって元の材料よりおいしくなるものが多い。ハムやソーセージは塩漬けと燻《くん》製という二つの手順による貯蔵食品だが、もちろん新鮮《せん》な肉にはないおいしい味と香りがついている。肉食のヨーロッパ、アメリカではいろいろな姿《すがた》と味のものが工夫され、向《むこ》うの人の「おふくろの味」の一つとなっている。

ハムやソーセージはなまの肉類と同様、十六世紀ごろに日本に伝わり、明治ごろから一般《ぱん》の人の間に食べられるようになった。なまの牛肉や豚《ぶた》肉がすきやきやみそ漬けなど日本風の味つけで親しまれたのに反し、ハムやソーセージはそのまま食べられたから、西洋の味と香りの代表のような形で、日本人の食卓をにぎわせていった。ことに燻製という貯蔵法をほとんど使わずにきた日本人にとって、その匂《にお》いは珍《めず》しく、じかに感ずる西洋の香りとして愛された。

肉の加工品という意味では、魚をよく食べる日本人も負けてはいない。ことに魚肉は干したり塩漬けにしたりすると、身がしまって独特の風味が出てくる。単純な塩漬け（鮭《さけ》、鱒《ます》、サバ、イワシなど）や干魚（するめ、みがきニシンなど）をはじ

問5 ——線部④「初めの目的」とありますが、食品加工の①「初めの目的」と、②「『初めの目的』から離れた次の段階の目的」を簡単に説明しなさい。

①	②

問6 ★に入る漢字一字を答えなさい。

問7 ——線部⑤とありますが、大豆の加工が日本と中国の「民族の知恵」とまでいえるのはなぜですか。本文を参考に考え、まとめなさい。

め、塩漬けしてから干す塩干品（めざし、くさや、すき身だら、からすみ）、いったん煮《に》てから干す煮干し類（イワシ、アワビ、貝柱、干し海老《えび》類）、いったん冷凍《とう》してから乾燥《そう》する寒天、それに一種の発酵（自己消化）を伴《ともな》う塩辛類などいろいろな技術が駆《く》使されて、各地の名物にもなっている。ことに魚の卵《たまご》の塩漬けや塩辛類は珍《ちん》重されている。キャビアは世界中でいちばん高価な食品といわれているが、日本のうるか（鮎《あゆ》の塩辛）やめふん（鮭の腎《じん》臓の塩辛）はときにはキャビアよりも高いといわれている。

特に貯蔵を目的としない加工食品中、日本ではめん類とか、ちくわやかまぼこ類、それに豆腐《ふ》やゆばなどの大豆加工品がすぐれている。（中略）

牛乳、羊乳など乳をよく飲む地方でチーズ、バター、ヨーグルトなどの乳加工品が多く発達しているのに対し、アジア、ことに近代まであまり牛乳を飲まなかった日本と中国では、大豆の加工品がたいへん発達し、食生活を豊富にすると同時に国民のたいせつな蛋白《たんぱく》源となってきた。豆腐、油揚げ、凍《こお》り豆腐、がんもどき、納豆、ゆば、きな粉、醤油、味噌など、大豆加工品をなくしたら今も日本人の食生活は成り立たないぐらいだ。かつてアメリカの対日大豆輸出禁止のために起こったパニックがそれをよく物語っていた。これらの大豆加工の技術はほとんど奈良・平安時代に中国から伝わり、日本で工夫され、今の形に完成されていった。⑤なまのままやちょっと煮ただけでは食べにくく不消化な大豆を、このように食べやすく栄養的なものに変えたものもまた民族の知恵だった。

貯蔵食品にしろ高度な調理食品にしろ、みんな人類にとっての必要から生まれた⑥命の綱だった。今日、主として長くて不毛に近い冬を持つ北半球の温帯に栄えている文明は、加工食品なしには育たなかったに違《ちが》いない。というより、そのような食品加工への必要性が人間の知恵を要求し、それが文明の発達を促《うなが》した、ともいえよう。

（大塚滋『食の文化史』より）

問8 ――線部⑥「命の綱」を「命を」につづく形でわかりやすく言いかえなさい。

命を［　　　］

問9 次のうち、本文と内容が合うものを二つ選び、記号で答えなさい。

ア　チーズや大豆などの食品の加工は、すべて保存だけを目的としている。
イ　食品の加工技術は人間の知恵の結晶だが、もともとは偶然の発見がきっかけになっている。
ウ　現在の日本では技術の進歩で年中野菜が食べられるようになったが、貯蔵食品はまだ食べられている。
エ　一年のほとんどを雪に閉ざされる北半球では、加工食品がなければ文明は育たなかった。

［　］［　］

問10 次の文は本文のどこに入れるのが適当ですか。入れるべき場所の直前の五字を書きぬきなさい。

海岸から遠い都だった奈良や京都では、海の魚や貝類はほとんど塩干物だった。

［　］［　］［　］［　］［　］

第Ⅲ期

5 先人に学ぶ②

学習のねらい ▼合理的な暮らしの中で失われた生活の知恵を知る。

次の文章を読んで、下の問いに答えなさい。字数制限のある問題では句読点や記号も字数にふくみます。

先日、テレビで放送大学を見ていたら、滋賀《しが》県彦根《ひこね》市本庄《ほんじょう》町の場合について、地元の人の経験談を交えての講義があった。

本庄町でも、町並《な》みに沿って道路の端《はし》にある幅《はば》一メートルたらずの水路に水が流れている。われわれが見れば充《じゅう》分きれいな水のようだが、今ではもうそのままでは飲めない。しかし、昭和三十年代頃《ごろ》までは、①今とは比べものにならないほど澄《す》みきっていて、上水としてそのまま飲んでいた。

水路は、家の台所の下でやや幅が広くなっていて、家の中でも水を使えるようになっている。要するに、家の中の台所の一隅《ぐう》に清流が流れているのだ。今でも、食器のゆすぎなどは、そこでやるとのことだった。水道を引く前は、飲み水もそこで汲《く》んだ、というより、喉《のど》が渇《かわ》けば直接《せつ》すくって飲むのが普《ふ》通だった。

洗濯《せんたく》にもその水を使ったが、もちろん水路で洗ったりしない。少しでも水を汚《よご》せば下流の家で飲み水として使えなくなる……というより、上流の家で水を汚さないと信じているから、その水路に面した家々では安心して水を飲んだのだ。一人でも身勝手な人がいればこの水利用システムは崩壊《ほうかい》するが、日本がエネルギー多使用型の高度文明社会になるまでの何百年にわたって、この方法はエネルギー消費なしで立派に機能《のう》していたのである。

洗濯は、水路の水を汲んで家の裏《うら》の洗い場へ運び、そこで洗った。食器も同じよ

問1 ——線部①「今とは比べものにならないほど澄みきっていて、上水としてそのまま飲んでいた」とありますが、それは人々がどういう手段で水を守っていたからですか。その手段が最も具体的に書かれている連続した二文を文中からさがし、はじめと終わりの五字ずつを書きなさい。

□□□□□～□□□□□

問2 ——線部②「●●」に入る二字熟語を文中からさがし、書きぬきなさい。

□□

問3 A ～ D に入る語としてふさわしいものを次の中からそれぞれ選び、記号で答えなさい。

ア つまり　イ ところが
ウ しかも　エ あるいは

A	B	C	D

問4 ===線部あ「桁違いの」、い「次第に」の文中での意味として最も適当なものを次の中からそれぞれ選び、記号で答えなさい。

あ ア 理屈ぬきの　イ 基準から外れた
　 ウ 限りない　エ 他とかけはなれた

い ア あきらかに　イ さらに

うに裏で洗い、汚れた水は溜《た》めておいて肥《ひ》料として畑に撒《ま》いたから、洗濯物や食器を洗った水が水路を汚す心配はまったくなかった。

町の人々すべてが、水に気を②遣《つか》い●●を惜《お》しまずに自分たちの水を大切にしていた間は、水路の水が流れつく先の琵琶《びわ》湖の水も澄んでいた。［A］、住民が増えて生活排《はい》水が川に流れるようになると、琵琶湖に赤潮《しお》が発生するようになってしまった。

江戸時代どころかほんの四十年前までは、気遣いと手間だけ、つまり太陽エネルギーだけで貴重な水を守っていられた。そのための特別な装置もエネルギーも使わずに、澄みきった水が水路に流れ、琵琶湖に注いでいたのだ。

ところが、人々が化石燃料エネルギーという理想の召使《めしつかい》を手に入れると、なぜか水が汚れ始めた。理屈《くつ》の上では、より高度の文明状態に達したのだから、水はもっときれいになって当然なのに、そうはならなかった。その理由は簡単で、電力やモーターや石油エンジンを使えば、あ桁違《けたちが》いの、感覚的には無限大といっていいほど大きな力を出すことができるからである。

大きな力が使えれば、大量の資源を処理して大量の物資を製造することができる。製造するのは、需《じゅ》要があるからで、できたものは工場を出て消費者の間に出廻《まわ》り、いずれは固体、液体、気体などさまざまな形の廃棄《はいき》物となることは、ここ四十年ほどの間にいやというほど見てきた通りだ。

ついこの間までは、こまごまと気を遣って手間をかけながら暮《く》らしていた人も、スイッチを押すだけで面倒《どう》な仕事を片づけてくれる機械が自分にも買える値段になれば、喜んでそちらへ切り換《か》えて、「ああ、便利な世の中になったものだ」と感心する。私自身、その一人だったからよくわかるが、③同じ状況《きょう》になればもう一度同じことをしそうだ。今の生活は、なるべくしてこうなったので、今さら引き返すことはできないのである。

人の手間で生きていた当時は、特別なことをしなくても、［B］、しなかったか

ウ　だんだんに　　エ　たしかに

問5　——線部③「同じ状況になればもう一度同じことをしそうだ」とありますが、「同じ状況になる」、「同じことをする」とはそれぞれ具体的にどうなる（どうする）ことですか。文中のことばを使ってまとめなさい。

あ	
い	

問6　——線部④はどういうことですか。最も適切なものを次の中から選び、記号で答えなさい。

ア　大きな力を使えば、大量の資源を処理して大量の物資を製造することができるが、多くの製品は廃棄され、さまざまな形で環境を汚染するということ

イ　膨大なエネルギーを使うことにより、環境汚染が始まるが、環境を回復するにも膨大な時間やエネルギーなどが必要な上に元通りにはならないということ

ウ　機械化が進み、たくさんの商品を手にすることができたが、現代人は手作業ができなくなってしまったので、電気がとまると生活が成り立たなくなるということ

らこそ何百年にもわたってほぼ安定した環《かん》境を保っていた。ところが、いったん環境の汚《お》染《せん》が始まると、回復するのに膨《ぼう》大な時間と経費とエネルギーが必要で、[C]もとの状態に戻《もど》すことはまずできない。

汚すのにもエネルギーを使っている、というより、膨大なエネルギーを使うから汚染が始まるのであり、それを取り除《のぞ》くのにまたエネルギーを使うのだから、これほどばかげたことはない。現代文明に首から頭までどっぷり漬《つ》かった生活をして、その恩恵《おんけい》を充分に受けて暮らしながらこんなことをいうのはまことに申しわけないが、④どうやら現代文明は構造的に破滅《はめつ》型なのではあるまいか。

洗濯のようなむだな作業に時間をかけず、自動式の電気洗濯機を使って余った時間をより有用で高尚《しょう》なビジネスや趣《しゅ》味、芸術のために使えば、人類《るい》がさらに発展する、という理論はわかりやすく、そういう発想のもとに文明が大発展した。

だが、人間は、物質的に豊かでひまになればなるほど[⑤]ほど立派な動物でないことが次第にわかってきた。文明の発展に並行して、それまでは考えもしなかったようなややこしい社会問題が次々に起こり始めたからだ。豊かなエネルギーは、水や空気だけでなく人間も汚染するのだ。

もっとも豊かなアメリカ合衆国は、世界一の犯罪大国でもあり、多くの日本の知識人が理想化してほめそやしてきたヨーロッパの国々も、けっして地上の天国ではない。エリートとしか交際しない知識人がいかに高く評価しようと、ヨーロッパの一般庶民《ばんしょ》は、けっして天使の集団ではないのである。

洗濯に限らず、あらゆることを手作業でやっていた時代、つまり太陽で生きていた不便な時代の日本は、犯罪そのものが少なかった。江戸の町奉行《ぶぎょう》所にいた正規の警察官は全部で二四人、そのうち毎日江戸市中を巡《じゅん》回していたいわばパトロール警官は半分の一二人しかいなかった。単純な犯罪ばかりだったから、それで間に合ったのである。

江戸時代の生活をくわしく調べれば調べるほど、その手間のかかりように驚《おどろ》く

と

エ　太陽エネルギーにかわる化石燃料エネルギーを人類は手にすることができたが、その使い方を誤り、兵器などを作り、人類を破滅に向かわせるということ

[　　]

問7　[⑤]に入ることばとして適当なものを次の中から選び、記号で答えなさい。

ア　肉体的にも成長する　イ　精神的にも向上する

ウ　心身共に発達する　エ　時間的に余裕を持つ

[　　]

問8　——線部⑥のように筆者が述べる理由として最も適切なものを次の中から選び、記号で答えなさい。

ア　手間と時間をかけた生活は実際にやってみると楽しく、現代の人間が抱えている環境汚染や社会問題などをすべて解消できる最高の手段だから。

イ　手間と時間をかけた生活は楽ではないが、人間の想像力や生命力をかきたて、環境汚染や社会問題にも負けない強い人間を育てることになるから。

ウ　手間と時間をかけた生活は不便なように見えるが、実は現在のやり方よりもはるかに効率的で、環境汚染や社会問題を引き起こすこともなかったから。

エ　手間と時間をかけた生活は不便だが、歴史的に見れば大部分の人間が平気でそのような生活をしていたし、しかもその方が環境汚染や社会問題も少なかった

[　　]

が、だからといって、今のわれわれの生活と比べながら、昔の人は何と大変だったのだろうといって同情する必要はない。

新幹線もジェット旅客機も自動式洗濯機も電気冷蔵庫も電気炊《すい》飯器もカラーテレビもパソコンも、人類が普通に使うようになってからまだ五十年にもなっていない。私ぐらいの年齢《れい》の者にとっては、いずれも二十歳から四十歳以後に日本で使うようになったものばかりなのでよくわかるが、そういう便利なものが何一つなかった時代でも、人類はジェット機やパソコンのないことを嘆《なげ》いたりせず、平気で暮らしていた。

江戸時代のご先祖さまに到《いた》っては、どこへ行くにもてくてく歩き、洗濯は盥《たらい》で洗い、（中略）パソコンの代わりに算盤《そろばん》と帳面を使っていたが、誰も困らなかった。

アフリカに直立猿《えん》人が出現してから約五〇〇万年。ホモ・サピエンスつまり現代人になってからでも五万年か一〇万年ぐらいたっているそうだ。短い方の五万年を人類の歴史としても、今から五十年前まで、つまり一〇〇〇分の九九九の期間を生きていた人の大部分は、現代の先進国の住人ならうんざりするほど不便な生活をしていた。

［D］、人類が今のように便利な生活をするようになってからは、歴史的にみてほんの一瞬《しゅん》といっていいほどの時間しかたっていないのである。もし、現在の状態と比較して、昔の人がみじめだったというのなら、みじめでないのは今の一瞬だけということになるが、最近の五十年だけが人間らしい立派な生活で、それ以前の人類はすべてみじめな生活をしていたはずだという進歩主義的な発想は、どう考えても不自然だ。

本当は、手間と時間をかけて日常のいろいろなことを処理して⑥いく昔ながらの生活の方が、われわれの心身に合っているのではなかろうか。

（石川英輔《えいすけ》『大江戸えころじー事情』より）

から。［　　］

問9　本文の内容と合うものを次の中から二つ選び、記号で答えなさい。

ア　電力や石油エンジンなどの大きな力を使って大量の物資を製造する途中で、工場から出るさまざまな形の産業廃棄物が公害となっているが、製品自体は直接害毒となっているものは少ない。

イ　日本がエネルギー多使用型の高度成長文明になるまでは、彦根市本庄町の人々は何百年にわたって、生活を太陽エネルギーだけに頼り、琵琶湖に流れ込む貴重な水をきれいに保ってきた。

ウ　人類が現代人になるまでの歴史の大部分は、現在からすると不便なものだったが、人々は不便さをがまんするということを徳目として耐《た》えていたので、現代人よりもむしろ高度であった。

エ　現在のように便利な生活を送っていても必ずしも幸福とは限らないし、手間と時間をかけていた昔の不便な生活でも当時の人々はきちんと生活していたのだから、今と比べてみじめとは言えない。

オ　あらゆることを手間をかけてやっていた不便な時代は生活そのものに余裕がない上に、高度で複雑な文明も未発達の状態で、人々は複雑な犯罪を考え出すこともなかった。

［　　］［　　］

6 評伝に垣間見る人生①

学習のねらい ▼先人の思想・発見を追体験する。

次の文章を読んで、下の問いに答えなさい。字数制限のある問題では句読点や記号も字数にふくみます。

子供のころ、父はよくエジソンについての話をしてくれた。しかし、どんな内容だったかとなると、なにも思い出せない。私も弟も、父が話しはじめるやいなや、笑い出してしまうのだった。

［A］、父はエデソン、エデソンと話すのである。Edisonと正確に発音するのを、私の耳が奇異《きい》に受けとめたのだろうか。あるいは、父は東北の出身で、イとエとの使いわけがはっきりせず、そうなってしまったのだろうか。

そんなわけで、私にとって、エジソンが偉《い》大な発明家であること以上の知識はふえなかった。もっとくわしく聞いておけばよかったと、いまになっては残念でならない。（中略）

トーマス・アルバ・エジソンは一八四七年にオハイオ州のミランという小さな町に生《うま》れた。日本は弘化四年、沿岸に外国船が出没《ぼつ》しはじめ、幕府が神経をとがらせていた時代である。偶《ぐう》然の一致《ち》だが、私の父方の祖父・星喜三太《きさんだ》が生れたのもこの年である。

なお、エジソンの誕生日は二月十一日。この日を祝日としているのは、日本だけではある●いか（ア）。この風習がいつまでもつづきますように。

彼《かれ》の父は材木と穀《こく》物を扱《あつか》う商人。まあまあといった暮《くら》しぶり。べつに天才の家系というわけでもなかった。

問1 ［A］～［E］に入る語としてふさわしいものを次の中からそれぞれ選び、記号で答えなさい。

ア たとえば
イ すなわち
ウ また
エ なぜなら
オ しかし

A	B	C	D	E

問2 ══線部ア～オの●に入るひらがな一字ずつをそれぞれ答えなさい。（二ヵ所のエ「入り●たり」「入り●たる」には同じひらがなが入ります。）

ア	イ	ウ	エ	オ

問3 ――線部①について次の各問いに答えなさい。

(1) 「その期待にこたえるような」とありますが、周囲の人々はエジソンに対しどのような印象を持っていましたか。次の中から最も適切なものを選び、記号で答えなさい。

ア この子はきっと将来世界的に有名な発明家になるにちがいない。
イ この子は頭が大きいから、きっと体も大きくなるだろう。
ウ この子は将来きっと変わったことにまきこまれるだろう。

「頭がいやに大きい。もしかしたら、少し異常なのかもしれない」

その出生の時の周囲の人の声である。そして、①その期待にこたえるような成長ぶりを示した。口がきけるようになると、だれかれかまわずに質問した。[B]、

「ガチョウは、なぜ卵《たまご》の上にすわるの」

「卵をあたためて、ひなをかえすためよ」

幼いエジソンは、さっそくたくさんの卵の上にう(イ)●くまったという。伝記に説明はないが、割らないよう卵の上に乗るのに、なにかくふうをしたのではなかろうか。

[C]、小屋のなかで火を燃やし、全焼させたこともあった。父は町の人たちの前で、むちでひっぱたいた。

「火とはどんなものか、知りたかったから」

というのが、彼の弁解であった。(中略)

そんな年齢のころには、おとなには理解しがたい思考や行動をすることがあるものだ。彼としては、からかわれたと思ってそうしたのかもしれない。

一家の引っ越《こ》しもあり、エジソンは普《ふ》通の人よりもおそく、八歳で小学校に入った。クラスではいつもびりの成績。

「頭がくさっているのではないか」

と担任の先生に言われ、エジソンは腹を立て、もう学校へは行かないと主張した。父親も授業料を払《はら》う価値のない息子と思い、また金の余裕《ゆう》もなかった。[D]、母は彼を見捨てなかった。なんとか自分で教育しようと努力したのだ。

さまざまな本を読んできかせた。②エジソン少年は関心を示し、九歳になると自分から進んで歴史書だの、シェークスピアからディッケンズにおよぶ文学作品を読むようになった。

と『エジソンの生涯』には書いてある。本当とすれば、おそるべき進歩である。わずか一年間の変化。天才の発芽を見る思いがする。母はさらに、エジソンはこういった本を好きそうだと『自然科学の学校』という本を買い与えた。家庭でやれるいろいろな科学実験が図解入りで説明されている。彼はその全部を熱狂《きょう》的に(ウ)●ころみた。

エ　この子はふつうとはいえない変わった子になるだろう。

[　　]

(2) 「期待にこたえるような成長ぶりを示した」とありますが、幼いころのエジソンはどのような少年だったのですか。次の文の[　]にあてはまる語句を文中から十五字以上二十字以内でさがし、書きぬきなさい。

[十五～二十字以内]ような少年

問4 ――線部②のような急激な変化を筆者はどのようにたとえていますか。文中から五字でさがし、書きぬきなさい。

問5 ――線部③「そのたぐいの本」とはどのような本ですか。「ような本」につづくかたちで文中から三十字以内でさがし、はじめと終わりの五字ずつを書きぬきなさい。

[　　　　　]～[　　　　　]

そのへんは、よくわかる。私も少年時代に、③そのたぐいの本を愛読した。それこそ、ぼろぼろになるほどくりかえして読んだ。もっとも、現実にやってみたのは、一割にもならなかった。

エジソン少年は家の地下室を実験室にし、母親にねだって科学の本や薬品などを、つぎつぎに買いこんだ。

「あいつは地下室にエ入り●たりで、近所の子とはめったに遊ばない。わけがわからん」

と父はあまり理解を示さなかった。しかし、エジソンは十一歳の時、その地下室で解説書をオ●よりに、簡単な電信機を作りあげた。少しはなれた友人の家とのあいだに電線をはり、モールス信号によって交信するのに成功した。

電信機は彼の生れる十年前に、アメリカ人のモールス（正しい発音はモース）によって発明され、数年後にボルチモア・ワシントン間に電線がひかれ、それはアメリカ各地に非常な勢いで伸びつつあった。そのころの電源は電池である。

十二歳になり、エジソンは実験室を充実させる資金を得るため、鉄道の列車内の売り子の職についた。

「新聞をどうぞ。リンゴ、サンドイッチ、シロップ、ピーナッツもありますよ」

午前七時に列車は出発、それらを売りながら三時間で大都市のデトロイトに着く。そして、夕方の列車でまた商売をしながら戻《もど》ってくるのだ。［E］、昼間の時間は自由にすごせた。

駅の構内で蒸気機関車の修理をあきずに眺《なが》める。電信技師の仕事ぶりを観察する。市内の各所、とくに修理工場を見てまわり、あれこれ話して知識を得る。やがては、図書館にエ入り●たるようになる。のちにこう語っている。

「棚《たな》の順番にしたがって、わたしは［④］」

科学のみならず、文学、宗教などすべての本をである。常人にはできないことだ。また、列車内の一部を使わせてもらい、そこを化学の実験室に仕上げた。

問6 ［④］に入る内容を十字以上十五字以内で考えて書きなさい。

問7 ――線部⑤のように筆者がいうのはなぜですか。その理由として最も適切なものを次の中から選び、記号で答えなさい。

ア 耳に障害があったからこそエジソンは努力し、その結果かがやかしい功績を残したのだといえるから。

イ 障害に負けず前向きに努力しつづけるエジソンの姿勢から少年たちに何かを学びとってほしいと考えるから。

ウ 少年むけの伝記には、困難を克服して努力したという感動させるエピソードが必要不可欠であるから。

エ 多感な少年期に聴覚障害についてひどく悩んだことを強調したほうがエジソンの偉大さが増すから。

ある時期、そこに活字と印刷機を持ちこみ、自分で新聞を作って売ったりもした。かなりの利益をあげたが、その地方の有力者の気にさわる記事を書いたため、圧力がかかって中止させられるということもあった。

そして、このころ、エジソンの聴《ちょう》覚に障《しょう》害があらわれはじめた。中耳炎《ちゅうじえん》のためらしい。よほどの音、かなりの大声でないと聞きとれなくなったのである。

「わたしにとってはプラスでしたよ。おかげで、いやなことは聞かなくてすみ、思考や読書に心を集中させることができたのですから」

とのちに語っているが、その当時は多感な少年期であり、かなり悩《なや》んだにちがいない。しかし、前途《と》への希望を捨てず、自分なりに克《こく》服した。⑤少年むけの伝記では、もっともっと強調されていい部分である。

その一方、⑥幸運も彼に訪れた。途中の駅で停車中、エジソンは別な線路での貨車の編成の動きを見ていた。すると、ある貨車の進む前で、幼児が遊んでいるではないか。このままでは、ひかれる。彼はかけつけ、助け出した。その幼児は駅長の息子だった。

「うちの子の命を助けてくれて、ありがとう。どんなお礼をしたものか。きみは電信が好きなようだが、よかったら、わたしの家で何ヵ月かすごし、電信の勉強をし、技師の資格をとらないか。それだけでは退屈《くつ》だろうから、汽車の発車係の地位につけ、給料を払おう」

「ぜひ、そうして下さい。お願いします」

エジソンはその申し出に飛びついた。会話に不自由な耳も、電信のト・ツーの音は的確に聞きわけられるのだった。なんとしてでも身につけておきたい技術だ。それに電信そのものが好きだし、時代の先端《たん》をゆく職業でもあったのだ。十五歳《さい》の時のことである。

星新一著「エジソン」（新潮文庫刊『明治の人物誌』所収）より部分掲載

問8　――線部⑥、エジソンに訪れた幸運とはどのようなことですか。そのきっかけにもふれながら詳《くわ》しく書きなさい。

問9　この文章の特徴を説明したものとして最も適切なものを次の中から選び、記号で答えなさい。

ア　エジソンが実際に何をしたかということよりも、そのとき何を考えていたかに注目している。

イ　エジソンを偉大な発明家とみとめながらも、人格的には問題がある人物だと厳しい目で見ている。

ウ　史実にそくしながらも、筆者自身の感想や父親の思い出をユーモアを織り交ぜながら書いている。

エ　実際にエジソンが行った行為の中から、普通の人には決して真似できない出来事のみを紹介している。

6 評伝に垣間見る人生②

学習のねらい ▼先人の思想・発見を追体験する。

次の文章を読んで、下の問いに答えなさい。字数制限のある問題では句読点や記号も字数にふくみます。※印をつけたことばについては、本文の後に〈注〉があります。

宮澤賢治《みやざわけんじ》の作品を読み返すたびに、彼《かれ》はほかの作家の誰《だれ》とも違《ちが》う、誰とも似《に》ていないということを感じます。何といったらいいのでしょう。文学の世界にもたくさんのきらめく星がありますが、宮澤賢治だけは、一番星のように、一人空の高いところで静かに光を放っている、私にとっては、①そういう作家です。ほかの作家たちが手をとりあって星座《ざ》の形をなしている中で、賢治だけは誰とも手をつなぐことなく、まったく独《どく》自な視《し》点で小説を書いていた人だと思います。

宮澤賢治は星や石、人間がつくったものでないもの、あるいは※無機物などに物語を託《たく》します。②そういうものを使って物語を描《えが》くところが、独特で新鮮《せん》です。普《ふ》通は、たとえば人間が抱《かか》えている孤《こ》独や、淋《さび》しさといった抽《ちゅう》象的な問題を描こうとして作家は苦悩《のう》します。そういう次元と全然違う場所で、そこに落ちている一個の石や、空に瞬《またた》いている星など、一見、言葉を必要としない世界にあるものたちに言葉を映《うつ》し出して、そこに隠《かく》れている物語を引き出す作家なのです。

『銀河鉄道の夜』の執《しっ》筆に当たって、宮澤賢治は二十八歳《さい》の頃《ころ》（一九二四年）に最初の原稿《こう》をつくり、亡《な》くなるまで③四度にわたり推敲《すいこう》を重ねたといわれています。最初に『銀河鉄道の夜』を読んだ時に衝撃《しょうげき》を受けたのは、書き出しに登場してくる生徒の名が、ジョバンニやカンパネルラやザネリであったことです。この名前

問1 ――線部①「そういう作家」とありますが、「そういう」が指し示す内容を「作家」に続く形で二十八字でさがし、はじめと終わりの五字ずつを書きぬきなさい。

□□□□□～□□□□□

問2 ――線部②「そういうもの」が指し示す内容を二十八字でさがし、はじめと終わりの五字ずつを書きぬきなさい。

□□□□□～□□□□□

が普通ではないと思ったのです。どこの国の人なのか、どこの世界が舞《ぶ》台なのか、ジョバンニやカンパネルラが、そもそも一体人間なのか、まったくわからないまま物語はスタートします。

国とか町とかいうような、人間がつくり出した輪郭《かく》を超《こ》えてしまっている作品といえるのかもしれません。ページを開けばそこには、[④]広がっているのです。

また、作品中の言葉一つひとつがとても魅《み》力的です。[1]、

「こんやの星祭に青いあかりをこしらえて川へ流す烏瓜《からすうり》を取りに行く相談らしかったのです」

この一行で、行ったこともないはずのどこか遠い世界にあるお祭りの様子が、色付きのあぶり出しのように浮《う》かんできます。

「青いマグネシヤの花火」、「天気輪の柱」、「白鳥の停車場」、「こんな不完全な幻《げん》想第四次の銀河鉄道」など、言葉のそれぞれが、私たちの使っている同じ日本語とは思えない表情《じょう》を持っています。[2]宮澤賢治専用《せん》の辞書から抜《ぬ》け出てきたかのような言葉たちです。ストーリーももちろんよく練られていておもしろいのですが、言葉一つひとつを詩のように楽しむことができるというのが、『銀河鉄道の夜』をはじめとする宮澤賢治の作品の魅力でしょう。

[3]漢字と平仮名《がな》、片《かた》仮名の配分にも神経《けい》が行き届《とど》いています。文章が印刷されて読まれる時の印象、ぱっと本のページを開いた時の視覚的な美しさが配慮《りょ》されています。

一つの言葉へのこだわりが、やはり丁寧《ていねい》な推敲を必要としたのかもしれません。掌《てのひら》に収《おさ》まる小さな石が、宮澤賢治という特異《い》な才能によって、長い歳月に渡《わた》って磨《みが》きに磨かれ、やがて宝石のような光を放ちはじめるのです。

特に鉄道に乗ってからの描《びょう》写がすばらしい。ほんとうに宮澤賢治は、そこに行ったのではないかと思うような生き生きした描写です。でもそれが単に※リアリティー

問3　――線部③、宮澤賢治が『銀河鉄道の夜』の執筆にあたって、「四度にわたり推敲を重ねた」理由を、筆者はどのように考えていますか。それが述べられた一文をさがし、はじめと終わりの五字ずつを書きぬきなさい。

□□□□□～□□□□□

問4　[④]に入ることばとして最も適当なものを次の中から選び、記号で答えなさい。

ア　不気味な、おそろしい世界
イ　私たちの住む町によく似た世界
ウ　物語のためだけに存在《そんざい》する場所
エ　賢治が実際に住んでいた場所

□

があるというのとは違う。かといってふわふわした⑤空○でもない。手触《ざわ》りや匂《にお》いや色、そういうものが実感を持って伝わってきます。初めて接《せっ》するはずなのに懐《なつ》かしいという気持ちにさせる描写です。

[4]絵が好きな人なら思わず絵筆を持ちたくなるのではないでしょうか。鮮《あざ》やかな映像が言葉の響《ひび》きとともに心に深く刻《きざ》まれます。賢治は自分がつくり出した物語世界を自由に羽ばたく旅人なのです。

（小川洋子『心と響き合う読書案内』より）

〈注〉※無機物……水、空気、鉱《こう》物など
※リアリティー……現実感

問5 [1]～[4]に入ることばを次の中からそれぞれ選び、記号で答えなさい。なお、記号は一度しか使えません。

ア もし　イ なぜなら
ウ たとえば　エ さらに
オ まるで

1	2	3	4

問6 ――線部⑤「空○」の○に入る漢字一字を答えなさい。

問7 宮澤賢治の作品ではないものを次の中からすべて選び、記号で答えなさい。

ア よだかの星
イ 注文の多い料理店
ウ 走れメロス
エ 小僧《こぞう》の神様
オ セロ弾《ひ》きのゴーシュ

7 まとめ8

次の文章を読んで、下の問いに答えなさい。字数制限のある問題では句読点や記号も字数にふくみます。※印をつけたことばについては、本文の後に〈注〉があります。

学習のねらい ▼総合演習

樋口《ひ》一葉、本名は奈津《なつ》、なつとも夏とも自署《しょ》しました。あらたまると夏子とも名乗ります。

明治五（一八七二）年三月二十五日、東京府第二大区一小区内幸町《うちさいわい》一番屋敷、東京府構内長屋にて生《うま》れました。この大区小区制は長くつづかず、明治十一年には、本郷区、下谷《しもや》区といった十五区制がしかれます。一葉生誕《たん》の地はいまの内幸町交差点、日比谷シティや日比谷公会堂のあるあたりです。父則義《のりよし》は東京府少属、いまでいえば都庁のお役人で、その〝公務員住宅〟で生れたことになります。（中略）

明治九年四月、則義は本郷六丁目五番地の家を買い転居しました。ここはいまの東大赤門前、本郷通りをはさんで反対側にある法真寺の門前で、このお寺はいま文京一葉会館を併《へい》設して一葉を思いおこす明治の文物を展示し、毎年十一月二十三日の命日には文京一葉忌《き》を催《もよお》しています。（中略）

このころ父則義は東京府を退職し、警視局などに勤めながら金融《ゆう》不動産業に手を出しはじめたようです。（中略）

さて、一葉は本郷時代、五歳になったかならずのうちに本郷大横丁にあった公立の本郷学校に上りますが、あまりに幼*なすぎて［A］やめています。一説には明治五（一八七二）年に公布された学制による公立学校の教育レベルが低すぎたので、

問1 ［A］～［D］の中に入る語として適当なものを次の中からそれぞれ選び、記号で答えなさい。

ア ついに　イ すぐ　ウ おそらく
エ さらに　オ いっそう

A	B	C	D

問2 一葉に学問を受けさせることに対する父親と母親の考えをそれぞれ五十字以内で書きなさい。

父親	母親

則義が不満だったともいわれています。半年ほどして同じ本郷の吉川学校に入学。ここは寺子屋政泉堂に発祥《しょう》し、校主吉川富吉はもと僧侶《そうりょ》で、一葉は文部省指定の「小説読本」を皮切りに四書※の素読※などを教わりました。（中略）

明治十四（一八八一）年七月、樋口家は本郷の家を売り、下谷区御徒町《おかちまち》一丁目十番地に転居、[B]三ヶ月後、御徒町三丁目三十三番地に移ります。だいたいいまの上野駅の東側にあたりますが、下谷時代は一葉が九つから十二歳まで、ほぼ三年です。このころ一葉は上野池之端《いけのはた》、うなぎの「伊豆栄《いずえい》」の隣《となり》あたりにあった私立青《せい》海《かい》学校まで、上野広小路を横切って通いました。（中略）

「その頃《ころ》の人はみな、我を見ておとなしき子とほめ、物おぼえよき子といいけり（いった）。父は人にほこり給《たま》へり（父にとって私は自慢《まん》の種でした）。師は弟子《でし》中《ちゅう》むれを抜《ぬ》けて秘蔵にし給へり（先生は生徒の中で誰よりも私に目をかけてくださいました）」

①子ども時代の一葉を知って書き残しているのは妹のくに（一八七四年六月出生）しかいません。面白いことをいっています。「生れて三つぐらい迄《まで》は非常に御《お》しゃべりでした」（「姉のことども」）。片言をいうときもきっぱりしたことをいい、創刊したばかりの「読売新聞」を兄たちが読むのをまねて声色をつかった。吉川学校でも漢書《かんじょ》を口真似《まね》で覚えてしまった。記憶力はたいへんによかった。青海学校に松原喜三郎という和歌をたしなむ教師がいて一葉に目をかけてくれたそうです。相当に早《そう》熟《じゅく》で頭の良い子といえましょう。

②ほそけれど　人の杖《つえ》とも　柱とも　思は《わ》れにけり　筆のいのち毛《も》

（歌意）筆というものは細いけれど私にとって
　　　生きる支えのように思われたことよ

というのが、一葉がそのころ詠《よ》んだ、生涯《がい》初めての歌として残っていますが、ま

問3　――線部①とありますが、妹・くにが一葉のことを書き残したことで私たちはどのようなことを知ることができますか。最も適切なものを次の中から選び、記号で答えなさい。

ア　一葉の日記の内容には書かれていない当時の東京のくわしい様子
イ　紹介されている具体的なエピソードをとおして、幼少のころの一葉がどのような子どもであったかということ
ウ　姉・一葉の発言の面白さや物おぼえのよさといった聡明さを兄妹たちが誇りに思っていたこと
エ　一葉は日記の中で自分はおとなしく、物おぼえがよかったといっているが、実は全然そうではなかったという事実

[　]

問4　――線部②の一葉が詠んだ歌を筆者はどのような歌だと評していますか。文中から三十字以内でさがし、はじめと終わりの五字ずつを書きぬきなさい。

[　　　　　]～[　　　　　]

さに筆一本でこの辛《つら》い浮世《うきよ》を泳ぎ渡《わた》ろうとした一葉の人生そのままの歌です。

「十二といふ《う》とし学校をやめける（やめた）が、そ（それ）は母君の意見にて、女子にながく学問をさせなん（させるの）は、行々《ゆくゆく》の為《ため》よろしからず（よくない）。針仕事にても学ばせ、家事の見ならいなどさせん（させよう）、とてなりき（ということになった）」（明治二十六年八月十日）

青海学校小学高等科第四級卒業、というのが最終学歴、しかし③●席です。向学心の強い一葉は、本当はもっと勉強したかったことでしょう。

④「死ぬばかり悲しかりしかど（悲しかったけれど）、学校は止《やめ》になりけり（やめることになった）」

それからの一葉は家事の見習いをしたり、父の知人和田重雄に和歌を添削《てんさく》してもらったり、母のいいつけで神田同朋《ほう》町の松永政愛《せいあい》夫人に裁縫《さいほう》を習いに通ったりしました。

明治十七（一八八四）年、一家は御徒町から西黒門町二十二番地に転居します。父則義はじつはこの賢い少女にもっと学問をさせたかったようです。それで明治十九年・十四歳の八月、一葉は父の友人の紹介で、小石川安藤坂にあった歌塾萩《じゅくはぎ》の舎《や》に入門します。しかしそろそろ⑤樋口家の家運は傾《かたむ》きはじめていました。明治二十年の十二月、頼みとする長男の泉太郎、明治法律学校に学び、やっと大蔵省に勤めはじめた長兄が肺結核《はいけっかく》で亡くなります。次兄虎《とら》之助が分籍《せき》していたので、十五歳の一葉になりゆき相続戸主という重荷がのしかかってきました。

則義は官吏《かんり》※をやめて、金融業に手を出しはじめていましたが、（中略）商売もうまくいかず、翌年には黒門町の自宅を売って、虎之助の高輪北町の借家に同居、その後、神田表神保町、神田淡路《あわ》町と転々としています。そして則義は最後の力をふりしぼって荷車請負《うけおい》業組合、すなわち運送業の設立をはかりますが、この新ビジネスも挫折《ざせつ》、[C]明治二十二年七月十二日、失意のうちに病没《ぼつ》します。五十九歳でした。（中略）

問5　――線部③、「学年で最もよい成績を修めた者」という意味になるように「●席」の●に漢字一字を入れなさい。

[　　]席

問6　――線部④のことばからは一葉のどのような気持ちが感じられますか。次の文の[A]・[B]に入る表現をAは文中から六字ちょうどで書きぬき、Bは文中の語句を使い六字以内で書きなさい。

[A 六字ちょうど]一葉が、学校をやめることを[B 六字以内]気持ち。

A	B

問7　――線部⑤「樋口家の家運」はどのように「傾きはじめ」たのですか。家運を傾かせた具体的な出来事を二つ、それぞれ二十五字以内で書きなさい。

ともかく一葉はその短い一生にどれだけ引越しをしたことでしょう。いままで見ただけでも内幸町、下谷練塀《ねりべい》町、麻布三河町、本郷六丁目、御徒町で二ヶ所、西黒門町、高輪北町、神田表神保町、神田淡路町ということになります。明治の引越しは冷蔵庫、洗濯《せんたく》機などいまのような重たい家電製品もなく簡単だったでしょうし、生活の不安定をそのまま物語っている気もします。そして一葉の小説は多く、この東京東部、下谷や本郷、神田の「ささやかなる天地」を舞台にしています。（中略）

一葉はかつて住んだ、勝手知ったる東京の土地を、微《び》に入り細《さい》に入り活写《かっしゃ》します。明治十年代、二十年代の東京、それはまだ道は狭《せま》く、舗装《ほそう》もされず、坂は急で、いたるところに川や溝《どぶ》が流れていました。大名屋敷や旗本《はたもと》屋敷は荒れ果てて廃墟《はいきょ》のようで、まだ跡地利用も定まらず、いかにも零落《れいらく》した旗本のお姫《ひめ》さまが住みそうでした。桑《くわ》茶政策というおかしな命令が政府から出て、高台の武家屋敷が桑畑や茶畑にされ、滝野川や渋谷の松濤《しょうとう》では茶摘《つ》みが行《おこ》なわれていました。そんな東京を思い浮《うか》べて読むと一葉は［D］面白く感ぜられます。

かと思うと東京の大路には鉄道馬車が走り出し、人力車が鉄輪をひびかせ、神田の京屋呉《ご》服店には洋式の大時計が鳴っていました。すべてが新旧交代の混乱の中にありました。一葉の小説の面白さは、江戸の名残りを生活様式にも※心象にもにじませながら、一方で⑥文明開化の新しい文物が多数登場するという所にあります。

一葉自身は記録で見るかぎり、明治二十五年九月二十六日、和歌の師中島歌子にさそわれて埼玉の大宮公園に秋草を見たとき以外、東京を出なかったと思われます。このときは上野から午前十一時の汽車に乗り、午後三時にはもう帰りの汽車に乗っています。明治十六（一八八三）年、上野駅が開業し、熊谷《くまがや》までの線路が敷《し》かれたのでした。

しかし、土地に縛《しば》りつけられたのはひとり一葉だけではありません。江戸時代も※「入り鉄砲《でっぽう》出女」といって女性の旅には厳しい制限がありましたが、明治の庶《しょ》民階級の女たちもほとんどが狭い土地の中で子を産み育て働きつづけ、そこで死んでい

問8　――線部⑥「文明開化の新しい文物」が登場する一文を文中からさがし、はじめと終わりの五字ずつを書きぬきなさい。

□□□□□～□□□□□

問9　――線部⑦はどのような意味ですか。最も適当なものを次の中から選び、記号で答えなさい。

ア　一葉の日記を読んで、一葉と同じ時代に生きた多くの女性たちが共感したということ。
イ　一葉の日記の中には、一葉と同じ時代に生きた多くの女性たちが登場すること。
ウ　日記の中の一葉の姿は、一葉と同じ時代に生きた多くの女性たちに影響を与えたということ。
エ　日記の中の一葉の姿は、一葉と同じ時代に生きた多くの女性たちの境遇と重なるということ。

ったのです。明治の日本は国力の上昇気運の中にはありましたが、まだまだふつうの人びとは貧しかった。⑦一葉の日記の中には、同世代に生れた何百万人の一葉の影《かげ》がうつしとられています。

⑧「一葉女史、樋口夏子君は東京の人なり」と斎藤緑雨《りょくう》が「校訂《てい》一葉全集」（明治三十年刊）に一言しているのは※正鵠《せいこく》を射たものでしょう。私は、同じ東京に、しかも同じ※界隈《かいわい》に、凛《りん》として生き抜いていたこの若い女性に、⑨と⑩を抱《いだ》かずにはいられません。

（森まゆみ『こんにちは　一葉さん』より）

〈注〉※　四書……儒《じゅ》学でたっとぶ四つの本
※　素読……内容の理解は抜きにして、漢文の文字づらだけを声に出して読むこと
※　官吏……役人
※　心象……見たり聞いたりしたことが基になり、ある形を取って心の中に現れて来るもの
※　入り鉄砲出女……江戸幕府が反乱を警戒《かい》して、関所で江戸に入る鉄砲と江戸から出る女性（大名の妻などの脱出を防ぐため）を厳しく改めたこと
※　正鵠……弓の的
※　界隈……そのあたり一帯

問10　——線部⑧について。筆者は斎藤緑雨の「一葉は東京の人だ」ということばを「正鵠を射たもの（その通りだ）」と評していますが、どのような点で「一葉は東京の人」といえるのでしょうか。次の中から適当なものをすべて選び、記号で答えなさい。

ア　東京に憧れつづけていた点
イ　東京にずっと住んでいた点
ウ　東京の地を舞台に小説を書いた点
エ　東京の市民の生活を支えていた点
オ　東京からほとんど出たことがなかった点
カ　東京十五区（当時）すべてに居を構えた点

問11　⑨・⑩に入ることばの組み合わせとして適当なものを次の中から選び、記号で答えなさい。

ア　⑨　驚き　　⑩　嫉妬《しっと》
イ　⑨　あわれみ　　⑩　なつかしさ
ウ　⑨　親しみ　　⑩　敬愛
エ　⑨　敬意　　⑩　近寄りがたさ

8 第Ⅲ期のおさらい

次の文章を読んで、下の問いに答えなさい。字数制限のある問題では句読点や記号も字数にふくみます。※印をつけたことばについては、本文の後に〈注〉があります。

学習のねらい ▼総合演習

あれは、小学校の三年生のときだった。

家の近所に広い空き地ができたのだ。

ぼくの家は、都会のはしのほうの古い町の中にある。いや……父の話では、町は古いが以前はあっちこっちに畑もあって、のんびりしたところだったそうだ。それが今では家だらけになり、古い家は取り壊《こわ》されて新しくなったりマンションが建ったりで、昔とはまるで変わってしまった――のだそうである。でもぼくはそんな昔のことは知らないから、町ってまあ①こんなものだと思っていたのだ。

ところが、家の近くの何十軒《けん》かがいっぺんに立ち退《の》きになった。何でも十六階建てのマンションが建設されるとのことで、②それらの家は次から次へと壊されて行った。ジュースの自動販《はん》売機を置いていた菓子《かし》店も潰《つぶ》されてしまい……後は、ロープを張りめぐらした広い空き地になったというわけである。

しかし、マンションはなかなか建てられなかった。何かジュンビ[ア]のツゴウ[イ]でもあったのかもしれない。そのうちに、広々とした空き地には草が茂《しげ》り始めた。

「懐《なつ》かしいなあ。近頃《ごろ》じゃこのへんであういう空き地なんて、めったに見られないものなあ。子供の頃にはよくあんな空き地で、キャッチボールをしたりサッカーをやったりしたもんだ」

問1 ══線部ア～オのカタカナを漢字に直しなさい。

ア	イ	ウ	エ	オ

問2 ――線部①「こんなもの」とありますが、これはどのような様子を表していますか。次の中から最も適当なものを選び、記号で答えなさい。

ア 自由に使える広い空き地が近所にある様子
イ 畑などが町のあっちこっちにあるような様子
ウ 家やマンションなどが立ち並ぶような様子
エ マンションばかりが次々と建てられている様子

問3 ――線部②「それらの家」とはどんな家を指しますか。次の□に入ることばを十字程度で答えなさい。

「ぼく」の□家

と、父はいったりしたが……ぼくにはろくに関係のないことだった。とにかく、学校から帰ったらすぐに塾《じゅく》へ行き、夜戻《もど》って食事をしたら勉強するかテレビゲームをやるかなのである。何もない原っぱに入ったって、意味がないのだ。遊ぶといったって何をしていいかわからず、相手もおらず、第一、立入禁止の札がロープにぶらさがっているのであった。

そんな、ある日。

学校から帰ってくる途《と》中、原っぱを見ると、四、五人の小学生が中に入っている。一番大きいのは、五年生か六年生位の男の子で、他はぼくと同じかそれ以下の年頃であった。

みんなで、何か変なものを上のほうへ飛ばしているのだ。短い細い棒《ぼう》の先に羽根みたいなものをくっつけて両手で棒を回すと羽根が飛び上がるのである。

あれは、たしか、③とかいうんじゃなかったか？

そしてぼくはその中に、クラスメートの原田勝利がいるのを認《みと》めた。

原田は何もかもが普《ふ》通という、あまりぱっとしない奴《やつ》であった。姿《すがた》かたちも普通、勉強も普通、これといって ウ トクギもない人間なのだ。そういえばたしかお父さんが海外へひとりで行っていて、お母さんが働いていて、ひとりっ子で、※かぎっ子でもあると聞いていた。しかし、ひとりっ子のかぎっ子なんてクラスに何人もいるのだから、別に特徴《ちょう》とはいえないだろう。

その原田が、他の連中と一緒《しょ》に③で遊んでいる。

④と。

原田の放った羽根が、ひゅうと飛んできたのだ。何とか体をひねったので肩《かた》に当たっただけで済《す》んだけれども、そのままでは顔に エ メイチュウするところだった。

原田が走って来た。

「悪い、悪い」

いいながら、⑤相手がぼくと気づいたのだろう。少しぎくりとしたように足を止め

問4 ③には竹を生き物に見たてて名づけた、昔のおもちゃの名前が入ります。

(1) このおもちゃの名前として最も適当なものを次の中から選び、記号で答えなさい。

ア 竹馬　イ 竹笛
ウ 竹とんぼ　エ 竹へび

(2) このおもちゃをはじめとして、テツオは原田たちにいろいろな遊びを教えてくれます。そのような遊びとは対極にある（反対の意味を持つと位置づけられる）遊びを文中から書きぬきなさい。

問5 ――線部④「と。」とありますが、この後にことばを補うとしたら、次のうちどれが最も適当ですか。選び、記号で答えなさい。

ア やがて　イ ついに
ウ すぐに　エ その時

たのだ。

ぼくは羽根を拾ってやり、しかし、一応モンク[オ]をいった。

「危ないじゃないか。それにここは立ち入り禁止だぞ」

「……………」

原田は黙《だま》って羽根を受け取ったものの、何もいい返さなかった。もともと気の弱い奴なのだ。

「何だ何だ」

大きな声を出してやって来たのは、⑥五年生か六年生位の男の子である。がっちりした体格で、顔つきも荒《あら》々しかった。

そいつはぼくをにらんだ。「邪魔《じゃま》をするつもりか！」

「おれたちはここで遊んでいるんだ」

「ここは……立ち入り禁止ですよ」

ぼくは、ロープに下がった札を指した。

⑦「そんなもの、お体裁《ていさい》でつけているんだ」

そいつはいい返した。「いかんというのなら警《けい》察でもそのへんの奴でも呼《よ》んでこい。呼べるものならな！　原っぱがあったら遊ぶもんだ！　つべこべいうな！」

「……………」

ぼくはもう何もいわなかった。

こんな野蛮《やばん》な奴を相手にしたって仕方がない。

それにまた、こんなことでわざわざ警察へいいに行く気もぼくにはなかった。そんな真似《まね》をすれば母が、つまらぬことをして、とぶつぶついうのは間違《ちが》いない。だからぼくは無言でその場を離《はな》れたのだ。

その夜、ぼくはこの件を母に喋《しゃべ》った。

「放っときなさいよ」

案の定、母はいったのだ。「出過ぎたことをしなくてもいいの。トラブルは嫌《いや》です

問6　――線部⑤のように原田が足を止めたのはなぜですか。次の中から適当なものを二つ選び、記号で答えなさい。

ア　もう少しで顔にあたってしまうところだったから。

イ　仲良しの「ぼく」を誘わなかったので気まずかったから。

ウ　ライバルである「ぼく」に、文句を言われるのがいやだったから。

エ　学校で見せている自分とちがう自分を見られたから。

オ　遊んではいけない場所で遊んでいるのを見つけられたから。

問7　――線部⑥について、この男の子はだれですか。文中から名前を書きぬきなさい。

問8　――線部⑦から、男の子が札をどのようにとらえていることがわかりますか。次の中から最も適当なものを選び、記号で答えなさい。

ア　意味深長だ　　イ　前代未聞だ

ウ　空前絶後だ　　エ　有名無実だ

からね」

もっとも……父はこの話を聞き、今どきにしてはなかなか勇ましい子がいるものだなと母に感想を洩《も》らしたらしいが……さすがに直接にはぼくにいわなかったのである。

次の日も、また次の日も、原っぱには子供たちが集まっていた。五、六人から、多いときには十数人が来ていたのだ。

そのリーダーは、例の五年生か六年生位の奴である。みんな、リーダーのいう通り、上体をかがませて膝《ひざ》を持った者の背中を順番に飛んだり、輪を棒のようなもので押して回しながら走ったり、腕《うで》立て伏《ふ》せをやったりしているのだ。その中にはいつも原田がいた。

ぼくは一度か二度、おとなが、

「こら！　そんなところで遊ぶな！」

と、わめくのに出くわしたことがある。

するとかれらは、リーダーの、逃《に》げろ！　という命令一下、外へ走って行くのだった。それを見ると⑧どなったおとなのほうも、どういうつもりか、わっはっはと笑うだけなのである。そしてそのおとながいなくなると、かれらはまた戻ってくるのであった。

ぼくはこのことを、学校でいいふらしたりはしなかった。喋れば、みんなの噂《うわさ》になるだろうし、原田自身も困った立場になるに違いない。ぼくは原田には何の義理も恩義もないけれども、ぺらぺらと他人のことを喋りまくるような人間にはなりたくなかっただけである。

ただ、当の原田には学校で忠《ちゅう》告してやった。

「きみ、あんなところで毎日遊んでいて、勉強はどうなってるんだ？　それに、今に近所の人もうるさくなるだろうし、学校にも知れるぞ」

「いいんだよ。ぼくはかぎっ子だから、自分で自分の面倒《どう》位見られるよ」

問9　(1)「ぼく」、(2)母、(3)父の性格として最も適当なものを次の中からそれぞれ選び、記号で答えなさい。

ア　勉強にしか興味のない、優等生らしい性格
イ　責任を負うことをいやがる、おくびょうな性格
ウ　きまったことは自分も他人も守らないと気がすまない四角四面な性格
エ　めんどうな問題はさけたいという、ことなかれ主義の性格
オ　悪いことをしているのを見ても悪いとは思わない、無神経な性格
カ　きまりの違反にも理解のある態度をしめす、寛《かん》容な性格
キ　きまりを守ることがごくあたり前と考える、まじめな性格

(1)
(2)
(3)

問10　——線部⑧「どなったおとなのほうも、どういうつもりか、わっはっはと笑うだけなのである」とありますが、この時の「おとな」と共通する気持ちが表れている部分を、文中から二十五字以内でさがし、はじめと終わりの五字ずつを書きぬきなさい。

□□□□□ ～ □□□□□

原田は、⑨意外にしっかりした口調で答えたのだ。「昼間は昼間。ぼくは塾へ行ってないしね。夜は自分で勉強してるんだ」

「……」

「あいつ……ぼくらにいろいろ遊びを教えてくれる奴ね、テツオっていうんだ」

原田はつづけた。「テツオが教えてくれるまで、ぼくはあんなに面白い遊びがたくさんあると知らなかった。それに、いろんな本を貸してくれるんだ。マンガや小説で、これも面白いんだよ。何かと元気づけてもくれるし」

「……」

相手がそんなつもりなら、もう何をいっても仕方がないだろう、と、ぼくは諦《あきら》めたのであった。

そして。

やっぱりぼくが思っていたように、原っぱでのことは問題になり始めた。近所のお母さん連中があれこれいうようになってきた――と、母から聞いたし、学校でも原田が他のクラスメートに何かいわれているのを何度も目にするようになったのだ。

ときには学校からの帰り、原っぱのロープの外に何人かが並んで、中の様子を眺《なが》めているのを見掛《か》けたりもした。

このままでは、きっと、何かうるさいことになっただろう。

だが、そのうちにマンション建設が開始された。ロープの代りに高い仕切りが作られ、中には機械類が入って、ごうごうがりがりと音を立てるようになったのだ。

もちろんそうなると、もう中には入れなかった。原っぱでの、テツオとやらいうリーダーにひきいられての子供の一団の遊びは、消えてしまわねばならなかったのである。

そのころからぼくは、⑩原田が変わってきたのに気がついた。マンションの建設が

問11 ――線部⑨について次の問いに答えなさい。

(1) 「意外に」とありますが、これまでぼくは原田のことをどういう性格の人物としてとらえていましたか。「□性格」の□に入る四字ちょうどのことばを文中からさがし、書きぬきなさい。

□□□□

(2) 「意外に」と反対の意味を表すことばを三字で書きぬきなさい。

□□□

問12 ――線部⑩について、次の問いに答えなさい。

(1) 本文全体を通して、原田はどのように変わっていきましたか。変化の順を追って、次の説明の□に入ることばを答えなさい。ただし、1～3は指定された字数で文中から書きぬきなさい。4は文中のことばを使って書きなさい。

最初は［1 二十字ちょうど］奴だった。

↓

妙に［2 五字ちょうど］きただけでなく、体育や絵において才能を発揮するようになり、みんなから［3 五字ちょうど］るようになった。

↓

高校では［4］となっている

始まる少し前には、原田はみんなにいろいろいわれるようになっており、いじめの対象になるのはほとんど時間の問題だったのだが……妙《みょう》に落ち着いてきて、おかしなことをいわれても相手にせず、それでもひやかそうとする者がいると、みんなの前で、ここで決闘《とう》しようといい、なぐり合いもするようになったのである。もっとも、いつも原田が勝つとは限らなかった。三回に一回は負けたのだ。これでつねに勝っていれば、またそれはそれで憎《にく》まれたであろうが……ほどほどに勝ったのである。のみならず、学校の成績はまあ普通でも、体育のときには宙《ちゅう》返りをやってみせたり大車輪をやったりして、先生をびっくりさせたし、絵もうまくなった。人気マンガの主人公の絵など、誰も真似できなくなったのだ。

不思議なことだ、と、みんなはいった。そしてぼくは思うのだが、普通ならそんな風になればなるほど、みんなののけものにされるところなのに、何となく一目置かれて、誰も妙なことをいわなくなったのが……ぼくにはさらに不思議だった。

★　ぼくは現在高校の二年生だ。よく知られた進学校に通っている。

そして原田は、あまり有名でなく進学校でもない高校に行っているが……聞くところによればスポーツが達者でサッカーか何かの選手であり、美術展《てん》にはたびたび入選し、高校生の発明展覧《らん》会で賞ももらったりして、その学校の※ホープなのだそうである。原田は原田としての人生を歩もうとしているのだろう。

今になって考えれば、原田はあの原っぱでの遊びで、テツオに教えられ鍛《きた》えられているうちに、だんだん変わってきたのではないか……テツオとはそういう魔《ま》力か超能《ちょうのう》力みたいなものを持った奴だったのではないか——という気がする。そして、テツオと遊んでいた他の子供たちにしても、テツオによって何かの能力を開発されたのではないだろうか。原っぱでの、ぼくなどから見れば馬鹿馬鹿しい遊びをやり、テツオの感化を受けて、そうなって行ったのではなかろうか。

ぼくがこんなことをいうのには、理由がある。

1	2	3	4

(2) 原田が変わってきた理由を「現在」のぼくはどのように考えていますか。文中のことばを使って答えなさい。

この間ぼくは、学力コンクールを受けるためによその高校へ行った。

その高校の傍《そば》に、空き地があったのだ。大きな空き地で、草が茂っていた。空き地にはロープが張られ立入禁止の札があり、その中で子供たちが走り回っていた。そのリーダーは、小学校の五年生か六年生の——あいつだった。テツオだったのだ。いくら見ても間違いない。あのときのテツオだったのである。あれからもう八年も経つのに……あのときのままのテツオが、子供たちをリードしていたのだ。

⑪信じられなければ、信じてくれなくてもいい。

けれどもそうだったのだ。

きっとテツオは、年をとらない……空き地があればそこに出現して子供たちのリーダーになる存在なのだ。そして、一緒に遊んだ子供たち、そうしようとした子供たちに力を及《およ》ぼし、子供たちを変えようとしているのだ。人間ではなく、そういう存在なのだ。ぼくはそうだと信じるのである。

（『現代童話館2』所収　眉村《まゆ》卓《たく》「原っぱのリーダー」より）

〈注〉※　かぎっ子……親が働いていて学校から帰ると家にだれもいない家の子

※　ホープ……その集団の大勢の期待が集まるすばらしい人物

問13　——線部⑪「信じられなければ、信じてくれなくてもいい」とありますが、何を信じられなければ信じてくれなくていいと言っているのですか。最も適当なものを次の中から選び、記号で答えなさい。

ア　高校生になった「ぼく」が空き地で見かけた少年が、八年前と変わらないテツオだったこと

イ　空き地で、八年前と変わらない原田とテツオが遊んでいるのを見たこと

ウ　テツオが超能力を使って不思議なことをしているのを見たこと

エ　「ぼく」がたまたま出かけた学校のそばに、八年前とまったく同じ空き地があったこと

問14　テツオとはどのような存在ですか。★（128行目）より後をよく読んで書きなさい。

本を読もうよ！3

★第Ⅲ期で題材となった本の紹介★

	収められている本の題名	著作者名	出版社
1	読書からはじまる	長田　弘	日本放送出版協会
2①	海の鳥・空の魚	鷺沢　萠	角川文庫
2②	いちご同盟	三田誠広	集英社文庫
3	冬物語	南木佳士	文春文庫
4	日本幻想小説傑作集Ⅰ	黒井千次	白水社
5①	食の文化史	大塚　滋	中央公論社
5②	大江戸えころじー事情	石川英輔	講談社文庫
6①	明治の人物誌	星　新一	新潮文庫
6②	心と響き合う読書案内	小川洋子	ＰＨＰ新書
7	こんにちは　一葉さん	森まゆみ	ＮＨＫライブラリー
8	現代童話館２	眉村　卓	新潮社文庫

▼中学入試にはどんな本が出るの？

中学入試によく出題される本にはどのようなものがあるのでしょうか？

物語文でよく出題されるのは、主人公が少年・少女で、その行動や思いに共感できるようなお話。大人の視点から書かれたお話もしばしば出題されますが、小学生のみなさんにはなかなか共感しにくい場合もあるので、多少は慣れておきたいですね。

説明文・論説文では、生態系、異文化、言葉、哲学といったテーマのものがよく出題されています。

「よく出るテーマ」「よく出る著者」といった中学入試の出題傾向を詳細に研究して、本書は構成されています。入試によく出題される文章の特徴として、「一つ一つのお話（細かく章立てされている）が短く、まとまりのある文章」であることがあげられます。難しそうだけど、すっきりとまとまった文章の数々、読んでおいてソンはないですよ。上記の著者の本から読んでみてはいかがですか。

	読んだ本の題名	作者・筆者
11		
	感想・メモ	
	読んだ日　年　月　日	

	読んだ本の題名	作者・筆者
12		
	感想・メモ	
	読んだ日　年　月　日	

	読んだ本の題名	作者・筆者
13		
	感想・メモ	
	読んだ日　年　月　日	

	読んだ本の題名	作者・筆者
14		
	感想・メモ	
	読んだ日　年　月　日	

	読んだ本の題名	作者・筆者
15		
	感想・メモ	
	読んだ日　年　月　日	

	読んだ本の題名	作者・筆者
16		
	感想・メモ	
	読んだ日　年　月　日	

	読んだ本の題名	作者・筆者
17		
	感想・メモ	
	読んだ日　年　月　日	

	読んだ本の題名	作者・筆者
18		
	感想・メモ	
	読んだ日　年　月　日	

	読んだ本の題名	作者・筆者
19		
	感想・メモ	
	読んだ日　年　月　日	

	読んだ本の題名	作者・筆者
20		
	感想・メモ	
	読んだ日　年　月　日	

読書の記録

さあ、本を読もうよ！

1	読んだ本の題名	作者・筆者
	感想・メモ 読んだ日　年　月　日	

2	読んだ本の題名	作者・筆者
	感想・メモ 読んだ日　年　月　日	

3	読んだ本の題名	作者・筆者
	感想・メモ 読んだ日　年　月　日	

4	読んだ本の題名	作者・筆者
	感想・メモ 読んだ日　年　月　日	

5	読んだ本の題名	作者・筆者
	感想・メモ 読んだ日　年　月　日	

6	読んだ本の題名	作者・筆者
	感想・メモ 読んだ日　年　月　日	

7	読んだ本の題名	作者・筆者
	感想・メモ 読んだ日　年　月　日	

8	読んだ本の題名	作者・筆者
	感想・メモ 読んだ日　年　月　日	

9	読んだ本の題名	作者・筆者
	感想・メモ 読んだ日　年　月　日	

10	読んだ本の題名	作者・筆者
	感想・メモ 読んだ日　年　月　日	

メ　モ

啓明舎の本

国語

「小学国語」
（みらい）
好評発売中

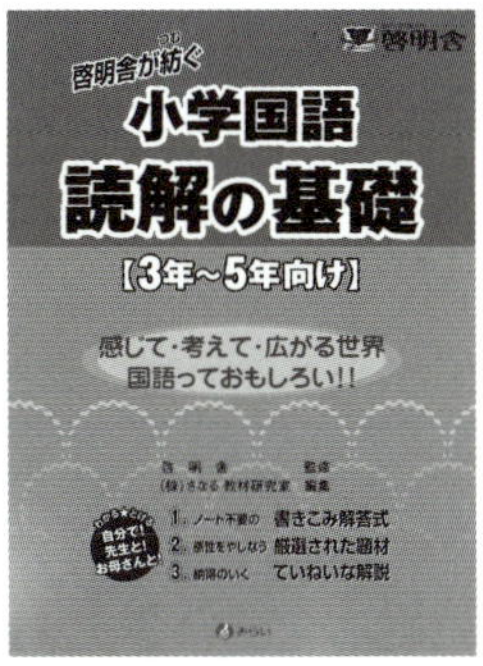

読解の基礎
（3年〜5年向け）

読解の完成
（5年・6年向け）

ことばの学習
（小学校3年生〜）

算数

「秘伝の算数」
（東京出版）
好評発売中

入門編（4・5年用）

応用編（5・6年用）

発展編（6年・受験用）

社会

「小学社会」
「中学入試」
（みらい）
好評発売中

日本の地理【第3版】

日本の歴史

現代社会【第2版】

理科

「新しい教養
のための理科」
（誠文堂新光社）
好評発売中

基礎編

応用編 Ⅰ

応用編 Ⅱ

受験編

◆啓明舎とは?

啓明舎は1984年、東京お茶の水に中学受験の進学塾として設立されました。現在、本部は文京区小石川へ移転し、１教場のみで１学年約200名前後の塾生を毎年難関・名門校へ送り出し、圧倒的な合格実績を誇っています。独自のカリキュラムとオリジナル教材には定評があり、自由闊達な雰囲気と緻密な組織力で「塾生全員第一志望校合格！」を合言葉に、日々邁進しています。

またカリキュラムにそって、次の模試を実施しています。

学力健康診断テスト（3年生）・ナビゲーション模試（4･5･6年）
隔週テスト（4･5･6年）・学校別トライアル（6年）

個人別・教科ごとの分析カルテを作成、答案をもとに学習指導をしています。

本書『読解の応用』は、啓明舎５年生国語の授業テキストです。

啓明舎が紡ぐ
小学国語　**読解の応用**

2013年３月30日　初版第１刷発行
2019年９月１日　初版第５刷発行
発行人　荻原　太志
監　修　啓明舎
編　集　(株)さなる 教材研究室

発行所　株式会社　みらい
〒500-8137　岐阜市東興町40番地　第５澤田ビル
TEL:058-247-1227(代)
http://www.mirai-inc.jp
印刷・製本　サンメッセ株式会社

ISBN978-4-86015-298-7 C6081

〔著作権許諾〕
日本文藝家協会著作権管理部
新潮社文芸コンテンツ部著作権管理室

啓明舎が紡《つむ》ぐ

小学国語
読解の応用

【4年～6年向け】

読んでおきたい16のテーマ！
国語の醍《だい》醐《ご》味《み》をたのしもう！

【解答解説】

1. ノート不要の書き込み解答式
2. 無理なく力がつく記述対策
3. 納得のいくていねいな解説

みらい

I－1 生き物の不思議（P1）

解答

問1 大好物
問2 い ア う エ お ウ
問3 エ
問4 ウ
問5 A 手をつけない B イ C 警戒して
問6 近くにノウサギが寝ている
問7 もっぱら追われる身
問8 三
問9 1 × 2 × 3 ○ 4 ○ 5 ×

解説

問1 「あ でおびきよせて捕《つかま》える方法」は「きらいなもので寄《よ》せつけない方法」と逆《ぎゃく》です。「きらいなもの」の逆は「大好物」ですね。

問2 い、マメガラでノウサギをおびきよせられるという期待に反して支笏《しこつ》湖周辺のノウサギはマメガラを食べませんでした。期待したことと逆のことが起きているので逆接の「だが」です。

う、うの前の支笏湖周辺のノウサギたちがマメガラを食べなかったという内容を言いかえていますから「つまり」。

お、かみ荒《あ》らすにしても食べるためだけなら被《ひ》害もたかがしれていますが、さらにただかみ切るためにもかみ荒らすのですから被害が大きくなるのです。ひどいことの上にさらにひどいことがつけ加えられています。

問3 工夫のつもりでも一つのやり方しか知らず、それだけをくり返していると遅《おそ》かれ早かれ敵《てき》に手の内を読まれてしまいます。「習性になっている」ことのおろかさを表しているのはエです。

問4 サルだろうと人間だろうと、イモを洗うという習慣が高級かどうかということを問題にしているのではありませんから、ア・イは×。エ、サルにとっては高級な習慣だと決めつけているのであれば「(?)」はつけないでしょう。他の動物たちとサルを比較《かく》しているわけではありません。

問5 19行目に理由が書かれています。

問6 ノウサギは自分の寝《ね》ぐらを知られないように「とめ足」をするのですが、逆に「とめ足」の理由を知っている猟師《りょうし》にとってはノウサギがいる目印になってしまうのですね。

問7 激《げき》増して山林に大被害を与《あた》えている「弱き者」とはノウサギのこと。ノウサギを指す表現で弱い立場を表すものをさがします。

問8 48行目からの段落で「第一に」「第二に」「第三に」と三つに分けて書かれています。「こんなにノウサギがふえた原因は」という表現を見逃《のが》さないように！

問9 1、ノウサギは増えているのですから対策《さく》は失敗です。
2、支笏湖のノウサギはマメガラを食べませんからあてはまりません。
5、猟師に見破られてしまっていますね。

解答

問1 (1) 屋久島　(2) 水にうかぶ小さな地球

問2 A 雨が多い島　B イ

問3 森がよけれ～るのです。

問4 生物の食べる食べられるの関係がくさりの輪のようにつながっていること

問5 エ

問6 (1) 海水と淡水のまじる汽水域
(2) 時間によっ～できている（から。）

解説

問1 「緑の島」とはもちろん屋久島《やくしま》のことです。屋久島をたとえを使って言いかえていることばには「ひとつの惑《わく》星」もありますが、十字ちょうどという字数指定に合うものは「水にうかぶ小さな地球」しかありません。

問2 一か月は三十日ないし三十一日しかないのですから、「三十三日雨がふる」ということは実際にはありえませんよね。実際に考えられる程度《てい》をこえて雨が降《ふ》る、屋久島はそれほど雨が多い島なのだと、大げさに表現（＝強め・強調）しているのです。

問3 海にいるはずの魚が、どうして森と関係するのでしょうか。答えは海と森の関係について述べられている部分にあります。——線部③のすぐ後に「むかしの人は海と森の関係をこう表現しました」とあり、「魚は森につく」ということばの意味が説明されています。

問4 「これ」は指示語ですから、前の部分を読みます。すると直前に「食べる食べられるの関係が、生物の世界ではくさりの輪のように森のなかから海までつづいているのです」とあるので、この文を使って答えます。しかし、本文のままの形で答えるのではなく、「これ」の代わりに文中にあてはめられるように（「～を食物連鎖といいます」に続くように）文末を整えます。

> **答え方×** 食べる食べられるの関係が、くさりの輪のようにつづいているを食物連鎖といいます。
> ⇒ うまくつながりません！
>
> **答え方◎** 食べる食べられるの関係が、くさりの輪のようにつづいていることを食物連鎖といいます。

「食物連鎖」とは何かを述べているのは15行目からですが、「食べる食べられるの関係が～」という文がわかりやすくまとめて言いかえているので、「具体的に答えなさい」という指示でなければ「微《び》生物が」「昆《こん》虫が」と細かく書く必要はありません。

問6 (1)、——線部⑥をふくむ文の前半が答えです。「海水と淡《たん》水のまじるところ」の「ところ」は「汽水域《きすいいき》」を指すので、「海水と淡水のまじる汽水域」と言いかえましょう。

(2)、海水と淡水のまじる汽水域は河口《かこう》にありますね。河口に魚がたくさんいる理由を述べた34～39行目の段落からさがします。

I－2 自然を観察しよう② (P6)

解答

問1 イ

問2 照葉樹林はサルやシカなどの野生の動物にとって食料を与えてくれる樹林だから。

問3 A 照葉樹林　B 針葉樹と広葉樹の混交林

問4 ①屋久島で最大の杉
②屋久島の樹齢千年以上の杉
③生えてからまだ千年未満の杉

問5 エ

問6 A 太陽の光　B 大きくそだつ

問7 ウ

問8 A ウ　B ア　C エ　D イ

問9 例）見にくる人はマナーを守れ／本当に愛する人だけきてほしい
など

解説

問1 ①の前の二行と内容が合うものを選びます。山の下では亜《あ》熱帯でも山の頂上では亜寒帯ということですから、（山の上と下では日本列島の北（亜寒帯）と南（亜熱帯）のちがいと同じくらいはげしい気候の差があるとするイが答えです。太平洋側と日本海側という差ではありません。アを選んでしまった人は日本地図を見ておきましょう。エ、北海道の北部に亜熱帯と亜寒帯の地域の両方があるわけではありません。

問2 屋久島《やくしま》の照葉樹《じゅ》林がどういう意味のある場所なのか、――線部②の前の行に書いてあります。

問3 筆者が歩いた道すじを頭の中で再びたどりながらこの文章を書いていると考えて、――線部③の前と後の植物を比べます。

問4 縄文《じょうもん》杉は47行目、屋久杉と小杉は21行目からまとめます。

問5 28～30行目に屋久杉が伐《ばっ》採されてきた理由が書いてあります。材木に適したいい樹《き》ははこびだされてしまったので、残っているのは材木には適さない樹です。

問6 ――線部⑥の後に「森の上にあながあき、太陽の光がはいってきます。大きくそだつ空間ができたのです」とあります。大きな樹の日かげになっていたために、太陽の光を受けられず、成長できなかったまわりの樹に大きくそだつチャンスがまわってきたということですね。だれに「チャンス」がまわってきたのかを考えながら読めばかんたんです。

問7 ――線部⑦の次の行にある「縄文杉を愛するあまり」「かれのいうとおり、縄文杉はかなしそうでもあります」と合うものを選びます。ア・イのような身勝手な思いではありません。エのように「はげましたい」と思うのなら逆《ぎゃく》に会いに行くはずですね。

問8 続く部分を読みながら、あてはめていきます。

問9 57～62行目の縄文杉が置かれている環境《かんきょう》をふまえて書きます。縄文杉は「かなしそう」「さびしそう」とあるので、縄文杉をものめずらしさからさらしものにし、弱らせている人間の身勝手さをなげく内容を答えましょう。

Ⅰ−3 まとめ1（P9）

解答

問1 A イ　B エ　C ア　D ウ

問2 ウ　問3 イ

問4 (1) 一日中猛烈に暑く、日射も強い気候。

(2) ピカピカ光って、派手で美しい。

(3) できるだけ日光を反射するため。

問5 エ　問6 太陽光を吸収しやすい色をしていること。

問7 ⑥ 美的感覚　⑦ 体温

問8 あ イ　い ア　う イ

解説

問1 A じっとしていても体温は上がります。このうえ筋肉を動かして飛びまわったりしたら、もっと体温が上がってしまいます。前に書いてある内容を上回ることがつけ加えられているのです。

B・C 「もし気温十五度であったら」、「たとえ日中でも」と、仮の（仮定）条件を示しています。B「もし」やC「たとえ」、D「けっして」は「呼応《こおう》の副詞《し》」といって、つながることばが決まっていますので、一つ一つ覚えるようにしましょう。

★BとCの違い

B 「（気温が十五度ならば）虫の体温も十五度にしかならない」
→順当に予想されることがらにつながっている（順接）

C 「（太陽が出ている日中なのに）気温だけでは（寒くて）虫は動けない」→順当な予想とは反対の結果になっている（逆接）

D 「けっして〜ない」という強い否《ひ》定です。

問2 ① の後に、気温が高くなればその分昆《こん》虫の体温も上がると書いてあります。エは「わずかに」とあるのが×。

問3 じっとしていても体温が上がってしまうのですから、筋肉を動かして飛びまわった場合「気温が三十五度あったら、体温はそれよりはるかに上がって、致《ち》死的になってしまう」（13〜14行目）のです。

問4 (1) ——線部③の直前の「早朝から夕方まで猛烈に暑く、日射も強い」を使ってまとめます。「どのような気候の場所」かを答える問いなので、「〜気候」と終わるようにしなくてはいけません。しかし「早朝から夕方まで猛烈《もうれつ》に暑く、日射《しゃ》も強い気候」とすると、字数がオーバーしてしまいますので、「早朝から夕方まで」を「一日中」と言いかえるなど、工夫をしましょう。

(2)・(3) 日射が強く暑い熱帯では、チョウは体温が上がりすぎてしまうので、その対策《さく》としてピカピカ光る派《は》手な色になって日光を反射しているのです。(3)のように「何のため」かを答える問いでは「〜ため。」と答えを結びましょう。

問5・問6 気温だけでは寒くて動けないので、太陽光を吸収《きゅうしゅう》して体を暖《あたた》めるのです。イのように「太陽とだきあうこと」はできませんよね。ウ、「日中でも気温だけでは虫は動けない」ような低い気温の中では、いくら太陽が照っても「虫たちが活動しやすい」ほどあたたかい気温にはなりません。

問7 熱帯のチョウと北国のチョウの見た目が異《こと》なるのは、それぞれ生き延《の》びるために太陽光を吸収して体温を調節するためで、見た目を美しくしようとしたわけではありません。

解答

問1 自分が強い～く、面倒見
問2 1 いるべき場所　2 一人きり
問3 A 無視され　B つらい
問4 仲間はずれをつくるような男子
問5 耳　問6 イ　問7 イ　問8 ア
問9 （読み）たかびしゃ　（記号）エ
問10 サンペイ君が嘘つきではないことを知ってもらうために、福ちゃんやみんなにヌシを見せたいと考えていた。

解説

問1 福ちゃんの人物描写《びょうしゃ》がされている部分は「体が大きくて～お日様の匂《にお》いがした」と「自分が強いのを～面倒《どう》見がいい」の二か所ですが、「その福ちゃんが」に続く「なぜかサンペイ君だけには手厳《きび》しい」との対比を考えると、「親切ないい人」という内容の後者が答えとしてふさわしいと考えることができます。

問2 1、学校にいる間、博士《ひろし》は「ぼくがいるべき場所はここじゃない」と感じています。2、みんなから無視《し》されていたため、学校で「博士は一人きりだった」のです。

問3 博士とサンペイ君はクラス中から「のけ者」にされ、その結果「無視される」ようになっていました。博士はこの状況《きょう》を「つらいこと」と感じていますが、釣りのおかげで「なんとか耐《た》えられた」のでした。「一人でいることに耐えることって、ひょっとするとサンペイ君が博士に教えてくれたちょっとした技術《ぎじゅつ》かもしれなかった」とあることから、博士と同じようにサンペイ君も、この状況に耐えていたことがわかります。

問4 小林委員長の「あたしたちは仲間はずれをつくるような男子にはチョコあげないからね！」という言葉は福ちゃんに向けられたものです。したがって、クラスの女子たちは福ちゃんのことを「仲間はずれをつくるような男子」と考えているのです。

問5 教室に福ちゃんがいるのに、「今年は福ちゃんにはなしだって」と、大きな声では言えませんね。

問6 博士のほうは「誰《だれ》も博士に話しかけるのをためらわなかったし、福ちゃんも～また以前のように博士を扱《あつか》うようになった」のに、サンペイ君だけ「誰とも話をせず、授業中もただずっと窓《まど》の外を見ている状態のままだった」ので、博士は「胸《むね》がチクリと痛《いた》んだ」のです。

問7 サンペイ君が「水がぬるんで、やっと釣れたのだ」と言っていることから、ヌシが釣れたのは春先の出来事であることがわかります。バレンタインデーの後の出来事だということもヒントになります。

問8 「言葉を交わさなく」なっていたサンペイ君が声をかけてきてくれたことが、博士はうれしかったのです。――線部⑧の時点ではまだ博士は呼び出された理由を聞いていないので、イとウは適当ではありません。サンペイ君は「うれしそう」だとは言えないのでエもいけません。

問9 「高飛車」とは、「えらそうな」という意味です。少し上から物を言うのがサンペイ君の話し方の特徴《ちょう》です。

問10 このあとの博士の行動を読みます。博士はヌシを教室まで持って行き、福ちゃんやクラスのみんなに見せて「サンペイ君はほら吹《ふ》きじゃない」ことを証明《しょう》しようと考えたのです。

解答

問1 ア はんのう　イ 構　ウ 比　エ こうしゃ
オ いっぷく　カ 造語　キ したび

問2 A エ　B オ　C ア　D イ

問3 ① イ　② エ　③ イ　⑦ ア

問4 「お茶しませんか」という言い方と「お茶にしませんか」という言い方

問5 親子が仲よくすごす

問6 「科学」「学生」のような動きの感じられない名詞のすぐあとに「する」がつく言い方。

問7 イ

解説

問2 B、本当ならそういう言い方はしないところをわざわざそういう言い方をしているのですから、「あえて」が入ります。

C、［C］の後では、前の「友達にする」にもまして極端《きょくたん》な例を挙げているので「ましてや」が入ります。

問3 ②、そのことばを「おかしいと感じる」理由だと考えながら選ぶと、新しい言い回しであるために「なじみ、認められるところまでいっていない」とするエが適当です。イ、何をもって「ことばとして完成」した・しない、とするかはわかりませんね。ウ、「新しすぎる」は誤りとは言えませんが、「文中での意味」としてはエの方が状況《きょう》をより正しく表現しています。

③、「ひっかかる」のですから、自然にすんなりとは受けいれられない（＝不自然）のです。

問4 前の部分から、並べて比べられるような「微妙《びみょう》なニュアンスの差がある」二つのものごとは何かを読みとります。

問5 ――線部⑤の二行あとに「これまでは親子が仲《なか》よくすごすというようなことをあらわすことばがなかった」とあります。これまではなかったが今はある、親子が仲よくすごすというようなことを表すことばが「親子する」という言い方なのです。

問6 文中のことばを使うよう指示のある設問ですから、まず使うべきことばをさがします。「こういう」とあるから前を見ればいいのだな、と「食事する」「調査する」「議論する」を答えてはいけません。この三つは「とは違《ちが》って」と続きますから、それらしいからといってとびつかないようにしましょう（→問7）。答えは、この三つのような、もともと「～をする」の「を」だけが落ちた「～する」という言い方と違って、もともと「～をする」とは言わない（＝動きのない）ことばに「する」がついたものです。

問7 41～54行目から読みとると、名詞のあとにすぐ「する」のつくことばは次の二つに分けられます。

① 動きのふくまれる名詞のあとに「する」がつくことば
「散歩する」「努力する」「案内する」など→めずらしくない

② 動きのふくまれない名詞のあとに「する」がつくことば
「科学する」「親子する」「学生する」など→新しい言い方

解答

問1 1 関節 2 こみみ 3 びょういん
4 野球 5 げんいん 6 先祖
問2 A ウ B イ C ア
問3 a 大手 b 後ろ指
問4 ■ 水 □ 米
問5 ぼくは昨夜実験室へ行ったが、そこにはぼく以外には誰もいなかった
問6 ではないか 問7 エ
問8 自分が不注～じである。
問9 ウ

解説

問1 3「病院」、5「原因」などはふだん発音するときの音（「びょーいん」「げーいん」）とよみがなはちがうので注意が必要です。

問2 [A]は直前のあるイギリス人の発言を肯《こう》定しているので「なるほど」。[B]、どのように「はっきり言わない」かを言い表す「あまり」。[C]は前後で反対の内容を結んでいるので逆接の「しかし」が入ります。

問3 aは「大きな手を振《ふ》る」、bは「後ろむきの指」「後ろから指をさされる」から考えましょう。

問4 水を沸《わ》かしたものは「湯」、米を炊《た》いたものが「飯《めし》」です。「湯」・「飯」はいずれも出来上がった状態のものを表す語であるので、「湯を沸かす」・「飯を炊く」という言い方はおかしいのです。

問5 理屈《くつ》っぽいドイツ人のように事実関係をはっきりさせた表現にしましょう。「ぼく以外には（誰《だれ》もいなかった）」をはっきりと言わなくてはいけないのですね。

問6 「こんな質問」を筆者が引用していることに注意しましょう。話題は「間違《ちが》いではないかと言うのである。」まで続いていますが、あるアメリカ人が言ったことばはどこまでかを考える必要があります。「と言うのである」の「と」は引用の「と」とよばれるもので、この引用の「と」の直前までがアメリカ人の質問した内容になります。

問7 34行目に「『坊っちゃん』がないのは現在《ざい》の話です」とあるのに注目してください。「ございませんでした」の「でした」をよく考えると、それは過去のことを指しているのではないかとあるアメリカ人は言っているのです。

問8 54行目「そう思って『私が割りました』と言うのだ」に気づきましたか。「ひと続きの二文」というのも大きなヒントですね。

問9 この文章の筆者の一番言いたかったのは、最後の段落。外国語の表現とは違う独特の言い回しの中に日本人の責任感や道義感という「こころ」がこめられていると言っているのです。

解答

問1 Ⅰ ウ 2 エ 3 ア 4 イ 問2 エ

問3 台湾や朝鮮産の昆虫ばかりが載っていて、見なれた虫が載っていないところ。

問4 ウ

問5 カレーライスの食欲をそそるいい匂いをかいで食べたい気持ちでいっぱいになっているのに、食事制限のため我慢せねばならないことがどうにもせつなく、やりきれないほどつらいから。

問6 D 問7 イ・エ・オ （順不同）

問8 イ 問9 ウ 問10 ウ

解説

問1 Ⅰ、同じ本でも、せめてきれいな本を買おうと考えたのです。

2、本を開いた時点では、まだはっきりと何がおかしいか気づいておらず、どうもおかしいと感じているのです。

3、もともと心を惹《ひ》かれていた『昆《こん》虫図譜《ふ》』ですが、病床《しょう》の退屈《たいくつ》によっていっそう魅《み》力あるものとなったのです。

問2 「私」は家族に手伝ってもらって立派な標本を作った級友に対して「けしからぬ」と怒《おこ》っています。そんな「私」が家族に手伝ってもらっては、「けしからぬ」やからと同じになってしまいます。ウ、級友の標本に対して名札がついていることだけをくやしがったのではありませんから、名札をつけるだけでは満足できません。

問3 「私」が買ってきた本を開いてから――線部②までをまとめます。

問4 「これ」という指示語をたどると、食事を制限されることが大変なのだとわかります。エ、本文では「何《なん》にも食べられない」とありますが、これはあくまでも誇《こ》張（おおげさな）表現。「食べることを一切禁じられ」たということはないでしょう。

問5 食事制限で食べたいものが食べられないつらさをまとめます。

問6 Eの「それでも」が受けている部分がありません。「私」は勉強ができた、それでも、父はもっと勉強だけをしろと言ったのです。

問7 ア、意地汚《きたな》くなったのは腎《じん》臓病をわずらってからですから「40行目まで」という条件に合いません。イ、標本の件から負けず嫌《ぎら》いだとわかりますから○。ウ、本文からは読み取れません。エ、正篇《へん》と続篇を買い間違《ちが》えたところにあわてんぼうな面が出ています。オ、「ケチ」は22行目にはっきり書いてあります。

問8 「永久に何が何やらわからないのが一番面白い」というのが「私」の考えですから、筆者でも飽《あ》きるというア、エは誤り。ウ、――線部⑤の「何が何やら〜オヤオヤと思う」と矛盾《むじゅん》します。

問9 60行目から始まる段落に注意して考えましょう。初めて見る虫の名前も分かるという、本から知識を得た効果を実感したのです。

問10 ア、23・24行目にある通り、お金はもともと持っていたのです。買うのに時間がかかったのは「私」がケチだったからです。イ、「常に病弱」であったとも勉強熱心だったとも、書かれていません。エ、現代の教育のあり方を論じてはいません。

I－7 オトメの気持ちって？（P29）

解答

問1 1イ　2オ　3ア　4エ　5ウ
問2 ①目（顔）　②歯　問3 しりもち　問4 エ
問5 本当の気持ちを言って友達とつきあうこと。／相手の言いなりにならず本音でつきあうこと。
問6 イ　問7 A オ　B イ　C ウ
問8 ウ　問9 イ
問10 のり子が聡子の意見を優先させようと気をつかうのは初めてなので、照れくさいから。
問11 勇気を出してのり子に本音をぶつけ、自分に正直にふるまうようにしたことで、のり子と時にはゆずりあったり、素直に笑い合ったりできるようになり、いっしょにいても前ほど苦痛を感じなくなったから。

解説

問1 1、「にらむ」のですから、イ「じろっと」。2、犬を連れたおじいさんが散歩する様子ですから、オ「のんびりと」。3、聡子とのり子はひんぱんに意見がぶつかっていたのですよね。ア「いちいち」は、「こと細かに」「ひとつひとつ」という意味です。

問2 ①、のり子に図星を指されてうしろめたい聡子は、おもわず目をふせています。②、聡子はのり子の低い声にひるみかけますが、言いたいことはきちんと言おうと覚悟《ご》しています。

問3 聡子はよろけた拍子に「手」と「おしり」を「ついて」います。

問4 「もう、嘘《うそ》はやめよう」、「正直に言おう」からは、本当の気持ちをのり子に伝えようと必死になっている聡子の様子がわかります。

問5 ビート板があると泳ぎやすいけれど、それでは本当に自分の力で泳いだことにはなりません。ここでは、うまく友達づきあいをするための我慢《がまん》・嘘・おべっかなどがビート板にたとえられています。

問6 「立ちどまりたくなかった。ちょっとでも立ちどまったら、動けなくなりそうだった」という表現《げん》の直後を読むと、嘘をつかないためにのり子を傷《きず》つけるという選択《たく》は、聡子にとって心理的に負担《たん》のあるものだったと想像できます。

問7 A、「のり子の席に近よった」という動作に、「机《つくえ》を置いた」という動作をつけ足して述《の》べています。B、他のグループの子たちが「楽しくおしゃべりして食べて」いるのとは反対に、聡子とのり子は「口をきかずに」食事をしたので、「だけど」が入ります。C、「ふたり一組にならなければならなくなった」という状況《きょう》を受けて、「のり子が聡子に～近よってきた」と述べていますから、「すると」で結びます。「そして」と「すると」がAとCのどちらに入るか迷いますが、Aで「聡子は自分の机を抱《かか》えて、のり子の席に近よった」ということが、「向かい合わせではなく、となりに机を置いた」ことのきっかけになっているわけではありません。

問8 すぐ後に「他のグループの子たちは席を向かい合わせにして、楽しくおしゃべりして食べていた」とあります。向かい合わせに座《すわ》るのと、となりに座るのとはどう違《ちが》うのでしょうか。となりに座ると、お互《たが》い顔を見なくてすみますね。

問9 聡子が歩み寄ったことを受けて、のり子も相手に合わせていこうと努力していることが読み取れれば分かるでしょう。

問10 のり子がなぜ「照れ」たのかを考えましょう。

問11 大きなけんかの後、お互いにだんだん歩み寄り、最後にはうちとけるようになったという一連の流れをおさえながらまとめます。

Ⅰ－8 論理学コトハジメ（P37）

解答

問1 Ⅰ ア　2 ウ　問2 A ウ　B イ　C ア

問3 ウ　問4 誰かの言葉〜どちらかだ

問5 イ　問6 う→い→え→あ

問7 重要　問8 Ⅰ 一般的な意味　2 発話者の意

問9 ア

解説

問1 代表的な同音異義語はきちんと書き分けられるようにしましょう。

問2 A、筆者は「なぜだろうか」という問題提起を受けて考察を始めています。その部分の冒頭《ぼう》の前置きとして「まず」が入ります。B、「明日は晴れだよ」「人の人生は短い」のように真偽《ぎ》に関係しない例に対して、クレタ島人の話は「たしかに『事実』に関する言葉のように見える」と、逆《ぎゃく》のことを述べているので「ところが」が入ります。C、二つの可能性《かのうせい》を挙げてどちらかだろうかと考えているので、「それとも」が入ります。

問3 どれがおかしいか、前後を読みながらよく考えましょう。ウ、直前に「仮に君がきわめて真面目な性格で」とありますね。また、直後に「そのまま受け取った」ともあります。「きわめて真面目な性格」の人が「そのまま（文字通りに）受け取る」のですから、目の前のクレタ島人が「ほんとう」を言っているととらえるのが自然です。

問4 クレタ島人の話について、「解けない難問《なん》」と考えてしまったのは、ラッセルも「われわれ」と同様に「誰《だれ》かの言葉は『ほんとう』か『うそ』かのどちらかだ」と思い込《こ》んでいたからですね。

問5 「人の人生は短い」ということが「真偽」に関係ないのはなぜか。若くして亡《な》くなる人もいますし、百歳《さい》まで生きる人もいるといったふうに、人生の長さは人によって異《こと》なりますよね。また、実際にある人が生きた年数にかかわらず、それを「長い」と感じるか、「短い」と感じるかは人によって違《ちが》ってくるはずです。

問6 前の行の「しかしもっと注意して考えてみよう。」に続くものをあ〜えの中からさがすと、「仮《かり》に読者である君が…」と考えようとしているうが最も適当だとわかります。また、あがえの問いかけに対する答えだと気づくことができれば、え→あの部分が決められます。あの「そんなこと」、いの「これ」、えの「そのとき」といった指示語が何を指すかを考えながら解きましょう。

問7 「肝臓《かんぞう》」と「心臓」は人体において大事な役割を持つ臓器であるということから、「肝心」は「重要」であることを意味します。肝臓と腎臓《じん》で「肝腎」とも書きます。

問8 ――線部④の直後に「どこが違っているのか。核《かく》心点は一つである。」とあるので、この後の段落を読みます。すると、「文章として示された言語では、われわれはその文章が『一般《ぱん》的に表示《じ》している意味』しかつかむことができない。」とありますから、Ⅰには「一般的な意味」が入ります。2、実際われわれが使っている言語とは、しゃべっている言葉のことです。それが表現するものとは、話し手の伝えたい内容、すなわち「発話者の意」ですね。

問9 クレタ島人の「話」は、文章の言葉としゃべる言葉の違いを利用した「錯《さっ》覚を引き起こすもの」なのです。

I－9 まとめ3（P42）

解答

問1 A イ　B オ　C ア　D エ
問2 ウ
問3 くやしさ・悲しさで目に涙がたまっている様子。
問4 ウ　問5 エ
問6 イ・オ
問7 卵の割り方を教えただけでなく、割るのに失敗した卵を使って炒り卵やオムレツを作ってみせることで、「私」の気持ちを楽にし、料理に興味を持たせてくれたこと。
問8 A イ　B エ
問9 親子で台所に立つ時間
問10 エ・オ

解説

問1 Bのようなわかりやすいものから順にあてはめていきます。

問2 「ええい（どうにでもなれ）とばかり」と考えるとわかりやすいですね。イのような「憎《にく》しみ」はありません。エ、うまく割れる自信はなかったからプレッシャーがかかっていたのです。

問3 「うるむ」とは、しめり気をおびること。「しめり気」程度ですから目に涙《なみだ》がわいてきて、流れずにたまっているくらい。本格的に「泣き出した」ことにしてしまってはいけません。なお、「目玉」という言い方をしているのは「目玉焼き」にひっかけているのです。

問4 「ばかね」とは言っていますが、ア、イのようにとがめているわけではありません。失敗で落ちこんでいるわが子を元気づけてやろうとしているのです。

問5 直前の「またやってしまった」という、暗い気持ちに合うものを選びます。

問6 結果的に「料理に興味を持つきっかけにもなった」のですから、前向きになることを学んだはずです。イ、卵を割るのに失敗しても、とっさの判断で炒《い》り卵やオムレツにすれば何も問題ないことを母は教えたのです。オ、「小さい時から手先が不器用」だと思いこんでいる「私」に、「落ち着いてやれば何でもない」と言い、また、あせらないようにフライパンではなく「お茶碗《わん》に割ってごらん」と指示することで、自信をつけさせて思いこみをなくすように母は方向づけたのです。

問7 失敗だと思っていたものでも母の手にかかると、別のおいしい料理に変わってしまうことがまず第一の「魔《ま》法」。また、そのことがきっかけで筆者は料理に興味を抱《いだ》くようになりましたね。このように筆者を変えたのが第二の「魔法」です。この二点を答えに織り込《こ》むことが必要です。

問9 母と台所で料理を作りながら過ごした時間だということは想像がつきますね。あとは字数に合わせてさがしていきましょう。

問10 ア、失敗が自信につながったという話ではありません。イ、作者が作れるようになったのは目玉焼きではなく炒り卵です。ウ、母のたくみなはげましのおかげで「その後学校に行くのがいやに」なるようなことはありませんでした。

解答

問1 A イ　B ウ　C ア　D イ　E ウ
問2 A 戦後まもなくのころ　B イ
問3 ウ　問4 一石二鳥（一挙両得）
問5 あ 羽　い カ　う ウ　え ア
お キ　か コ　き イ
問6 うちわ　問7 もしそうだ
問8 臆病さ　問9 イ
問10 A 毛皮や肉の～わたされる
B 兎にとって最高の環境で飼われ、丸々と太っていた
問11 2 E　3 B　4 F　5 D　6 C　7 A

解説

問2 〈I〉の文中にも「中国から引き揚《あ》げ」「農薬が普及《ふきゅう》していない時代」といった、時代がなんとなくつかめることばがあります。〈II〉からという条件を無視しないようにしましょう。

問3 「禁忌《きき》」を分解してみると、「禁」＝「禁止」、「忌」＝忌《い》む・忌み嫌《きら》う…となります。「忌む」という漢字はむずかしいですが、ふだん「忌まわしい」「忌引《きびき》」などで使われていることばです。

問4 畑の草とりという一つのことだけで、ピョンを満足させること、いい子だとほめられるという二つのいいことがあったのです。

問5 あ うさぎは一羽・二羽と、鳥と同じ数え方をします。

問7 まず、脱文中の「前歯」に注目し、「歯」が話題にのぼっているところを〈I〉の文中からさがしましょう。それは、55行目からの最後の形式段落のところですね。その段落の五行を注意深く読んでいくと、60行目、「もしそうだったら」のところで話のつながりが変だということに気づくはずです。「もしそうならば」の「そう」の指すべきふさわしい内容が本文中にないのです。ここに脱文を入れてみると、「人間がウサギやネズミと同じような歯を持っていたら、人間に木をかじられ、森林は今よりもいちじるしく減少していただろう」となり、文章がつながります。

問8 〈I〉の14～15行目に「ウサギはほかの動物に比べてとても臆《おく》病だ」という第一印象があります。その後大きく成長したピョンについては〈II〉に書かれていますので〈II〉まで読み進めていくと、1行目に「やがてピョンは堂々たる雄ウサギになり、それとともに臆病さは影をひそめていった」とあります。「影をひそめた」とは「かくれる」「見えなくなる」といった意味です。

問9 「ポーカーフェイス」という語が使われている二カ所の前後をよく読めば、その意味がイの「表情が変わらない」だとすぐにわかるはずです。〈I〉48行目にも「（ウサギは）表現能力に乏《とぼ》しい」とあります。

問10 Aは——線部⑤の直前に書かれています。Bは、101～102行目の文の内容を書けばいいのですが、そのまま使ったのでは二十五字以内にはおさまりません。修飾《しょく》語・比喩《ゆ》をはずし、どういうことを言っているのか、骨子だけを書きます。

II－2 比喩のアレコレ①（P54）

解答

問1 (1)ア (2)オ (3)キ
問2 25行目
問3 ア・ウ・カ
問4 ゆれる
問5 やさしくなる
問6 ア

解説

問1 詩の分類については、分野別ワンポイント講座その3を読んでください。

問2 「のびあがり　くぐまりして（かがんで）」という様子が、「体操」ということばに対応します。

問3 詩の技法を選択肢に沿って説明します。

ア 対句法…同じ形で語を対照的に並べること。

竹があると　山はやさしくなる　竹が　あまえるので
竹があると　山はときどき笑う　竹が　くすぐるので

イ 体言止め…終わりに名詞（体言）を置いて余韻《いん》を残す。

ウ 擬《ぎ》人法…人間でないものを人間にたとえる。
竹が「あまえる」、「くすぐる」や山が「やさしくなる」、「笑う」という表現。

エ 直喩《ゆ》法…「ように」「ような」の語を用い、直接に二つの物事を比較《かく》してたとえる。例「雪のような肌《はだ》」

※直喩法に対し、「ように」「ような」の語を用いず、直接たとえるものとたとえられるものを結びつける「隠喩《いん》（暗喩）」もある。

オ 省略法…ことばを省いて、余韻を残す。

カ 倒《とう》置法…ことばの順序を入れかえて強調する。

※「竹があると　山はやさしくなる」「竹が　あまえるので」は本来は逆の語順。

※ここにあげたものの他に、同じことばをくりかえし、印象を強めたり、リズムを出したりする「反復法（繰《く》り返し）」もあります。

問4 「くすぐる」のですから、竹はどんな動きをしていると考えられますか。

問5 清々《すがすが》しい上に、やわらかなものとして竹がうたわれています。そんな竹を見ていると人はどんな感情を持つのでしょうか。

問6 設問が「あてはまらないもの」を選ぶことに、まず注意しましょう。さて、この詩では「竹」のさまざまな面を描《えが》いているものの、一本一本の個々の竹の違《ちが》いについてのべているところはありません。ですから、アの「その枝ぶりは同じではない。ひとも考え方や生き方がそれぞれちがう」は誤りです。

解答

問1 (1) 季節は感情〜たのです。 (2) 十七

問2 A オ B ウ

問3 四季の変化に深く心を揺り動かされる（こと）

問4 エ 問5 （字）あまり

問6 俳句の前に〜前を書く。 問7 ウ

問8 ● 視 ◎ 聴 ▲ 味

問9 (1) ア あさがお・秋 エ 落葉・冬

(2) 切れ字（切字） 記号 エ (3) ウ

解説

問1 (1)、15〜18行目にあるように、季節と感情とが深くかかわりあっているので、季語により季節感を織り込《こ》むことで思いをより細かく表現することができるのです。(2)、「★音」とは、俳句の基本「十七音」ですね。23行目にある俳句の形式「五・七・五」の足し算です。

問2 「暖」は「暖かさ」、「涼《りょう》」は「涼《すず》しさ」の漢語的表現です。

問3 指示語の基本は「直前を見ること」につきます。常夏《とこなつ》の国の人・冬が長い国の人は、日本人のように「四季の変化に深く心を揺《ゆ》り動かされること」がないのです。

問4 五月に五月《さつき》晴れという表現を使うことにちょっと抵抗《ていこう》がある、と筆者は述べています。なぜなら、五月晴れは本来梅雨《つゆ》どき、現在の六月ごろの晴れ間のことだから、五月に使うのはおかしいと筆者は考えているのです。つまり、使うべき時期がずれているということです。ウは「春に使うべき表現を夏に使っている」が筆者の述べている内容と季節が逆です。アは論外、イ・五月晴れが女性的な表現であるとは書かれていません。

問5 すべてひらがなにしてみましょう。「めにはあおばやまほととぎすはつがつお」で十八字。十七字よりも一字多い、「字余り（じあまり）」の句です。

問6 前書きの説明は46〜47行目までにあります。

問7 イとウで迷うところでしょうか。設問の「俳人である筆者はどの語を使うか」をヒントに考えてくださいね。35行目にあるように、「さわやか」は秋の季語なので、俳人は夏に使いません。よって、ウの「すがすがしさ」が正解となります。

問8 直前もふくめて考えること。●は「目」とあるのだから「視覚」、「声」「耳」とある◎は「聴覚」、初鰹という食べ物を味わっている、というのだから▲は「味覚」となります。52〜53行目もヒントになりますね。

問9 (1)、「あさがお」などのように現在の感覚と季節がズレるものは重点的に覚えるようにしましょう。

(2)、「や」「かな」「けり」といった切れ字の直前の語に句全体の感動の中心があります。

(3)、「もらい水」「二三片」「行き止まり」はともに名詞（体言）です。

Ⅱ－3　外国の名作に親しもう（P61）

解答

問1　あ 黒　い 右　う 左　え 青　お 無　か 夢

問2　雪をいじったものなら手がぬれているだろう

問3　エ　問4　イ

問5　自白して謝る（こと）／自首して謝る（こと）

問6　A ガロン　B ガロフィ　C 雪を投げた少年

問7　地べたにガロフィの顔をおしつけ、力ずくであやまらせること

問8　権利

問9　わたしが怪我をしたのは運が悪かっただけだ。みなに責められ、おそろしい思いをしただろう。かわいそうに。

問10　彼はこれ程～のである。

問11　切手　問12　ウ

解説

問1　あ・たくさん人が集まっているようすを表すことばは「黒山の人だかり」。い・う・「右往左往」は「あっちこっちへうろうろすること」という意味の四字熟語です。

問2　犯人をさがそうとしているのです。なぜ手を見るのか、推理してみましょう。

問3　ガロンが「小声で」ガロフィにささやいた理由は、話を他の人たちに聞かれたくないからでしょう。イは、ガロンが「石を投げた自分のかわりに」「ガロフィを名のらせたい」というのが事実と合いません。

問4　大変なことをしてしまったと青ざめているガロフィのようすから読みとります。雪玉を投げておじいさんに怪我《けが》をさせたのはガロフィであり、本人もそれを自覚しているのです。ガロフィは自分のしたことの重さ、そして犯人として名のりでることに対しておびえています。この事実と合わないアは×。ウ「友人のガロンにまでおどかされ」、エ「悪魔《ま》だとおどかされ」も本文の内容とは合わないので×。

問5　ガロンがガロフィに何をさせようとしていたのかを考えます。18行目に「君行って来い。卑怯《ひきょう》だ。黙《だま》って居《い》て他の者に罪をきせるなんて」とあります。つまり、自分がやったんだと自分から白状することです。

問6　「拳《こぶし》をふり上げて、かけ寄る者」は、犯人であるガロフィになぐりかかろうとしているのです。

問7　直前を読み、二、三人の人がガロフィに対してとった行動をまとめます。

問8　「義務」の反対語は「権利」です。よく出る問題ですね。

問9　64行目、71～72行目のおじいさんのセリフをまとめます。話しかけるような調子で書くのを忘れないようにしましょう。

問10　文章の最後で「僕《ぼく》」がガロフィの来た理由について述べています。

問11　ガロフィが集めていたものは、13行目に書いてあります。

問12　前半の最後に「僕」とお父さんとの会話でまとめられているように、ガロフィが自分から謝る勇気を持てるかどうかが前半のお話の中心です。

解答

問1 自分の心ひとつにおさめかねてこみあげる声

問2 (1) いい加減に過ごす

(2) 言葉とは特別なものではなく、人と人との間で暮らしていく中で、考えや感じを互いに伝え、理解し合うために必要なものだから。

問3 イ

問4 その気になればいい言葉遣いができるという思いあがった気持ち。

問5 ⑤ 雪 ⑥ 若菜

問6 ア 五・七・五・七・七 イ 三十一

ウ 馴染む

解説

問1 「心のあげる声」をくわしく言いかえた部分をさがします。すぐ前の行にあります。

問2 (1)、「日常の言語生活をなおざりにする」とは日々の生活をどのようにすることなのでしょうか。——線部②の直後の「職場や家庭での言語生活はいい加減に過ごして」を使って答えましょう。「過ごして」のかたちを前後に合うように変えてくださいね。9〜10行目に「いい加減に用いる」ということばがありますが、「なおざりにして」の代わりにあてはめると「日常の言語生活をいい加減に用いる」となってしまいます。「生活」を「用いる」とは言いませんね。

(2)、6〜15行目の内容をまとめます。

問3 「虫のいい話」は「ずうずうしい」・「自分勝手な」という意味です。

問4 これも直前を使う指示語の問題です。

問5 和歌の中から、白いものと緑のものをさがすだけです。

問6 短歌の字数を答えます。もちろん、三十一文字ですね！ 「みそひともじ」という読み方も覚えておきましょう。

分野別ワンポイント講座その3 練習問題解答

問1 ア 石盤 イ ABC ウ 牧場 エ 白波

問2 第一連 2 第二連 4

問3 汽船（が）汽笛（を）鳴らす（こと）

問4 煙草を吸《ひ》いながら船が散歩する（船が煙草を吸《ひ》いながら散歩する）

問5 ぎじんほう

問6 海の風景

解答

問1 (1) いないだろう　(2) 読まなければならない
問2 イ
問3 得るところは大きい
問4 A エ　B ア　E イ
問5 損
問6 誤解
問7 ③ 速読す〜がまし　④ わずか〜けない
問8 ウ
問9 イ

解説

問1 (1)「いまい」＝「いる」＋「まい」。「まい」は「ないだろう」という意味の打消しの助動詞です。

問2 ――線部①の直後の「（本を読むことが）知識の伝達の媒体《ばい》（なかだちをするもの）と思われているせいであろう」「鑑賞するというよりは情報を得《え》たいために読まれる本の方がずっと多い」をもとに考えましょう。

問3 段落5は9行しかありません。「何にも残っていない」と反対の内容というのですから、まず「本を読むことで何かが残る」という内容を自分の頭の中に作り、その内容と同じものをさがしましょう。

問4 A、述語の「思われているせいであろう」の「だろう」に注目すればすぐに「おそらく」と決められるはずです。E、「迫《せま》られたなら」という仮定の表現と結びつく「もし」が答え。A「おそらく〜だろう」、E「もし〜なら」のように言葉の結びつきが決まっているものは必ず覚えておきましょう。

問5 能率的のように思えるが、結局は能率的ではない、というように C にはマイナスイメージの語が入るはず、と目星をつけて考えていきましょう。

問6 情報や知識を得ようとする読書でしてはいけない「●●」とは何でしょう？

問7 どちらも指示語の問題です。③、直前に筆者が述べている意見を拾います。④、直前の現代人の不安の内容を述べた部分が答えとなります。

問8 人間ではない「本」が人間のする「語る」という行為をするという表現なので「擬《ぎ》人法」。

問9 段落6に「遅読のすすめ、その第二の理由」とありますね。これより前に「遅読をすすめる第一の理由」があるはずです。段落3の最後で「私は遅読をすすめる」という筆者の意見が提示されており、その次の段落4からが「遅読をすすめる第一の理由」となっています。段落3の理由として段落4・段落6が置かれているもの、という条件を立てて選択肢をみてみると、正解にたどりつけるはずです。

解答

問1 科学技術

問2 イ

問3 ア

問4 あ アルバニア人全体の運命
い 目の前で苦しんでいる
う 第一歩（出発点）

問5 どのような生き方を選ぶべきかということ

問6 ア

解説

問1 「科学技術《ぎじゅつ》から出てくるかもしれない…しかし…」とあるのに注意しましょう。

問2 「すでに出来上がった、社会的約束事」とは、たいていの人が、そうであろうと了解《りょうかい》する「常識」のことです。

問3 空らん直前の「たくさん苦しんでいるのだから一頭ぐらい助けてもしようがない」がヒント。これを言い換《か》えると、「全部を助けなければ意味がない」ということなので、ア「全部を解放しなければならない」が正解です。

問4 孔《こう》子の逸《いつ》話と『永遠と一日』という映画のストーリーとで共通しているのは、「一頭」「一人」「一日」といった「個」を大事にすることが、「集団」につながる、逆にいうと、「集団」を知るには「個」に向き合うことが「第一歩」「出発点」である、ということです。

問5 「文学の目的はそういうことがわかるためにあると思う」とあるので、「そういうこと」とは、「文学」によって「わかる」ことです。設問の指示に従って第一段落を読むと、「もう少し長期的にある生き方を選ぼうとするならば、そのときに参考になり得るのは文学だ」という表現があります。この表現の中の「そのとき」という指示語をたどり、文学によって「わかる」のは、どのような生き方を選んだらよいか、ということだと読み取りましょう。

問6 ア、第四段落で述べられている内容です。「集団」を知るには「個」に向き合うことが「第一歩」「出発点」である、ということ。イ、3～4行目に「長期的にある生き方を選ぼうとするならば、そのときに参考になり得るのは文学だ」とあります。ウ、本文で述べられている孔子の牛の話やアンゲロプロスの映画の話とは、逆の内容になっています。エ、文学の目的を述べていく上での例として孔子やアンゲロプロスについて述べているのであって、これらの偉《い》人たちについて知ることが目的ではありません。

解答

問1 ウ
問2 毎日共に生活していると、相手を自分と同一の人間であるかのように錯覚してしまうから。
問3 自己
問4 受け入れない
問5 ア
問6 自分は絶対正しい人間だとか、最もよい人間だという考え。
問7 「受容」の精神
問8 イ
問9 エ

解説

問1 「ありきたりの」とは「どこにでもある」「あたりまえの」という意味です。

問2 15行目から始まる段落に「親子にしろ、夫婦にしろ～」と理由が述べられています。ここを使って答えを作っていきましょう。理由を答える問いなので、答えは「から。」で終わること。

問3 「わがまま」＝「ジコチュウ」＝「自己中心」。

問4 ④の直前「受け入れるという意味だが、断絶、わがままは、相手を～」の、逆接「だが」に注目。「受け入れる」と反対の内容が④に入ります。「受け入れない」と同様の意味の「認めたくない」も六字という条件に合いますが、「認めたくない」は姿勢というより消極的な希望です。「姿勢」として選ぶならよりはっきりとした意志を表す「受け入れない」の方が適当です。

問5 ――線⑤の後にある「相手を受け入れず」「お互《たが》いにゆずらぬ」と合うものを選びましょう。

問6 40行目から始まっている形式段落に注目しましょう。「～考えを、無意識のうちに心の奥《おく》深くに根強く持っている」と設問の「人間が常に持っている」とが重なります。

問7 24行目に「『受容』の精神が欠けているのだ。だから、相手を絶対に受け入れない」とあります。

問8 憲法《けんぽう》はそれによってものごとのよしあしを判断するもののたとえです。その「憲法」がいい意味で使われてはいないことに注意しましょう。自分が正しいと信じ、相手を受け入れようとしない姿勢を「自分の考えこそが憲法である」という意味で用いられています。

問9 問2で考えた内容とエがまったく合わない内容であることにすぐに気づくはずです。

Ⅱ－6 「関係」を見直そう②（P77）

解答

問1 ア 禁止 イ 都合 ウ 修正 エ 必要 オ 逆

問2 未来の未確定な部分を、ふくらましたもの

問3 A エ B ア C ウ D イ

問4 イ

問5 A ウ B イ

問6 1 ウ 2 エ

問7 ア

問8 可能性は

問9 3 イ 4 イ 5 ウ

問10 いま苦労を

問11 ウ

問12 どちらも未来の未確定な部分だが、「将来」とは内容は不確定でも必ず実現する現在の延長線上にあるものであるのに対し、「夢」は実現の可能性が少なくても現在を充実させて生きていくための指針となるものである。

解説

問2 6～7行目に「～が夢である」とはっきり書いてあります。

問3 Dは直後に「五年後に死んでも」と続くので、仮定の副詞が入るとわかります。

問4 ――線部②直後の「［B（ずっと）］苦労して、～、ぼくはなりたくない」や「人間というものは、いつでも、なにかを新しくやろうとしているほうがよい」といった記述から、「このことば」に対する筆者の考えを読み取ることができます。

問5 (A)、なぜ「同じことだ」といえるのか？ その理由となる共通点があてはまります。(B)、「年をとったところで、それは同じことだ」とありますから、「年をとった」ことがあてはまるものの一つであるとわかります。

問6 「若いときに苦労したからこそ、現在の自分があるなどと言うおとな」がすることを選びます。「美化」は実際以上に美しいものとしてとらえること。「肯《こう》定」は「否定」の対義語。

問7 将来を「果実」にたとえています。将来の安楽ばかりを目的にして現在を充実させることを軽視する傾向を批判しているのですから、果実だけを結果として重視するアがあてはまります。

問8 「一文節」で答えるのですから「可能性」では×です。間違《ちが》えた人は「文節」の意味を復習しておきましょう。

問9・問11 「現在は未来につながっており、だからこそ現在を充実させなければならない」というのが筆者からのメッセージです。

問10 33行目までの話題は「夢」を持つことの必要性について。34行目以降の話題は現在を充実させることの重要性です。

問12 本文の前半からまとめます。12～13行目、15～16行目、32行目に「夢」とはどういうものかが述べられています。また、14行目に「夢というものが、将来計画と混同されるようになっている」とあるので、その直後も参考にして違いを考えます。

解答

問1 徹頭徹尾〜ーション

問2 1 オ　2 イ　3 エ　4 ア　5 ウ

問3 作品が評価されない

問4 どんなに〜いうこと

問5 自分の作品はいつか評価される（自分には才能があるのだ）と信じること。また、閉ざされたサークルに安住せず、群れないでいようという強い気持ちを持つこと。そして、広く一般にむけて作品を公開しつづけていくこと（が芸術家には必要である）。

問6 ウ

問7 舞台

問8 成功

解説

問1 「開かれている」ということばが答えの目印になっています。

問2 1、「閉じられた」「わかる人だけで見せ合う」という内容と、「すべての、わからない人々に向けて開かれている」という反対の内容を結ぶので、逆接の「しかし」が入ります。2、芸術というものは広く一般《ぱん》に向けて開かれているという大前提《てい》があるから「パブリックに向けて展覧会《てんらん》をする」のです。前の内容が後ろの部分の理由になっていますから、「だから」が入ります。3、[3]の後で、「差」「違《ちが》い」に話題が移っていますから、話題転換《かん》の「では」が入ります。4、「舞《ぶ》台に上がり続ける」ことを「作品を公に発表し続ける」と言いかえていますから、「つまり」が入ります。5、直後に具体例が続いていますから、「たとえば」が入ります。

問3 「理解」ということばを使わずに答えるという条件があるので、「作品が評価されない」と言いかえる必要があります。

問4 28行目に「そのときの教訓ですが…」とあります。設問で「どのようなこと」かを聞かれているので、答えの終わりは「こと」または体言（名詞）で終わっていなければいけません。

問5 「自信」「勇気」「コミュニケーション」がどうすることを指すのか、それぞれ具体的に答える必要があります。

問6 芸大・美大を卒業しても、みなが画家になれるわけではない。けれども、ほとんどの卒業生が芸術的発想を生かした仕事をしている、と筆者は述べています。

問7 自分がやっていることに問題があるのではなく、「舞台」の選び方に問題があるのだと筆者はくり返し述べています。

問8 直前の「負けなかったひと」から「勝利」を連想してもよいでしょう。

Ⅱ－8 他人の気持ちって??（P86）

解答

問1 Ⅰ ア 2 ウ 3 イ 4 エ　問2 ウ

問3 自分がいらだたしい思いをしているのに、真剣にとりあわずに笑ってすますだけの母親の態度に腹を立てているから。

問4 イ

問5 まるで病人を一人道連れにしているような（状態）

問6 乗り換えることができる　問7 エ　問8 ア

問9 我が子を残していかなければならない母親の悲しみ。

問10 ウ　問11 a 種 b 窓

問12 A ウ B カ C イ D エ

問13 ア 危険 イ 祖母 ウ 往復 エ 試みて

解説

問1 □の直前・直後の文章に注意して決めていきましょう。決めやすいのはまず［1］。「まだ絆創膏《ばんそうこう》が十文字についている梅干し」を次女が「私」に返したときのセリフです。［4］は直後で「それはあるよ。」と答えている「私」のセリフと合わせて考えるとエと決めることができます。［2］は直前に「帰郷の旅が近づくたびに」とあるので普段の生活の中で帰郷の旅に関して「訴《うった》え」ている内容なのでウとなります。［3］は直後の一文から元気なようすがうかがえるイが適当とわかります。

問2・3 問2と問3はいっしょに考えていきましょう。次女の訴えに「初めのうちは」親身になって答えていた母親もそれが何度も続くうちになれてきて笑ってすますだけになったのです。そして次女はそんな母親の態度を「なによ、ひどいじゃない」と腹立たしく感じているのです。問3は「なぜですか」と理由を問われているので「〜から。」という形で答えなければなりません。

問5 気分の悪くなった次女を連れた旅を筆者がどのように言い表しているのか、設問の「たとえを用いて表現している部分」に注意してさがしていきましょう。「まるで」ということばが大きなヒントです。「あんばい」は「具合」という意味です。

問6 筆者にとって普《ふ》通列車への乗り換《か》えは面倒《どう》なものでしかありませんが、次女の立場からみれば「やっと窓の開く普通列車に乗り換えることができる」となります。「乗り換えれる」といった「ら抜き」表現をしてはダメですよ。（「乗り換えられる」が正しい表現）

問7 ――線部⑥の直後にどうしてそのような気持ちになったのかが述べられています。ここを使って答えを決めましょう。

問8 ――線部⑦の直前の「母親はびっくりして笑い出し、つぎにはあわて気味に」、傍線部の「子供らを軽くぶつ真似をして」という部分から子供たちの突然の行為をかわいらしいと感じながらもちょっと恥ずかしいと思う母親の気持ちが読み取れます。

問9 母親はなぜ「すすり泣き」をしたのでしょうか。春から盆《ぼん》までを子供たちと離れ離れで暮らさなければならない母親の気持ちは容易に想像がつくでしょう。

問10 脱文をよく吟味《ぎんみ》しましょう。「次女は、みるみる蘇《よみがえ》る」とあるので、特急列車から普通列車に乗り換えて『酸素』と『風』とを補給したのだな、と場面を限定して考えていきましょう。

Ⅱ－9 異文化の中の生活（P92）

解答

問1 1 オ 2 イ 3 ウ

問2 A 頭 B 口 C 顔

問3 自国のよき～愛情を抱く

問4 国際人として生きるためには、論理的に思考をし、それを論理的に表現する能力が必要であるが、思考は言葉によってなされるものであるので、論理的に思考するためにはまず論理的な言葉を身につける必要があるという考え。

問5 イ

問6 A 自分のすべて

B 唯一の国際語であり夫婦間の言語

問7 小国 問8 ウ

問9 簡単である・容易だ・やさしい・たやすい など

問10 エ 問11 ア

解説

問1 1、1の前と後で国際人とはいえない人の例を二つ並べています。つけたし・添《てん》加の「また」。2、話題転換《かん》の「それでは」、3、「言葉は必要ではない」「言葉からは逃《のが》れられない」と反対の内容を結んでいるので逆接の「しかし」。

問3 「国際人とは……べきだ」「国際人には……が必要だ」という内容をさがしていきましょう。「真の国際人になるのに最重要なのは」何か、69～70行目にずばり述べられています。

問4 11～18行目までの、——線部②の直前の段落の内容をまとめましょう。しかし、それだけでは、「国際人」という指定語句が出てきませんね。国際人の二番めの条件として筆者が挙げている9行目もふくめて、答えを考えていく必要があります。

問5 ——線部③の直前の「学校を選ぶということは母国語を選ぶことを意味する。選択肢《たくし》がいくつもあるが故《ゆえ》に（口論になる）」を参考にすればア・イに答えをしぼることが出来ます。ただ「選択肢が多い（ア）」という理由でケンカになるというのではなく、何語で教えている学校を選ぶかで娘《むすめ》の母国語が決まってしまうところへ、夫婦がそれぞれ違《ちが》う言語を主張しているからケンカになるのです。

問6 A 夫の考えはベルギー人の母国語への思いを代表しています。

問8 ——線部⑥をふくむ形式段落の最初に「母国語に対する思い入れの強さはベルギー人ばかりでない」とあります。イレーヌ・ジェーンの話は母国語に強い思い入れを持つ例としてあげられています。

問9 訛《なま》りのない流暢《ちょう》な英語、どこの国の人かわからないほど流暢な英語を話す人は世界の中でもほんの一握《にぎ》りだと筆者は述べています。ドイツ人はドイツ人特有の訛りがある、だからどこの国の人が英語を話しているのか言い当てるのは「簡単」なのです。

問10 世界史を勉強しても「国際人」にはなれない、というのが筆者の主張です。

問11 ウ「日本語をなんとか国際語に！」などとは言っていませんし、エ「母国語で話し合うことの重要性」には触れられていません。

Ⅱ－10 まとめ6（P96）

解答

問1 A エ　B イ

問2 見下げた奴〜ゆるされる

問3 ウ

問4 ア

問5 イ

問6 エ

問7 とりあえず

解説

問1 A、「いまいましい」は「くやしい」「腹立たしい」という意味。B、「幾《いく》分の」は「いくらか」といった意味。エ「わずかな」のように数量を明確にする語ではありません。選択肢《たくし》の語句を——線部にあてはめてみて、文章のつながりが一番よいものを選びましょう。

問2 ——線部①をふくむ段落からわかるように、フランスではあやまることは憐みを乞《こ》わないということです。その反対をさがすのですから、フランス人があやまらないで憐《あわれ》みを乞うている例をさがします。すると25行目に「フランスだと『おれが悪いんじゃない！　殺さないでくれ』と言う」とあります。ここから二行さかのぼると、そう憐みを乞うたことの結果が書いてありますね。

問3 「物を言う」とは「役に立つ」、「効果がある」という意味です。それぞれの国の文化の定型を守れば、憐み、許しを得《え》られる、つまり「うまくゆく（ウ）」のです。

問4 「どうすれば済むのか」と反問することは、「あやまる文化の型にそむく」ことです。したがって、その行為は「反抗《こう》」「反対」であり、「同調」「同情」ではありません。また、「反問」している以上、「無視」もふさわしくありません。あやまるべきところであやまらずに、相手のことば尻《じり》をとらえて遠まわしに非難している、つまり「皮肉」となるのです。

問5 ある外国人が『日本ふう』に背を海老《えび》のようにまげ、謝罪した「その極端《たん》な姿《し》勢」に筆者は「おどろいた」のです。それは「外国人という鏡に映った自分たちの文化の姿《すがた》」であり、外国人にとっての「日本ふう」の行為《い》だったからです。筆者の「極端な姿」への「おどろき」はウ・エにある「感心」とは違《ちが》います。また、外国人が「全く誤解して」いるのかどうかはともかく、「日本ふうではない」は筆者の考えとは異なります。

問6 「前者」とは「客観的、普遍《ふへん》的な論理」であり、「後者」とは「自分の立場をあくまで正当化する論理癖《へき》」です。したがって、アとイは両者の関係が逆であったり、混乱が見られますから誤りです。ウ、「無理をして」つけた理屈《くつ》は「客観的、普遍的な論理」となりにくいでしょう。

問7 設問の「日本人は簡単にあやまる」ことが本文の「とりあえずあやまるという日本の文化」に対応しているのです。

解答

問1　ウ

問2　文化とは、日常にないもので何かをつくりだすものであることが多いが、書物は日常にごくごく普通に存在する言葉で書かれているところ。

問3　A　エ　B　イ　C　ア

問4　③　イ　⑤　ウ　問5　イ

問6　本に書かれ〜せるちから

問7　始まりがあって終わりがある（こと）

問8　Ⅰ　イ　2　オ　3　ウ

問9　ア　起因　イ　平等　ウ　包丁
エ　後世　オ　危険

解説

問1　「二一世紀の初めに立っているわたしたちが本に求めている」のは、本という文化が長年かかって培《つちか》ってきた「本に書かれているものを通して、そこに書かれていないものを想像させるちから」と対極にあるものであり、「わたしたち」の本に対する姿勢は34〜36行目にあるように「想像する」という部分をおざなりにして「本を表現の道具やメディアの媒体《ばい》にすぎないと」考えてしまうものです。

問2　本にどのような「とてもおもしろい性質」があるかは、――線部②の直後で楽器と対比して説明されています。

問3　A　[A]の後に続く台所の水の音やガスの炎の音は、[A]の前に書いてある日常のなかにある音の例です。
B　日常にない音が音楽をささえてきたのとは反対に、言葉はつねにそこにあるものだと、[B]の前と後のものごとを対照させながら述べているので、「けれども」が入ります。
C　[C]の前のことを、[C]の後で言いかえています。

問5　[④]の直後の「書かれていないものを想像するちから、表されているものではないものを考えるちから」から答えます。[④]の直前と共通することばがあるからとエをえらんだ人も多いと思いますが、「たった一つ遺《のこ》された文字」に「人びとの喜びや悲しみといった日常」が表記されているでしょうか？　失われた言語の解読でよみがえるのは滅《ほろ》んだ言語によって書かれている、当時の人々の生活ではなく、滅んだ言語とともに生きていた人々の生活なのです（30行目）。しっかり区別しましょう。

問6　本がわれわれにもたらしているものは、4〜5行目に書いてありますが、これでは字数指定に合いません。7〜8行目に同じことを述べている部分があるので、こちらを答えます。

問7　直前の「初めに始まりがあり、最後にはおしまいがあります」という内容を指して「それ」と述べていますが、この部分では「〜こと」に続きませんし、字数指定にも合いません。そこで、同じことを述べていて条件に合う部分をさがします。

解答

問1 A イ　B ア　C ウ　D エ

問2 東京に戻っ〜こさない。

問3 （克子の）祖父（「実の祖父」「おじいさん」など同意可）

問4 エ　問5 ④ イ　⑥ イ　⑨ ア

問6 ウ　問7 ウ・オ（順不同）　問8 ウ

問9 つまらない意地の張り合いのせいで克子の母が長年寂しい思いをしていることがふびんで、克子の祖父と母が仲直りして幸せになってほしいと心から願う気持ち。

問10 ア

解説

問1 A、「（克子の）祖父」を「母の父親」と言い直している→「つまり」

B、後で述べている内容が、前に述べている内容と逆の結果になっている→「けれど」

C、前の内容、「どちらとのあいだにも子どもはなく」が、おじいが母のことを娘《むすめ》のように、克子を孫のように思っていてくれたかもしれないことの理由→「だから」

D、母のことだけでなく、克子のことも加えている→「そして」

問2 「意地を張ったまま固まってしまった」とは「音信不通」（9行目）になってしまったこと。直後の一文で具体的に説明しています。

問3 娘が東京に戻っていることは知っていて、生活の不自由さも想像できるのに、連絡もくれないのは「冷たい」ですね。

問4 ア〜ウはここでの話の流れに関係ありません。父のことをひと言で片付けるには内心、父への思いが捨てきれないのでしょうね。

問5 ⑨「堰《せき》を切」るとは、おさえていたものが一気にあふれだすこと。

問6 ウとエと迷うところですが、直後で「ケラケラ」と笑っているのですからエではこの場面には深刻すぎます。母は、おじいと話していて、ついつい娘時代にかえってしまっていたのです。

問7 俗《ぞく》世間とかけはなれているわけではないのでウは×。オ、頼りにはなりますが「自らの哲《てつ》学を確立」というのもあてはまりません。むしろ学のない素朴《ぼく》な人柄《がら》が葉書からも伝わってきますね。

問8 母がどういう立場に立たされていたかを考えます。

・離婚して東京に戻ってきたばかり
・駆《か》け落ちした手前、誰《だれ》も頼る人がいない
・赤ん坊を抱えているのに生活も不自由でひとりぼっち

…このような孤独で心細い状況《きょう》でやさしさ、あたたかさにうえていた（＝気持ちの空腹）のです。親身に面倒《どう》を見てくれただけでなく、自分の幼いころの大好物を覚えていて持ってきてくれたおじいのやさしさが、母の孤《こ》独な心を満たしたのです。アは、「経済的な」が誤り。

問9 おじいの書いていたハガキが大きなヒント。しつこく連絡が欲しいと書いていますね。「おじょうさんはつよがっておられますが、ほんとうはおさみしそうです」とも書いてあります。克子の母が寂《さび》しい思いをしているのを見て、かわいそうに思い、仲直りさせようと考えてハガキを書いていたわけです。

問10 おじいは最後の最後まで母たちに対してどうだったのでしょう。

解答

問1 喫茶室は閉まっ～上がっていた。（き上がっていた）
問2 直美の心臓の鼓動の音
問3 エ
問4 エ
問5 ウ
問6 A 相撲なんか取ったことがない
B 逃げる
C 全力を～かった
問7 徹也はぼくの胸
問8 ア
問9 A ア　B ウ　C イ

解説

問1 冒頭《ぼう》に「喫茶室《きっさ》で時間をつぶしてから、手術室前の廊《ろう》下に戻《もど》った」とありますが、その後二人が再び正面玄《げん》関の方に向かう場面では、「喫茶室は閉まっていた。～部屋の輪郭《かく》がかすかに浮《う》き上がっていた。」という描《びょう》写があり、ここから時間の経過を読み取ることができます。

問2 直美の心臓の鼓《こ》動が、病院の機械で増幅《ふく》されて聞こえているのか、あるいは不思議な超自然現象で聞こえているのだろうか、と「ぼく」は考えています。

問3 65行目の「身体を動かしている限り、何も考えなくてすむ、という思いはあった」から、直美の手術のことが不安でつらい気持ちを読み取ることができます。

問4 15行目、「待つというのは、つらいものだな」、22行目「身体を動かしていないと、気分がじりじりする」という徹也《てつや》の言葉からわかります。

問5 相撲《すもう》を二回取って二回とも徹也に負け、「大丈《じょう》夫といえる状態ではなかった」にもかかわらず、「ぼく」が自分から「もう一番、いくか」と言ってきたので、徹也は意外に思ったのです。

問6 それぞれの相撲の様子の記述をていねいに読んで、字数の条件に合う部分をさがし出しましょう。

問7 ——線部⑥の四行後に「徹也の身体がふるえているわけがわかった」とあり、次の行でそのわけが書かれています。

問8 問3や問4からもわかるように、「ぼく」も徹也も同じ気持ちで相撲を取っていたのです。ただし、ウのように「納得」させなければならないようなことは本文には登場しません。

解答

問1 A ウ B ア C エ D イ
問2 ウ
問3 (1) ア・ウ (2) ア 同情的 イ 高圧的
問4 憧れと～の対象
問5 清子の赤いランドセルの中にウサギを入れる（こと）
問6 雪の山路を～犯人追及。（の犯人追及）
問7 我がままで小心な少年
問8 エ
問9 ア・エ
問10 清子のランドセルにウサギをかくしたことがおおさわぎにならずに安心したものの、自分がいたずらをしたことをくやみ、自責の念にかられたから。
問11 オ
問12 いたずらされたのを黙っていてくれたこと。
問13 恋心

解説

問1 D、うしろめたい気持ちで小屋をのぞくようすです。

問2 担任は本気でほめているわけではないのです。

問3 10～11行目のような家庭の事情と、29～31行目のように成績がよかったことのおかげで、我がままが許されていたのです。それが、より成績のよい清子の出現で教師たちは高圧的になったのです。

問4 今まで出会ったことのない女の子である清子は、主人公にとって「憧《あこが》れと嫉妬《しっと》の入り混じった羨《せん》望の対象」となったのです。

問6 いたずらのせいでどんな騒《さわ》ぎになるでしょう。彼《かれ》は蒲団《ふとん》に入って、それを想像して、寝《ね》つかれない夜を過ごします。

問7 祖母が主人公に与えた影響は4～5行目に書かれています。

問8・問9 うしろめたさから「立ち直れなくなって」しまわないよう、自分のしたいたずらの責任から逃げまいとしているのです。

問10 主人公が予想していた犯人追及《ついきゅう》はありせんでした。自分のいたずらが周りに知られることはなかったのです。そのことで安心はしたものの、自分がいたずらをしたという事実を消し去ることはできずに、後悔《かい》の念にとらわれているのです。

問11 いたずらのことを知っているかもしれない教師にウサギの数を聞くことは、自分が犯人だと教えることになりかねません。

問12 「ふところが深い」とは、心が広く、人のあやまちや欠点にこだわらないこと。清子は、主人公のあやまちを許してくれたのです。

問13 主人公にとって、「清子は憧れと嫉妬の入り混じった羨望の対象」でしたが、彼女のふところの深さを知ることで、嫉妬が消えて、「恋《こい》心に似た憧れの念ばかりが増大していった」のです。

解答

問1 A エ　B ア　C ウ　D イ

問2 不幸（不運）

問3 イ　問4 エ

問5 ア

問6 一人で電車に乗りたかったので

問7 ══線部Ⅰで吉田クンのお母さんに言った時は、一人でどこかへ行ったこともないのに大丈夫だというように強がって虚勢を張っているようなところがあるが、══線部Ⅱで初めて一人で電車に乗ることに成功した時には、自信にあふれた言葉になっている。

問8 (1) イ

(2) キップをなくしてしまったことに気づき、このままでは改札口を出られないことを思い知ったから。

問9 キップを持っていないテルがもし改札を無理に出ようとすれば、テルもあの男と同じように駅員に取り押さえられてつかまってしまうだろうということに気づいた。

問10 母親の言いつけを軽く考えるんじゃなかった。母親の言うとおりキップをきちんと財布の中に入れておくべきだったと後悔する気持ち。

問11 ア 願って　イ 招かれた　ウ 準備　エ 事務室

解説

問3 「吉田クンが待っている筈《はず》の向《むこ》うの駅の改札口まで送ってやろう」という母親のことばをテルがどのように感じているかを考えます。初めての一人旅に心たかぶるテルにとって、勇む気持ちをそがれるようなものだったのでしょう。「一人で行ける」ということばにはテルの思い通りにならない、いらいらした気持ちが読みとれます。

問4 緊《きん》張と期待と夢を持って出かけるテルの目には、見慣れたはずの光景がいつもとは違《ちが》ったように明るく広く映るのです。

問5 電車の中での「吉田クンのうちを訪れる友達」の出現で、あれほど望んでいた一人旅が「家から駅のプラットホームまで」で終わってしまったときの気持ちです。

問6 問5でみたように行きの一人旅はあっさりと終わってしまったため、今度こそ一人で電車に乗ってみようと考えているのです。

問7 ⅠとⅡのあいだの違いをまず考えましょう。一人で電車に乗ることに成功した後のⅡでは自信がみなぎっています。

問8 キップを落としてどうしたらよいのか分からず動揺《よう》している小学二年生の男の子の気持ちを想像してみましょう。

問9 キップを渡《わた》さないで出ようとした人が駅員に捕まえられるのを見て、テルは自分も同じ目に合うんだと悟《さと》ったのです。

問10 問3でみたように、出かけるときの母親のことばをうっとうしいと感じていたテルですが、キップをなくした今、母親の「キップはすぐお財布にしまいなさいよ」という注意を真剣《けん》にうけとめ、忠実に守るべきだったと後悔《かい》の念にかられているのです。

解答

問1 A イ B ウ C ア 問2 冬

問3 ア 問4 農耕が始ま～なかった。

問5 ① 冬やききんの時の食糧として保存しておくこと。
② 元の食品にはないおいしい味や香りをつけること。

問6 不

問7 近代まで牛乳をあまり飲まなかった中国や日本では、大豆が大切なたん白源だった。その大豆を食べやすく、栄養的にすぐれたものにすることで、食事に多く取り入れ、必要な栄養を取ることが可能になったから。

問8 つなぐもの 問9 イ・ウ（順不同）

問10 宝だった。

解説

問1 B の後の「肉や魚も塩漬《づ》けにしたり干したりして貯蔵された」ことは B の前の「漬《つけ》物、ピクルス、ジャム、干し野菜」と並んで挙げられていますから「また」が正解。「たべものを腐《くさ》らせないでとっておく方法」の具体例ではありますが、B の後の肉や魚の加工品より先に「漬物、ピクルス、ジャム、干し野菜」という具体例が紹介されていますから「たとえば」では×。

問2 新鮮《せん》な食べもののない冬に新鮮な食べものが食べられることをたとえているのです。

問4 冬は野菜がとれないからそれだけ食べものの種類が減ってしまうのです。冬と食べものの関係を述べている部分をさがします。

問5 18～20行目がヒント。①食糧《りょう》保存という「必要」のため、②は食物に付加価値をつける「おまけ」です。

問7 大豆の加工が発達することがなぜ「民族の知恵」と言えるのでしょう。大豆のことが書いてある52～61行目をよく読みます。すると53～55行目に「近代まであまり牛乳を飲まなかった日本と中国では、大豆の加工品がたいへん発達し、食生活を豊富にすると同時に国民のたいせつな蛋白《たんぱく》源となってきた」とあるので、ここを使って説明します。ポイントをまとめてみましょう。

> ① 中国や日本ではあまり牛乳を飲まないので、牛乳に代わるたん白源として大豆をたくさんとる必要があった。
> ② 食べにくくて消化の良くない大豆を、加工によって食べやすく、栄養的なものにすることで、たん白質をたくさん、効率よくとることが可能になった。

問8 「綱《つな》」という名詞の言いかえですから、体言（名詞、代名詞など、活用せず、文の主語になりうることば）で終わるように答えます。

問10 脱文には京都や奈良が海岸から遠い都だったとあるので、「都が海から遠かったからこそ」『今も京都の名物の魚料理はみがきニシンや棒《ぼう》ダラが原料だ』ということばのある15～17行目のどこかだと想像がつきます。この部分をふくむ段落をていねいに読むと、15行目の「というより」が受けているものがありませんから、この前に入れるのが適当です。

解答

問1 洗濯は、水～なかった。 問2 手間

問3 A イ B エ C ウ D ア

問4 あ エ い ウ

問5 「同じ状況になる」とは、手間をかけなくても面倒な仕事を片づけてくれる機械が手に入るようになることであり、「同じことをする」とは、喜んで機械へ切り換えて、便利な世の中になったと感心することである。

問6 イ 問7 イ 問8 エ 問9 イ・エ

解説

問1 手段について説明している文はいくつかありますが、「最も具体的に書かれている」二文をさがします。

問2 ――線部②の「水に気を遣《つか》い●●を惜《お》しまずに」と、その四行後の「気遣いと手間だけ」が対応しています。この部分以外にも、文章中には「手間」という言葉が繰《く》り返し使われています。

問3 D、前の文と同じ内容を言いかえていますから、「つまり」が入るとわかります。

問5 便利な機械が買えるようになれば、これまでは「こまごまと気を遣って手間をかけながら暮《く》らしていた」ような人も機械を使うようになるのが自然でしょう。そして、一度機械を使うようになれば、以前のような機械のない生活に戻《もど》りたいとは思わなくなるものですよね。筆者は、そのことが自分自身にもあてはまると述べており、そのことを「なるべくしてこうなったので、今さら引き返すことはできない」と表現しています。

問6 ア、本文は「環《かん》境を汚染《おせん》するということ」だけではなく、その汚染を取り除くためにまたエネルギーを使わなければならず、また使ったとしても完全には回復できないという構造が「破滅《はめつ》型」だと述べているのです。ウ、「手作業ができなくなってしまった」わけではありませんし、「電気がとまると生活が成り立たなくなる」ことを問題にしているわけでもありません。エ、「兵器などを作り、人類を破滅に向かわせる」という内容は文中にありません。

問7 「物質的」に豊かになっても「精神的」には豊かにならなかったために、犯罪をはじめとして「ややこしい社会問題」が増えてきたのではないかと述べられています。

問8 ア、「手間と時間をかけた生活」でも「困らなかった」とは書かれていますが、楽しいとまでは述べられていません。また、「環境汚染や社会問題などをすべて解消できる最高の手段」という部分も言いすぎです。イ、「想像力」「生命力」「強い人間を育てる」などについての記述は本文中には見られません。ウ、「手間と時間をかけた生活」が不便であることは事実ですが、「現在のやり方よりもはるかに効率的」だとは述べられていません。

問9 ア、34行目に「製品自体」も「いずれは固体、液体、気体などさまざまな形の廃棄《はいき》物となる」とあります。ウ、「耐《た》えていた」わけではありません。不便を不便と思わず「平気で暮らしていた」のです。オ、「生活そのものに余裕がない」とは書かれていません。

Ⅲ－6 評伝に垣間見る人生①（P131）星新一著「エジソン」（新潮文庫刊『明治の人物誌』所収）より部分掲載

解答

問1 A エ　B ア　C ウ　D オ　E イ

問2 ア ま　イ ず　ウ こ　エ び　オ た

問3 (1) エ

(2) おとなには理解しがたい思考や行動をする

問4 天才の発芽　問5 家庭でやれ～されている

問6 図書館の本をすべて読んだ　問7 イ

問8 エジソンが貨車にひかれそうだった幼児を助けたところ、その幼児は駅長の息子だった。そこでお礼として駅長の家で生活しながら、時代の先端をゆく職業である技師の資格をとる機会を与えられ、さらに汽車の発車係の仕事を任されて給料ももらえるようになったこと。

問9 ウ

解説

問1 A、父の話を聞いて「笑い出してしまう」理由を述べています。

B、エジソンのした質問の例が書かれています。

C、卵《たまご》をあたためたという出来事に続き、エジソンの変わった一面を示すエピソードをもう一つ付け加えて紹介しています。

D、父は「授業料を払う価値のない息子」と思ったけれど、母は見捨てなかったと述べています。

E、午前七時に出発した電車が三時間で到着、帰りは夕方、ということは、午前十時から夕方までの時間が自由に過ごせる時間だったというわけです。

問3 (1)、「その期待」とは、「もしかしたら、少し異常なのかもしれない」の部分を指しています。「期待」という言葉に惑《まど》わされないように。

(2)、ガチョウの卵の話、小屋を全焼させた話で説明されています。

問4 この急激な変化のことを指して、次の行で「おそるべき進歩」「天才の発芽を見る思いがする」と筆者の感想が述べられています。

問5 「ような本」につづく形にしなければならないので、一文を丸ごとぬきだして句点（。）まで書いてはいけません。

問6 空らんの直後に「科学のみならず、文学、宗教などすべての本をである。」と書かれていますから、これに自然につながるような内容を書きましょう。

問7 イとウで迷うかもしれませんが、ウのように「感動させるエピソードが必要不可欠」というのは言いすぎです。

問8 基本的には駅長がエジソンに申し出た部分をまとめることになりますが、「きっかけにもふれながら」と問題文にありますから、駅長の息子をエジソンが助け、そのお礼として駅長の申し出があった経緯《い》も書く必要があります。電信はエジソンがもともと好きだっただけでなく、耳が不自由なエジソンでも正確にこなせる「なんとしてでも身につけておきたい技術」であり、電信技師は「時代の先端《たん》をゆく職業」でもありました。汽車の発車係として給料を保証してもらったことにもふれましょう。

問9 ア、「実際に何をしたか」についても数多く説明されています。

イ、このような記述は見当たりません。

エ、真似できない出来事「のみ」とはいえないので不適切です。

解答

問1 一番星のよ〜放っている
問2 星や石、人〜無機物など
問3 一つの言葉〜れません。
問4 ウ
問5 1 ウ 2 オ 3 エ 4 ア
問6 想
問7 ウ・エ

解説

問1 ――線部①の「そういう」は指示語ですから、答えは――線部①より前にあると判断《はんだん》します。指定された字数に合うのは、3〜4行目「一番星のように、一人空の高いところで静かに光を放っている」です。

問2 問1同様、答えは――線部②より前にあると判断します。したがって、――線部②直前の「星や石、人間がつくったものでないもの、あるいは無機物など」を解答とします。

問3 「言葉一つひとつを詩のように楽しむことができるというのが〜宮澤賢治《みやざわけんじ》の作品の魅力《み》」なのです。筆者は37行目で、そういった「一つの言葉へのこだわり」を実践《せん》するために、「丁寧《ていねい》な推敲《すいこう》を必要とした」のではないかと考えています。この一文に、――線部③の「推敲」という言葉がふくまれている点もヒントになりますね。

問4 40行目より後を読めば、ア、イ、エのどれもが誤《あやま》っていると分かるはずです。20行目にもあるように、宮澤賢治の作品は「人間がつくり出した輪郭《かく》を超《こ》えてしまっている」のです。

問5 1、空らん直後の引用文は「作品中の言葉一つひとつがとても魅力的」であることの例ですから、「たとえば」。2、「宮澤賢治専用《せん》の辞書から抜け出てきたかのような」という比喩《ひゆ》なので、「まるで」。3、「言葉一つひとつを詩のように楽しむことができる」ことに加えて「漢字と平仮名、片仮名《かたかな》の配分にも神経が行き届《とど》いて」いるというのですから、「さらに」。4、「絵が好きな人なら」と仮定《か》しているので、「もし」。

問6 ――線部⑤直前の「リアリティーがあるというのとは違《ちが》う」という記述から、「リアリティーがない」＝「空想である」という連想ができます。

問7 「走れメロス」は太宰治《だざい》、「小僧《こぞう》の神様」は志賀《しが》直哉《や》の小説です。

解答

問1 A イ B エ C ア D オ

問2 (父親)物おぼえのよい自慢の種である娘に期待し、できる限りレベルの高い学問を学ばせ続けたいという考え。
(母親)女子が学問を修めることに反対で、家事の見習をすることが女子である一葉にとってふさわしいとする考え。

問3 イ 問4 筆一本でこ～のままの歌 問5 首

問6 A 向学心の強い B ひどく悲しむ

問7 頼みとしていた長兄が若くして死亡してしまったこと。
父親の始めた商売がどれもうまくいかなかったこと。

問8 かと思うと～いました。 問9 エ

問10 イ・ウ・オ 問11 ウ

解説

問1 B、御徒町《おかちまち》一丁目への転居後、「さらに」また転居したことがつけたされています。D、当時の東京の様子を思い浮《う》かべて読む、という条件を加えると一葉の文章は「いっそう」面白いということです。

問2 父親については、16～17行目、教育レベルに不満、26行目「父は人にほこり給《たま》へり」、53行目「父則義《のりよし》はじつはこの賢い少女にもっと学問をさせたかった」の三点を答えに織《こ》り込む必要があります。母親の意見は、41行目からの一葉の日記に端《たん》的に表れています。

問3 一葉がどのような人物であったかは、萩《はぎ》の舎《や》の友人やかかわりのあった文筆家が記していますが、それは大人になってからの一葉の姿です。子ども時代の具体的なエピソードを紹介してくれている点で妹・くにの文章は貴重なのです。

問4 この一葉の歌についての評は直後の二行のみです。

問5 一国のトップを「首相」と呼ぶように、「首」には「第一」「はじめ」という意味があります。

問6 Bは——線部④の中にある一葉の気持ちを言いかえるだけです。A、学校をやめるのを悲しいと思うということは、勉強する意志が強いということです。学ぶことに対する一葉の姿勢を言い表したことばが直前にありますね。

問7 二十四歳という若さで死去するまで経済的に苦労しつづけた一葉の短い人生。その発端は、一葉が十五歳で相続戸主になったことであり、それはなぜかといえば、将来有望の長男・泉太郎が亡くなったことと父親の商売がうまくいかなかったことの二点です。

問8 「江戸の名残り」が72行目からの段落に、「文明開化の新しい文物」は続く78～79行目にあります。

問9 ——線部がふくまれる、最終の形式段落の最初からよく読む必要があります。住んでいる土地から出たことがない、貧しさに苦労していたのは一葉だけではなく、庶《しょ》民階級の女たちのほとんどがそうだったのです。

問10 文中から読み取ることの出来ないものを消去していきましょう。

問11 筆者が一葉に共感を覚えている点に注意しましょう。アの⑩嫉妬《しっと》、エ⑩近寄りがたさはこの点に合いません。また「かわいそう」という論調ですすめてもいないのでイ⑨あわれみも合いません。

解答

問1 ア 準備 イ 都合 ウ 特技 エ 命中 オ 文句
問2 ウ 問3 家の近くの何十軒かの
問4 (1) ウ (2) テレビゲーム
問5 エ 問6 エ・オ 問7 テツオ 問8 エ
問9 (1) キ (2) エ (3) カ
問10 今どきにし～るものだな（いるものだ）
問11 (1) 気の弱い (2) 案の定
問12 (1) 1 何もかもが普通という、あまりぱっとしない
2 落ち着いて 3 一目置かれ
4 達者なスポーツ選手であると同時に美術展にもたびたび入選し、発明展覧会でも賞をもらうようなその学校のホープ
(2) テツオの感化をうけ、何らかの能力を開発されたから。
問13 ア
問14 空き地に出現して子供たちのリーダーになり、遊びを通じて子供たちを感化し、彼らの才能を開発したりする、人間ではない不思議な存在。

解説

問6 ――線部⑤の直後で、「ぼく」は、原っぱが「立ち入り禁止」だと注意しますが、原田は「黙《だま》って～言い返さなかった」のです。それは、原田が「気の弱い奴《やつ》」だからという面もあるでしょうが、原田も原っぱで遊ぶことにどこかうしろめたい気持ちがあったから（オ）だと想像できます。また、平凡《ぼん》でこれといって目立たない原田が、立ち入り禁止の場所で遊ぶという普《ふ》段「見せている自分とちがう」姿《すがた》を見られたきまり悪さもあった（エ）のでしょう。

問9 「母親」は66行目の「トラブルは嫌《いや》」というセリフからすぐに決めることができます。立ち入り禁止の原っぱで遊んでいる原田たちに注意しているところから「ぼく」の性格はウかキにしぼることができます。一言注意しただけで何としてでも規則を守らせようとはしていないところからウは×となります。「父親」は問10から判断します。

問10 「わっはっはと笑う」のですから、「どなったおとな」が心の底から怒《おこ》っていないのだし、子どもたちの行動をどこか微笑《ほほえ》ましいものだと感じていることが読み取れます。同様に、「ぼく」の父親も立ち入り禁止の場所で遊んでいる子どもを肯《こう》定的に認《みと》めています。

問11 (1) 「ぼく」はそれまで、原田を気弱で、たよりない人物だと考えていたのに、原田が「しっかりした口調で」答えたことが「意外」だったのです。原田についての「ぼく」の見解は、文章の中で原田が登場した原っぱの場面で述べられています。

問12 (1)、2・3は――線部⑩から★までの部分を、4は★以降の高校生になった原田の華々《はなばな》しい活躍《やく》ぶりをまとめます。
(2)、設問は「『現在』のぼく」なのですから、「ぼくは現在高校の二年生だ」以降から考えます。

問13 「ぼく」が高校生になった今でも、テツオは「あのときのまま」でいたのです。

問14 テツオがどのような存在であったか最終段落に述べられています。

難関中学受験名門

啓明舎

KEIMEISHA

名前